재조선 일본인 학교와 학생—
개항기부터
일제시기까지

재조선 일본인 학교와 학생:
개항기부터 일제시기까지

한국 근현대 학교 풍경과 학생의 일상 05

초판 1쇄 인쇄 2018년 11월 15일 \ **초판 1쇄 발행** 2018년 11월 20일
지은이 조미은 \ **펴낸이** 이영선 \ **편집 이사** 강영선 김선정 \ **주간** 김문정
편집장 임경훈 \ **편집** 김종훈 이현정 \ **디자인** 김회량 정경아
독자본부 김일신 김진규 김연수 정혜영 박정래 손미경 김동욱

펴낸곳 서해문집 \ **출판등록** 1989년 3월 16일(제406-2005-000047호)
주소 경기도 파주시 광인사길 217(파주출판도시) \ **전화** (031)955-7470 \ **팩스** (031)955-7469
홈페이지 www.booksea.co.kr \ **이메일** shmj21@hanmail.net

조미은 © 2018
ISBN 978-89-7483-966-6 94910
ISBN 978-89-7483-896-6 (세트)
값 23,000원

이 도서의 국립중앙도서관 출판예정도서목록(CIP)은 서지정보유통지원시스템 홈페이지(http://seoji.nl.go.kr)와
국가자료공동목록시스템(http://www.nl.go.kr/kolisnet)에서 이용하실 수 있습니다.(CIP제어번호: CIP2018035327)

이 저서는 2013년 대한민국 교육부와 한국학중앙연구원(한국학진흥사업단)의
한국학총서 사업의 지원을 받아 수행된 연구임(AKS-2013-KSS-1230003)

進賢
한국학

한국 근현대
학교 풍경과
학생의 일상
05

조미은
지음

재조선
일본인 ─
학교와 학생
개항기부터
일제시기까지

서해문집

오늘날 한국의 교육은 1876년 국교 확대 이전 전통시대 교육과는 판이하다. 19세기 후반부터 오늘날에 이르기까지 일본을 거치거나 직접 들어온 서구의 교육이 미친 영향이 적지 않기 때문이다.

이러한 교육은 한국인의 물질적 생활방식을 바꾸었을 뿐더러 가치관마저 송두리째 바꿨다. 그것은 오늘날 학교의 풍경과 학생들의 일상생활에서 엿볼 수 있다. 매일 일정한 시각에 등교해 교사의 주도로 학년마다 서로 다르게 표준화된 교과서를 학습하고 입시를 준비하거나 취직에 필요한 역량을 키운다. 또한 복장과 용모 지도에서 볼 수 있듯이 여전히 남아 있는 일제 잔재와 군사문화의 일부가 학생들의 일상생활을 통제한다.

그러나 한국의 교육은 서구의 교육과는 동일하지 않다. 그것은 단

적으로 해방 후 한국교육의 양적 성장에서 잘 드러난다. 초등교육은
물론 중등교육·고등교육의 비약적인 팽창은 세계교육사에서 유례를
찾아볼 수 없을 정도로 엄청난 규모를 보여준다. 그리하여 이러한 경
이적인 팽창은 한국의 경제성장에 기여했을 뿐만 아니라 사회 전반에
걸친 압축적 근대화에 견인차 역할을 수행했다. 아울러 이러한 성장
은 직간접적으로 국민들의 의식에도 영향을 미쳐 산업화와 함께 민주
화의 동력이 되었다.

그런데 오늘날 한국교육은 급속한 양적 성장을 거친 결과 만만치
않은 과제를 안고 있다. 사회의 양극화와 더불어 교육의 양극화가 극
심해져 교육이 계층 이동의 사다리이자 자아실현의 디딤돌이 되기는
커녕 사회의 양극화를 부채질하고 학생들의 삶을 황폐화시키고 있다.
고등학생은 물론 초등학생·중학생들도 입시 준비에 온 힘을 기울임
으로써 학생은 물론 학부모, 학교, 지역사회의 일상생활이 입시 전쟁
에 종속되어 버렸다.

도대체 1876년 국교 확대 이후 한국의 교육에서 어떠한 변화가 일
어났기에 오늘날 이러한 현상이 일어났는가. 한국의 교육열은 어디에
서 그 기원을 찾아야 하는가. 고학력자의 실업률이 나날이 증가함에
도 이른바 학벌주의가 여전히 기승을 부리는 이유는 무엇인가. 그럼
에도 야학으로 대표되는 제도권 바깥 교육이 비약적인 경제성장에도
끈질기게 살아남으며 한국교육에서 차지하는 비중이 낮지 않음은 무
슨 까닭인가. 또 이러한 비제도권 교육은 한국의 압축적 근대화에 어

떻게 영향을 미쳤으며, 비제도권 교육의 양적·질적 변동 속에서 학생들의 일상생활은 어떻게 변화했는가. 그 과정 속에서 학생들은 어떻게 자신의 꿈을 실현했으며, 한편으로는 어떻게 좌절했는가. 아울러 한국의 교육 현상은 유교를 역사적·사상적 기반으로 하는 동아시아 각국의 교육 현상과 어떻게 같고 또 다른가.

이 총서는 이러한 문제의식에서 역사학자·교육학자 10명이 의기투합해 저술한 결과물로서 다음과 같은 점에 중점을 두었다. 먼저 근현대 학교의 풍경과 학생의 일상생활을 공통 소재로 삼아 전통과 근대의 충돌, 일제하 근대성의 착근과 일본화 과정, 해방 후 식민지 유제의 지속과 변용을 구체적으로 고찰함으로써 한국적 근대성의 실체를 구명하고자 했다. 더 나아가 한국의 교육을 동아시아 각국의 근현대교육과 비교하고 연관시킴으로써 상호작용과 반작용을 드러내고 그 의미를 추출하고자 했다.

따라서 이 총서는 기존의 연구 성과를 디딤돌로 삼되 새로운 구성 방식과 방법론에 입각해 다음과 같은 부면에 유의하며 각 권을 구성했다. 첫째, 한국 근현대교육제도의 변천 과정을 통시적으로 고찰하면서 오늘날 한국교육을 형성한 기반에 주목했다. 기존의 한국 근현대 교육사에 대한 저술은 특정 시기·분야에 국한되거나 1~2권 안에 개괄적으로 정리하는 것이 보통이었다. 그러나 이러한 저술은 한국근현대교육의 흐름을 파악하는 데 도움을 줄 수는 있으나 자료에 입각해 통시적이고 종합적으로 이해하기에는 아쉬운 점이 적지 않았다.

특히 대부분의 저술이 초등교육에 국한된 나머지 중등교육과 고등교육, 비제도권 교육에 대한 서술은 매우 소략했다. 그리하여 이 총서에서는 기존 저술의 이러한 한계를 극복하기 위해 일반 대중의 눈높이를 염두에 두면서 초등교육은 물론 중등교육·고등교육을 심도 있게 다루었다. 다만 대중적 학술총서의 취지를 살려 분량을 고려하고 초등교육·중등교육·고등교육 각각의 기원과 의미에 중점을 둔 까닭에 개괄적인 통사 서술 방식에서 벗어나 특정 시기를 중심으로 구체적으로 서술했다.

둘째, 이 총서의 가장 큰 특징은 기존 연구에서 거의 다루지 않은 학생들의 일상을 미시적으로 탐색하면서 한국적 근대의 실체를 구명하는 데 있다. 따라서 이 작업은 교육제도와 교육정책에 치중된 기존 연구 방식에서 벗어나 삶의 총체성이라 할 일상 문제를 교육 영역으로 적극 끌어들였다고 하겠다. 물론 학생의 일상은 교육사 전체에서 개관하면 매우 작은 부분일 수 있다. 그러나 이들 학생의 일상은 국가와 자본, 사회와 경제 같은 거대한 환경에 따라 규정될뿐더러 학생이 이러한 환경과 상호작용하면서 자신의 체험을 내면화함으로써 새로운 세계를 열어가는 기반이라는 점에서 그 의미가 적지 않다. 그리하여 한국 근현대 시기 학생의 일상에 대한 서술은 일상의 사소한 경험이 사회 구조 속에서 빚어지는 모습과 특정한 역사 조건 속에서 인간 삶이 체현되는 과정으로 귀결된다. 나아가 이러한 서술은 오늘날 한국인의 심성을 만들어낸 역사적·사회적 조건을 구명하는 계기를 제공할 것이다. 이에 이 총서는 문화연구 방법론을 활용하기 위해 기존 역사 자료 외에도 문학 작품을 비롯해 미시적인 생활 세계를 담은 구술 채록과 증언 자료, 사진, 삽화 등을 적극 활용했다.

셋째, 이 총서의 마무리 저술에서는 학제 작업의 장점을 살려 일본·타이완과 같은 동아시아 국가의 교육과 비교·연관함으로써 동아시아적 시야 속에서 한국 근현대교육의 위상과 의미를 짚어보고자 했다. 왜냐하면 일본과 타이완, 한국은 유교를 기반으로 하면서도 각각 제국주의와 식민지라는 서로 다른 처지에서 전통과 다르면서도 공히 자본주의 체제를 내면화하면서 급속한 경제성장과 정치적 권위주의의 병존, 1990년대 이후의 민주화 여정에서 볼 수 있듯이 서구와 서로 다른 동아시아적 특색을 구비했기 때문이다. 따라서 동아시아 속에서 비교·연관을 통한 한국교육에 대한 재검토는 이후 한국교육의 방향을 국민국가 차원에서 벗어나 동아시아적·지구적인 차원에서 모색하는 데 중요한 시사점을 제공할 것이다.

그럼에도 이 총서는 기존 연구 성과를 밑거름으로 삼아 집필되었기 때문에 각 권마다 편차를 보인다. 지금에서야 새롭게 주목받기 시작한 일상생활 영역과 오래 전부터 연구돼 온 영역 간의 괴리로 인해 연구 내용과 자료가 시기마다, 학교급마다, 분야마다 균질하지 않기 때문이다. 다만 총서의 취지와 주제를 적극 살리기 위해 이러한 차이를 메우려고 노력했다는 점도 부기하고자 한다. 그리하여 이 총서가 한국 근현대교육사를 한때 학생이었던 독자의 눈과 처지에서 체계적으로 이해할뿐더러 학생의 일상과 교육의 상호작용을 구체적으로 묘사하는 데 중요한 문화 콘텐츠로 활용되기를 기대한다. 또한 이 총서는 총10권으로 방대하지만 독자들이 이러한 방대한 총서를 통해 한국 근현대교육사의 속내를 엿보는 가운데 한국교육의 지나온 발자취를 성찰하면서 오늘날 한국교육이 나아가야 할 방향을 모색하는 데 기꺼이 동참해 주기를 고대한다. 이 자리를 빌려 이 총서를 발간할 수 있도록 지원해 준 한국학중앙연구원 한국학진흥사업단에 감사의 말씀을 드린다.

끝으로 총서 작업을 해오는 과정에서 저자들에 못지않게 교열을 비롯해 사진·삽화의 선정과 배치 등 온갖 궂은일을 도맡아 주신 출판사 편집진의 노고에 감사의 뜻을 표한다. 아울러 독자들의 따뜻한 관심과 차가운 질정을 빈다.

저자들을 대표해 김태웅이 쓰다

머리말

오늘날 한국에 사는 외국인은 '주한 외국인' 또는 '재한 외국인' 등으로 불린다. 국가별로는 '주한/재한 중국인', '주한/재한 미국인', '주한/재한 베트남인'[1]이라고 한다. 개항기와 일제시기에도 조선[2]에는 일본인, 중국인, 러시아인, 미국인, 영국인, 프랑스인 등의 외국인이 거주했다. 그러나 이들 가운데 일제시기 일본인은 더 이상 조선을 외국으로 여기지 않았으며 또한 그들 자신도 조선의 외국인으로 생각하지 않았다. 그들은 식민지 조선에서 '외국인'이 아닌 '지배자' 자리를 차지하고 온갖 권세를 누리며 살았다. 물론 조선인에게 그들은 조선을 강제 점령한 침략자, 국권 강탈자, 식민 지배자로서의 '외국인'이었다.

개항기부터 일제시기까지 또는 1945년 해방 직후 일본으로 귀환하기 전까지 조선에 살았던 일본인은 '도한渡韓 일본인', '재한在韓 일본인', '재조在朝 일본인', '재조선 일본인' 등으로 일컬어졌다. 이 글에서는 '재조선 일본인'으로 서술했다.[3]

조선을 강점한 일제의 최종 목표는 조선에 대한 '영원한 지배자' 또는 '영원한 주인'이 되는 것이었다. 조선을 식민 통치하고 나아가 그러한 그들의 꿈을 실현하기 위해서 일제가 조선에서 믿을 수 있는 대상은 재조선 일본인이었다.[4] 친일 조선인 등은 일제가 그들의 목적 달성을 위해 이용한 존재에 지나지 않았다. 따라서 일제가 강점 초기부터 조선의 방방곡곡에 일본인을 이주하게 한 것은 식민 정책 중에서도 시급하고 중요했다.

일제시기 조선에 살았던 일본인 인구는 얼마나 될까. 조선 총인구에서 차지하는 민족별 인구 비율로 보면 1910년에는 총인구 약 1331만 명 중 조선인은 약 1314만 명으로 98.6퍼센트, 재조선 일본인은 약 17만 명으로 1.3퍼센트 정도였다. 일제 말기인 1942년을 보면 총인구 2636만여 명 중 조선인은 96.8퍼센트이고 일본인은 2.9퍼센트 정도였다.[5] 총인구에서 조선인 수도 계속 증가했지만, 증가 비율에서 일본인 수의 증가 폭이 더 컸기 때문에 조선 인구 비율이 그처럼 감소한 것이다. 이와 같이 조선의 총인구에서 차지하는 수치상의 비율로만 보면 조선인과 비교해 매우 적었다고 할 수도 있겠으나, 조선인 다음가는 비중을 차지했다.

그러면 일제시기 재조선 일본인의 정치적, 경제적, 사회적 위치는 어느 정도였을까? 그들은 일제시기 내내 조선과 조선인의 지배자로 살았다.

조선 통치와 가장 밀접한 공조직인 관직의 경우를 보더라도 고위직일수록 일본인 비중이 압도적으로 높았다. 그들은 가장 높은 관직이었던 칙임관勅任官을 1910년대에 이미 50~55퍼센트가량 차지했으며, 1940년대에는 약 77퍼센트까지 차지했다.[6] 설령 조선인과 일본인이 같은 관직이라 하더라도 급여 등 대우는 일본인이 더 높았다. 그들은 관직뿐만 아니라 조선 사회의 모든 분야에서 관리자 또는 지배자의 위치를 점유했다. 재조선 일본인은 이른바 '식민지 조선의 본국'인 '일본'의 국민으로서 조선 사회 전반에서 압도적으로 상층부를 장악하고 살았던 것이다.

어린이, 학생 또는 청소년이 한 나라의 미래와 꿈이라는 것은 동서고금의 진리다. 일본인 학생이 조선에 살게 된 배경은 두 가지로 정리할 수 있다. 일본에서 부모를 따라 조선으로 이주했거나, 조선에서 태어난 경우다. 재조선 일본인 학생은 그들의 의지와 상관없이 조선에 살게 된 존재이기도 하다. 하지만 식민지 지배자의 자녀로서 조선에서 일본식 목조 가옥에 살면서 기모노きもの(着物)를 입고 일본식 식사를 하며 일본인 학교에 다녔다. 조선에서 일본과 일본인의 삶을 재현하기 위한 것이었다.[7] 재조선 일본인 학생은 일본인 학교에 다니는 소수의 조선인 학생을 제외하고는 거의 일본인만을 상대했다.

일제의 입장에서 재조선 일본인 학생은 조선에 살면서 조선과 조선인의 영원한 지배자로 정착하도록 교육해야 하는 대상이었다. 일제는 그들을 조선의 미래 지도자로 육성하려는 침략국으로서의 장기적 식민 계획을 지니고 있었던 것이다. 일제는 그들에게 교양 과목 외에도 조선과 조선인의 지도자로서 책임을 부가하기 위한 교육을 실시하면서 일본의 제국주의적 가치관과 문제의식을 고취시켰다.

재조선 일본인의 교육기관 또는 학교 역사는 1877년 부산에서 시작됐다. 그들을 위한 정식 학교 교육이 실시된 것은 1888년 부산과 원산에서였다. 일제시기가 시작되던 해인 1910년 재조선 일본인 학교는 이미 총 140개에 달했다. 학교의 종류는 소학교[8]를 비롯해 중학교, 고등여학교, 실업전수학교, 전문학교 그리고 각종학교 등이었다. 학교 외에도 일본인 유치원 아홉 개가 있었다.

재조선 일본인의 취학률은 일제시기 초부터 조선인과는 비교도 안될 만큼 높았다. 일본인의 소학교 취학률은 1912년 이미 95.4퍼센트였으며, 1921년부터는 99퍼센트 이상이었다. 1931년 이후부터 1942년까지는 계속 99.9퍼센트를 유지한다. 사실상 일본인 소학교 취학률이 거의 100퍼센트였음을 의미한다. 재조선 일본인 학생의 취학률은 의무교육제를 실시하던 일본[9]에서보다도 훨씬 높았다. 그리고 의무교육제도가 실시되지 않던 조선에서 일본인 학생의 취학률이 그만큼 높았던 배경에는 바로 일제가 일본인 학교의 재정을 지원하고 운영을 맡기 위해 만든 '학교조합'이 존재했기 때문이다.[10]

'한국 근현대 학교 풍경과 학생의 일상' 시리즈의 목적은 '학교와 학생'을 공통 주제로 삼아 근현대 한국의 교육제도와 학교의 변천, 교육 내용, 학생의 생활과 문화 등을 시기별, 주제별로 고찰하는 것이다. 이 시리즈는 개항 전후부터 1919년 3·1운동까지, 3·1운동 이후부터 1945년 해방 시기까지, 해방 이후부터 오늘날까지로 크게 세 시기로 구분했다. 그리고 다시 각 시기를 주제별로 세분화하여 구성했다.

이 책은 재조선 일본인을 대상으로 한다. '일제강점기'는 한국 역사상 유례없이 불행한 '특이성'을 지닌 시기다. 또한 이 시기 재조선 일본인은 당시 함께 조선에 살던 중국인, 러시아인, 미국인 등 다른 외국인과는 그 성격이 분명하게 다른, 즉 식민 지배자로서의 외국인이었다. 이러한 점에서 재조선 일본인을 독립된 주제로 하여 이 책을 편성하게 된 것이다.

재조선 일본인에 대한 연구 역사는 그리 길지 않으며 그 연구 성과 또한 미미했다. 과거 오랫동안 일제시기 또는 식민지 연구는 주로 '침략자 일본/일본인의 지배와 피지배자 조선/조선인의 저항'이라는 이항대립적인 분석 틀 속에서 이루어졌기 때문이다. 즉, '지배에 대한 저항'에 초점이 맞춰지면서 식민지 지배 권력이나[11] 재조선 일본인의 양상 등 그 자체에 대한 분석은 소홀했다. 이런 현상은 일제시기 교육, 학교, 학생에 대한 연구에서도 마찬가지였다. 재조선 일본인에 대한 관심과 연구 성과가 증가하기 시작한 것은 2000년대 들어서면서부터였다.

일제시기 교육과 학교, 학생의 역사에는 조선인뿐만 아니라 그동안 상대적으로 소홀히해온 재조선 일본인도 포함해야 한다. 그런 점에서 이 책은 일제시기 조선에서 이루어진 일본인 교육제도의 구축 과정과 일본인 교육 실태 등을 일본 내(내지, 본토)에서의 교육 실태 또는 한반도에서 이루어진 조선인의 교육 실태 등과 비교, 분석함으로써 조선에서 이루어진 교육의 성격을 다양한 맥락에서 좀 더 명확하게 밝히고, 나아가 일제시기 역사를 총체적으로 이해할 수 있도록 할 것이다.

이 책에서 살펴보려는 시기는 개항기부터 일제시기까지다. 1876년 강화도조약을 비롯하여 개항기의 역사는 일제의 강점으로 이어지는 과정의 앞 단계로, 재조선 일본인 학교와 학생 역사의 배경이기도 하기 때문이다. 1945년 8월 패전으로 재조선 일본인은 거의 대부분 일본으로 귀환했으며, 그들의 학교는 폐교되거나 한국인 학교로 바뀌었다. 물론 해방 이후 한국에 거류한 일본인은 더 이상 일제시기의 '특이한 외국인'이 아니었다.

이 책은 당대의 많은 사료와 재조선 일본인 교육에 대한 연구 성과를 바탕으로 고찰하고 서술했다. 조선에서 학교를 다녔던 일본인이나 일본인 학교에 대한 회고 내용도 활용했다. 일본 거류민 사회가 형성되거나 일본인 교육시설이 들어서기 시작하던 개항기 당시의 지역이나 학교 모습이 실린 사진, 지도, 그림 등도 적극 활용했다.

조선에 일본인 교육시설이 들어서기 시작한 1877년은 지금으로부터 140여 년 전이다. 30년을 한 세대라고 할 때 거의 다섯 세대나 지나온 아주 오래된 과거다. 따라서 오늘날 대부분의 한국인들에게 그

시기 재조선 일본인 교육을 비롯한 '일본인 사회'라는 것은 매우 낯선 존재일 수밖에 없다. 이에 이 책에서는 당대의 모습을 그대로 전해주는 사진이나 그에 근접할 수 있는 다양한 시각적 자료를 활용하려고 했다. 또 당대의 역사적 사실과 관련된 최근의 시각 자료도 이용하고자 했다. 기나긴 시간의 간격으로 쌓인 낯섦을 조금이라도 편하게 다가가서 접할 수 있고 오늘날 상황과도 관련지어가면서 이해할 수 있도록 노력했다.

이 책의 전개는 시기별, 주제별 구성을 부분적으로 혼용하는 방법을 사용했다. 1장은 이 책의 서론으로, 재조선 일본인 학생의 모집단인 재조선 일본인들이 개항기부터 일제시기까지 조선에 어떠한 과정과 규모로 자리 잡기 시작해서 살았는지를 살펴보았다. 2장과 3장에서는 거류 초기에 설립된 일본인 학교와 〈학교조합령〉 등 재조선 일본인 학교와 그들을 위한 교육제도가 정착해가는 양상을 고찰했다. 4장과 5장에서는 일제시기 일본인 학생들의 교육환경과 교정풍경을 담아 보았다. 마지막으로 6장에서는 일본인 학교와 학생을 조선인의 경우와 비교하였다. '공학제도' 아래서도 결코 이루어지지 않았던 두 민족 학생들의 '공학'교육과 학교 실상을 살펴보았다.

장별 구성을 보면 1장 '조선으로 건너온 일본인'에서는 일본에서 조선으로 들어오는 첫 관문인 부산, 그중에서도 왜관에서 시작된 일본인 역사부터 살펴보았다. 이후 서울로 진입한 일본공사관과 일본인 그리고 청일전쟁과 러일전쟁으로 더욱 급증하는 일본인을 고찰했다.

마지막으로는 국권피탈 이후부터 일제 말기까지 일본인의 인구 규모와 조선에서 그들이 차지했던 사회적, 정치적 비중을 조선인과 비교하며 검토해보았다.

2장 '국권피탈 이전부터 설립된 일본인 학교'에서는 거류 초기에 일본 정부보다도 재조선 일본인 스스로가 중심이 되어 서둘러 학교를 만들기 시작한 배경과 활동 등을 살펴보았다. 또 그러한 가운데 자리 잡기 시작한 소학교와 유치원, 고등여학교 그리고 경성중학교 등을 고찰했다. 이를 통해 재조선 일본인 학교에 대한 초기 역사를 파악할 수 있을 것이다. 덧붙여 경성중학교 건설로 더욱 빠르게 파괴됐던 경희궁에 대해서도 검토했다.

3장에서는 '일본인 교육제도 구축'을 서술했다. 1905년부터 1910년경까지 일본이 정부 차원에서 조치한 재조선 일본인 교육제도를 살펴보았다. 1905년 〈재외지정학교제도〉부터 1909년 2월 〈소학교규칙〉 그리고 같은 해 12월 제정된 〈학교조합령〉까지 고찰했다. 일본은 1905년 정부 차원의 재조선 일본인 교육을 지원하면서부터 일본인 교육제도의 기반을 마련하기 시작했다. 그리고 1909년 〈소학교규칙〉과 〈학교조합령〉을 제정하여 일본인 학교는 한층 본격적으로 증가했다.

4장 '풍요로운 교육환경, 그래도 내지를 동경하는 학생'에서는 재조선 일본인 학생의 풍요로움과 그럼에도 그들이 식민지 조선에서 사는 것보다는 일본으로 가는 것을 꿈꾸기도 했던 모습 등을 살펴보았다. 먼저 '1910~1945년 설립된 일본인 학교', '일본 어린이, 누구나 소학교로'에서는 재조선 일본인 학생의 취학률 등을 고찰했다. 취학률을 포함해 여러 면에서, 심지어 그들의 본토인 일본에서보다도 나을 정도로 풍성한 혜택을 받으며 살았던 모습을 살펴보았다. 마지막으로 '그래도 내지에 있는 학교가 좋아'에서는 재조선 일본인 학생들이 일본에 있는 학교를 동경하고 그곳에 가기를 꿈꾸기도 했던 실상 등을 서술했다.

5장에서는 '일본인 교정 안팎의 풍경'을 살펴보았다. 그들의 학교 안과 밖에서 벌어졌던 몇몇 풍경을 들여다보려 했다. '모국 일본에 대한 관심과 혼돈'에서는 일본인 학생이 일본에 가기를 희망하고 관심을 가지면서도 다른 한편으로 느낀 '모국에 대한 혼돈'에 대해서 살펴보았다. '서열화한 학교, 입학 전쟁'에서는 재조선 일본인 사회의 서열 문화가 교육 또는 학교에서도 예외가 아니었으며, 그로 인해 치열했던 입시 전쟁 모습을 그려보려고 했다. 그리고 '수학여행은 조선 여러 지방과 일본, 만주로'에서는 수학여행을 둘러싼 여러 사건을 살펴보았다. 또 '교정까지 파고든 전시체제'에서는 전쟁체제로 바뀌면서 수학여행과 교정 생활 그리고 수업마저도 군사주의 문화와 체제로 깊게 변질됐던 모습을 밝히려고 했다.

마지막으로 6장 '일본인 학생과 조선인 학생, 따로 또 같이'에서는 일본인 학생들이 조선인 학생들과 함께 조선이라는 같은 공간에서 '공학제'라는 이름의 같은 교육제도 아래 있었지만, 교육의 실상은 결코 '같지 않았던' 점을 살펴보았다. '굴러온 돌이 박힌 돌을 밀치다'에서는 '일본', '일본인', '일본어' 등으로 '조선', '조선인', '조선어' 등을 밀쳐버리고, 교육제도에서도 일본의 제도로 조선의 제도를 밀쳐버리려고 했던 일제의 식민정책을 고찰했다. '공학, 함께 가르친다 했지만' 등에서는 일제가 두 민족에 대해 '동일한 통치', '차별 없는 대우' 등을 내세웠던 것과는 전혀 달랐던 또는 거리가 완전히 멀었던 교육, 학교의 실상을 검토했다. 마지막으로 조선의 교육과 학교에서도 민족별 차별성이 뚜렷하게 존재한 가운데 조선인이 다니는 학교에 진학해서 그들과 함께 공부해야 했던 일본인 학생의 실상을 살펴보았다.

2018년 10월

조미은

차례

I

조선으로 건너온(渡韓) 일본인

2

'국권피탈' 이전부터 설립된 일본인 학교

3

일본인 교육제도 구축

4

풍요로운 교육환경, 그래도 '내지'를 동경하는 일본인 학생

5

일본인 교정 안팎의 풍경

6

일본인 학생과 조선인 학생, 따로 또 같이

조선으로 건너온(渡韓) 일본인

I

왜관에서 시작된
일본인 거류
역사

왜관倭館은 조선 정부에서 설치한 일본인 거류지이자 행정기관으로 15세기 초부터 19세기 말까지 존재했다.

조선 초기에는 왜구倭寇를 소멸하기 위한 회유책으로 왜관을 설치했다. 조선이 국내로 들어오는 일본인을 특정한 지역인 왜관에 거주하도록 해 효과적으로 관리, 통제하려고 한 방안에서 마련한 것이다.

왜관은 조선 내에서 일본인이 거주하는 일본인 마을 공간이었으며, 일본의 무역선이 들어오고 일본인이 상품 거래를 하는 무역 또는 통상의 공간이기도 했다. 그리고 조선과 일본 사이의 외교를 담당하는 일본 사신의 숙소인 객관客館이 있는 곳으로, 외교적 기능을 수행하는 공간이기도 했다. 즉 넓은 의미에서 왜관은 객관을 포함하여 그 주변에 퍼져 있는 일본인을 위한 거주 구역이었다.[1]

왜관을 처음 설치한 곳은 1407년 동래 부산포富山浦[2]와 웅천 내이포乃而浦[3]였다. 서울에도 일본 사신이 상경할 때 묵고 가는 숙소로 두 개의 왜관을 두었다. 한성부 남부 낙선방樂善坊[4] 동쪽의 동평관東平館과 서쪽의 서평관西平館이었다.

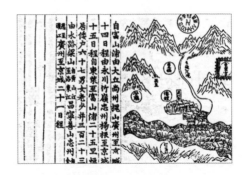

〈그림 1〉〈동래부산포지도東萊富山浦之圖〉에 그려진 왜관(신숙주,《해동제국기(海東諸國紀)》[5]
지도는 예조좌랑 남제南悌가 그렸으며, 그림에서 왜관은 중앙의 위에서 아래로 둘째 동그라미다. 지도 옆에는 당시 부산포에 거주하는 일본인 호수戶數가 67호고, 인구는 323명이라는 등의 내용이 서술돼 있다.

조선 정부의 왜관 설치로 일본인이 왜구가 아닌 '외국인'으로서 합법적으로 거주하며 생활하는 역사가 시작됐다. 물론 왜관 설치 이후에도 불법적이고 부정적인 존재였던 왜구가 완전히 소멸되지는 않았다.

수차례 변동된 왜관의 운명

조선 정부는 일본과의 외교 관계, 개항장의 변천 등에 따라 수차례에 걸쳐 왜관을 증설, 폐지 또는 이전했다. 임진왜란 때는 당시 조선에 유일하게 남아 있던 부산포 왜관까지 폐지했다. 임진왜란이 끝나고

〈그림 2〉 1678년 이설한 부산포 초량왜관(한국학중앙연구원 소장)

난 뒤 조선과 일본이 교섭을 재개하면서 1607년 두모포에 다시 왜관을 설치했다. 그리고 1678년 새롭게 설치한 부산의 초량왜관으로 이전했다.[6]

일본, '조선으로 가는 일본인 제한' 규정 해제

1872년 일본 외무성은 초량왜관을 침탈하여 왜관의 사무를 접수했다. 이듬해에는 왜관 공관을 완전히 접수하여 '일본공관日本公館'으로 이름을 바꾸었다. 이에 조선 정부의 왜관 기능은 완전히 정지됐다.[7] 1876년 2월 강화도조약이 체결되고, 그해 10월 일본 정부는 '태정관포고太政官布告'[8] 제129호로 일본인의 부산항 도선渡船 제한을 해제했다.[9] 이때부터 조선으로 건너오는 일본인 수는 크게 증가하기 시작한다.

2

서울에 들어선
일본공사관과
일본인

조선의 수도 한성부漢城府에 일본공사관이 설치된 것은 1880년 양력 12월이었다. 1882년 6월에 일어난 임오군란의 사후 처리를 위해 그해 8월에는 조선과 일본 사이에 제물포조약이 체결됐다. 그 후 한성부에 일본 군인이 주둔하게 된다.

일본 민간인이 한성부에 거주한 것은 1884년 교동校洞[10]에 일본공사관을 신축할 때 직공 70여 명이 들어온 것이 처음이라고 한다. 이들은 공사관 사용자 자격으로 들어온 것에 불과했으며, 이들 외에도 비공식으로 들어온 상인 몇 명이 몰래 거주하기도 했다고 한다.[11] 일본 측의 집요한 요구 끝에 조선 정부가 일본 민간인의 입경入京과 정주定住를 허용한 것은 1885년 2월이었다. 이 글 바로 다음에 이어지는 '청일·러일전쟁으로 더욱 급증하는 일본 인구'의 〈표 1〉(34쪽)에 나타난 바와 같이 현재까지 여러 문헌에서 파악할 수 있는 한성 인구 통계도 1885년부터다.

3

청일·러일전쟁으로
더욱 급증하는
일본 인구

조선에 거주하는 일본 인구를 보면 1876년에 54명이었던 것이 1910
년 17만 1543명으로 늘어난다. 특히 1894~1895년의 청일전쟁과
1904~1905년의 러일전쟁 이후 크게 증가했다.[12] 두 전쟁이 모두 일
본의 승리로 마무리됨에 따라서 재조선 일본인 증가율은 전년도 대
비 31.5퍼센트와 36.6퍼센트나 된다. 1895년은 재조선 일본인 수가
1000명 단위에서 1만 명 단위 이상으로 넘어가는 해이기도 하다.

또한 1만 명 이상인 연도 중에서 전년 대비 증가율이 30퍼센트 이
상인 해도 1895년과 1905년이다. 이 두 시기는 인구 규모와 마찬가
지로 일본인 학교 증가율에서도 주요한 분수령이 됐다.

〈그림 3〉 1894년 8월 청일전쟁 때 제물포에 상륙하는 일본군(국사편찬위원회 소장)

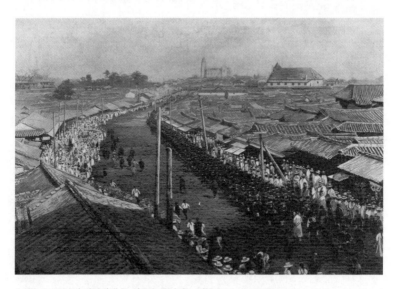

〈그림 4〉 1904년 러일전쟁 중 서울을 통과하는 일본군(국사편찬위원회 소장)

일본인이 많이 살던 지역: 항구 그리고 서울

〈표 1〉 성별·주요 거류지별 일본인 인구 추이(1876~1905)

(단위: 명)

연도	성별			주요 거류지별										
	남	녀	합계	부산	원산	인천	한성	목포	진남포	평양	군산	마산	성진	합계
1876	52	2	54											
1877	320	25	345	273										273
1878	18	99	117	410										410
1879	139	30	169	922										922
1880	550	285	835	2,066	235									2,301
1881	2,831	586	3,417	1,925	281									2,206
1882	2,999	623	3,622	1,519	260									1,799
1883	3,284	719	4,003	1,780	199	348								2,327
1884	3,574	782	4,356	1,750	173	401								2,324
1885	3,710	811	4,521	1,896	235	561	88							2,780
1886	408	201	609	1,976	279	706	163							3,124
1887	468	173	641	2,006	374	855	245							3,480
1888	934	297	1,231	2,711	433	1,359	467							4,970
1889	3,494	2,095	5,589	3,033	598	1,361	597							5,589
1890	4,564	2,681	7,245	4,344	680	2,016	609							7,649
1891	5,601	3,420	9,021	5,255	655	2,331	780							9,021
1892	5,532	3,605	9,137	5,110	704	2,540	715							9,069
1893	5,168	2,703	7,871	4,750	794	2,504	823							8,871
1894	5,629	3,725	9,354	4,396	903	3,201	848							9,348
1895	7,315	4,988	12,303	4,953	1,362	4,148	1,840							12,303
1896	7,401	5,170	12,571	5,433	1,299	3,904	1,935							12,571
1897	7,871	5,744	13,615	6,067	1,423	3,949	1,867	206	27	76				13,615
1898	8,620	6,684	15,304	6,249	1,560	4,301	1,976	980	154	84				15,304

1899	8,507	6,561	15,068	5,806	1,600	4,118	1,985	868	311	127	249	99		15,163
1900	8,768	7,061	15,829	5,758	1,578	4,208	2,115	894	339	159	488	252	38	15,829
1901	9,957	7,971	17,928	6,804	1,504	4,628	2,490	931	370	200	566	259	64	17,816
1902	12,786	9,685	22,471	9,799	1,668	5,136	3,034	1,045	547	210	684	333	106	22,562
1903	16,888	12,309	29,197	10,776	1,946	6,433	3,673	1,417	779	207	3,002	396	168	28,797
1904	19,330	11,763	31,093	11,996	1,895	9,484	8,330	1,442	1,786	861	1,731	629	55	38,209
1905	26,486	15,974	42,460	13,364	3,150	12,710	11,247	2,020	3,002	2,063	2,593	1,593	192	51,934

출전: 이동훈, 〈'재조일본인' 사회의 형성에 관한 고찰:인구 통계 분석과 시기 구분을 통해〉, 《일본연구》 29, 2018, 240~242쪽, 〈표 1〉 초기 재조일본인 인구.

비고: 출전 표에서 제목과 항목을 바꾸었으며, 경성도 한성으로 바꿨다. 출전에 따르면 성별 통계는 《朝鮮に於ける内地人》(1923)과 《朝鮮の人口現象》(1923) 등 조선총독부 통계를 근거로 작성했으며, 거류지별 통계는 일본의 《外務省記録》과 재조선 일본인이 간행한 《조선지지地誌》 등을 이용해서 작성했다. 거류 초기 일본 인구 통계에 대하여 자료별로 빠진 부분을 보완하고 인구수의 근사치를 추정할 수 있도록 여러 자료의 통계를 비교해 제시했다.

〈그림 5〉 인천항(제물포) 일본 거류지(독립기념관 소장)

조선으로 건너온(渡韓)
일본인

〈표 1〉에 나타난 바와 같이 청일전쟁이 끝난 이듬해인 1896년까지 재조선 일본인 대부분은 부산, 인천, 원산, 경성에 거주했다.[13] 특히 약 60퍼센트가 부산에 집중됐음을 알 수 있다. 일본에서 조선으로 건너오는 첫 관문인 부산은 1910년경까지 일본인이 가장 많이 사는 곳이었다. 그다음이 인천으로 재조선 일본인 중 20퍼센트 이상이 거류했다. 조선의 수도는 국권피탈 이전까지는 3~4위를 유지했으며, 〈표 2〉에서와 같이 1910년에 이르러 거류 일본인 최대 집중 지역이 됐다.

〈표 2〉 주요 거류지의 일본 인구(1910년)

(단위: 명)

인구 순위	거류지	인구수
1	경성	38,397
2	부산	24,936
3	인천	11,126
4	마산	7,081
5	평양	6,917
6	대구	6,492
7	원산	4,636
8	진남포	4,199
9	군산	3,737
10	목포	3,612
11	신의주	2,742
총계		113,875

출전: 기무라 겐지, 〈植民地下 朝鮮 在留 日本人의 特徵-比較史的 視点에서〉, 《지역과 역사》 15, 2004, 254쪽.
비고: 기무라 겐지의 표 〈조선·중국 거류지 재류 일본인 수의 추이〉에서 조선 거류지 부분을 추려서 재편집했다.

4

1910년부터 일제시기 말까지
재조선 일본인
규모와 비중

1910년 조선 총인구 대비 조선인 비율은 98.6퍼센트며, 일본인은 17만여 명으로 1.3퍼센트를 차지했다. 일본인을 제외한 기타 외국인 비율은 0.1퍼센트였다. 일제시기 말인 1942년에 조선인은 96.3퍼센트로 감소했고 반면에 일본인은 2.9퍼센트까지 증가했다. 기타 외국인도 일제시기 말에는 0.3퍼센트로 증가했다. 그러나 일본인을 제외한 외국인 수를 합해도 일본인 수의 10분의 1 정도에 지나지 않았다.

거류 일본인 증가는 그들과 관계있는 상업과 무역 등을 비롯한 각 산업 분야에서도 활발한 교류를 초래했다. 거류 일본인 사회도 그만큼 발전하게 됐다.

'내지인', 즉 '식민지의 본국' 국민이 된 일본인

1910년 8월 29일을 기준으로 조선인과 재조선 일본인은 제도나 실제 생활에서 주객이 바뀌게 된다. 일제시기 이전에는 일본인에게 조선은 조선인의 나라였고, 일본인은 당연히 조선에 사는 외국인이었다. 조선에 사는 일본인은 거류민, 재류민在留民 등으로 불렸다. 그러나 일제가 조선을 강점한 이후 일본인에게 조선은 식민지로서 일본의 '속국屬國' 또는 '속지屬地'[14]였다. 재조선 일본인의 존재도 더 이상 '재외국在外國 거류민'이 아니었으며, '식민지 거주민' 또는 '내지인內地人' 등으로 바뀌었다.

일제시기 내내 조선인은 빼앗긴 국권을 회복하려는 존재로, 재조선 일본인은 식민지 조선의 새 주인으로서 영구히 조선과 조선민족을 지배하려는 존재로 살았다. 재조선 일본인은 그들이 '식민지 조선의 본국'이라고 표현한 일본의 국민으로서 관직을 비롯한 조선 사회의 모든 분야에서 지배자의 위치를 누리며 살았다.

존재 이유가 없어진 '거류민단' 폐지

일본인 거류민단은 1905년 3월 일본 정부가 제정한 〈거류민단법〉과 1906년의 〈거류민단법시행세칙〉으로 조직된 재조선 일본인 자치기구다. 일본인 거류민단은 1906년 서울 · 인천 · 부산 · 진남포 · 군산 · 평

양·목포·원산·마산·대구에, 1907년 용산 그리고 1908년 신의주에
각각 설치됐다. 일본 거류민은 법인화된 조직인 거류민단을 통해 거
류지에서 자신들의 편익을 도모하며 세력을 확장해 나갈 수 있게 됐
다. 물론 일본공사관과 영사관도 재조선 일본인을 더욱 편리하게 관
리할 수 있게 됐다.[15]

　1910년 일제가 조선을 식민지로 강점하면서 거류민단이라는 존재
는 더 이상 필요하지 않게 됐다. 거류지나 거류민단 그리고 〈거류민단
법〉은 법률적으로 외국의 영토에서 그 존립 근거를 갖는 것이기 때문
이다. 일본인 거류민단은 대체할 자치제도 문제로 1910년 이후에도
계속 유지되다가 결국 1914년 4월 부제府制 실시 때 각국 공동조계共
同租界와 함께 폐지됐다.[16]

'국권피탈' 이전부터 설립된 일본인 학교

2

I

자녀 교육의
선두에 선
거류민

근대에 들어서면서부터 타고난 신분보다는 후천적으로 획득한 능력에 따라 출세할 수 있는 가능성이 확대됐다. 그리고 그 후천적 능력은 교육에 의해서 취득할 수 있었다. 따라서 인류가 일정한 지역에 거주 또는 정착하려고 고려하는 조건 중에서 '자녀 교육을 위한 여건 또는 환경'은 갈수록 중요한 부분이 됐다. 오늘날 우리 사회에서도 시시각각으로 직시하고 있는 현상이다. 재조선 일본인에게도 마찬가지였다. 특히 자녀를 데리고 낯선 이국의 땅 조선에 건너와 살기 시작한 그들에게 그 중요성과 더불어 긴박한 마음이 들었던 것은 두말할 나위가 없었다.

조선 거류 초기부터 일본 거류민 자녀를 위한 교육시설을 마련하고 그들을 가르치기 시작한 것은 일본 정부나 정부 조직이 아닌 재조선 일본인 자신이었다. 조선에서 일본 정부의 대책을 마냥 기다릴 수만은 없었기 때문이다. 거류민을 중심으로 한 교육사업은 대부분 거류민단, 거류민회, 거주민회, 부인회, 일본인회, 거류민총대역장, 차련관민류민車輦館民留民, 교육회 등 각종 거류민 단체 또는 조직 단위로 운영됐다. 이들은 〈학교조합령〉이 실시되기 전까지 일본인 학교 운영에서 중심 역할을 했다.

교육은 일본인 사회에서 주요 관심의 대상이었던 만큼 거류민 단체가 벌인 여러 사업 중에서도 매우 중요했다. 1909~1910년 거류민단의 총 세출 예산 중 교육사업 부문이 가장 컸다. 1910년경 부산거류민단과 경성거류민단[1]의 예산을 보더라도 교육 부문이 평균 3분의 1 이상을 각각 차지했다.

개항 이후부터 국권피탈 이전까지 조선에 있었던 일본인 학교는 어느 정도였을까?

청일전쟁이 발발하던 1894년까지 일본인 교육시설이 들어선 지역은 모두 네 곳이었다. 부산, 원산, 인천 그리고 한성 순으로 소학교가 한 개씩 세워졌다. 청일전쟁과 러일전쟁에서 일본이 승리하자 그 기세를 배경으로 조선에서 일본인과 그들의 학교 수는 대폭 증가하여 1905년 현재 23개에 달했다. 1895년부터 1905년까지 19개가 증설됐고, 1905년 한 해만도 여섯 개나 늘어났다.

통감부 설치 이후에는 가족 단위 이주자가 더욱 증가했다. 가족을 동반한 이주자 증가와 이들 가정에서 태어난 아동 증가는 유소년 층의 증가로 이어졌다. 학령 아동 증가로 교사를 신축한다 하더라도 일부 소학교는 학생 증가세를 따라가지 못했다. 그런 경우 오전반과 오후반으로 나누는 2부제로 학교를 운영하기도 했다.[2]

학교조합이 학교 운영에 참여하기 1년 전인 1908년 현재 일본인 학교는 93개였다. 통감부 설치 후부터 1908년까지 증설된 것이 70개였음을 의미한다. 1905년까지 설립된 23개보다 네 배 정도나 증가했다. 재조선 일본인은 1908년 12만 6168명으로 1905년의 4만 2460명보다 약 세 배 증가했다. 1905년부터 1908년까지는 일본인 학교 증가율이 그 인구 증가율보다 더 높았음을 알 수 있다.

이상과 같이 개항, 청일전쟁, 러일전쟁, 통감부 설치 등 일본이 조선과 동북아시아에서 제국주의적 침략을 확대해 나가던 주요한 시기를 전환점으로 하여 조선에서 일본인은 더욱 늘어났다. 그리고 일본인 학교 시설은 그보다 더 큰 비율로 증가했다.

2

소학교와
유치원

재조선 일본인 소학교 역사는 1877년 부산에서 시작된다. 이후 1882
년 원산, 1885년 인천 그리고 1889년 한성부에 소학교가 설립된다.

　당시 소학교는 일본인 거류 지역에서 가장 먼저 세워진 일본인 교
육기관이었다. 그러나 1894년 청일전쟁 이전의 일본인 소학교는 정
식 '학교'라기보다는 소학 정도의 교육을 하는 '시설' 수준에 지나지
않았다. 정식 소학교는 1888년 부산과 원산의 소학교부터다. 이후
1890년 인천의 소학교와 1892년 한성부의 소학교가 문을 열었다. 한
성부와 부산, 인천에는 두 개 이상의 일본인 학교가 설립됐는데, 이들
지역에는 유치원도 설립됐다.

　1900년대에 들어오면 1902년 평양, 개성, 마산 그리고 1903년 용
산과 통영 순으로 일본인 소학교가 설립됐다. 통감부 설치 전까지 소

학교가 하나도 없는 도는 강원도, 제주도, 충청북도, 황해도, 평안북도, 함경북도였다.[3] 황해도, 평안북도, 함경북도에 소학교가 설립된 것은 통감부가 설치되고 몇 달 지나서였다. 제주도와 충청북도에는 1907년, 강원도에는 가장 늦은 1910년에 소학교가 들어섰다.

부산에서 출발한 일본인 소학교와 유치원 역사

재조선 일본인 교육의 출발지는 부산이었다. 일본인이 한반도로 들어오는 첫 길목인 부산은 개항 이전부터 일본인이 상주하던 유일한 곳이었다.[4] 조선으로 이주하는 일본인 중에는 가족을 동반한 이도 있었다. 그중에서도 자녀를 데리고 온 일본인이 교육기관 설립을 요구하거나 서두른 것은 당연한 일이었다. 특히 부산은 다른 지역보다도 가족 단위 이주가 많았다.[5] 일본인 교육사업이 부산에서 닻을 올릴 수밖에 없었던 배경이 거기에 있었다.

거류지사무소의 한 공간에서 시작한 일본인 소학교육

자녀 교육 문제로 고심하던 부산 거류민은 1877년 본정本町에[6] 있는 거류지사무소 안의 방 하나를 빌려 교실을 마련했다. 당시 거류지사무소는 거류민회의소라고 부르기도 했다. 학생 수는 13명이었으며, 과목은 독서, 산술, 습자習字였다. 습자는 글씨 쓰기를 배워서 익히는 수업이라고 보면 된다. 일본에 있는 공립학교의 소학小學 정도 수준이었으나 학교 이름은 없었다. 정식 교사도 없이 사무소 직원 우에노 게이스케上野敬介가 여가를 내어 가르쳤다. 재조선 일본인 소학교육 또는 소학교 역사의 시작이었다. 재조선 일본인 교육 또는 교육사업의 효시이기도 했다.

일본에서는 에도江戶 시대(1603~1867)에 서민을 위한 사설 초등교육 기관으로 데라코야寺子

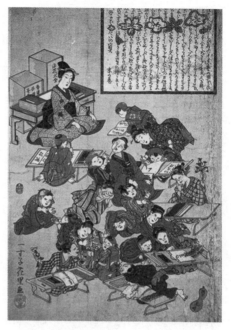

〈그림 6〉 데라코야

屋가 있었다. 우리나라의 서당과 같은 역할을 했다.

데라코야에서는 무사武士, 승려, 의사, 신직神職[7] 등이 아동에게 쓰기와 읽기 등을 가르쳤다. 데라코야는 에도시대에 광범위하게 보급 됐으며, 메이지 유신明治維新 이후 근대식 학교인 사립 소학교를 신속 하게 확산하는 데 주요한 기반이 됐다.[8] 일본 에도시대의 교육과 메 이지 시대의 근대 교육에서 교육시설과 종교시설은 깊은 관계를 맺 고 있었다.

초기 재조선 일본인 학교도 동본원사東本願寺나 정토종 등 일본 종교 시설 내에 설립된 경우가 많았다. 특히 불교와 관련성이 컸다. 불교 사찰과 관련 없이 소학교가 설립된 거류지는 부산과 평양뿐이라고 할 정도였다.[9] 부산 거류지사무소의 방 하나에서 시작된 재조선 일본인 학교를 일본의 데라코야에 비유하여 '부산판 데라코야의 스타트'라고 표현하기도[10] 했다.

부산 거류민은 학생 수가 증가하자 교육 공간을 일본 불교 사찰인 '정토진종 대곡파 동본원사 부산 별원淨土眞宗大谷派東本願寺釜山別院'[11]으로 이전했다. 이후에도 학생 수가 늘어서 자주 교실을 옮기고 교사教師도 교체했다. 1878년 교실을 내대청內大廳으로 옮겼으며, 교육은 의사인 니카이 단시로半井湛四郎에게 위임했다.[12] 내대청은 조선 후기 동래부사가 일본 사신단에게 연회를 베풀던 연대청宴大廳을 말한다. 초량왜관의 부속 건물인 연대청은 왜관 밖 북쪽에 위치했는데, 오늘날 광일초등학교 자리다.[13]

1879년 다시 교실을 정토진종 대곡파 동본원사 부산 별원으로 옮기고 교육은 당시 윤번輪番[14]이던 히라노 에스이平野惠粋에게 위임했다.[15] 이 시기 재조선 일본인 교육은 점차 일본의 교육 법령에 준해 실시되기는 했지만, 여전히 소학교 체제를 제대로 갖추었다고 할 정도는 아니었다.

1880년 초대 일본 영사領事로 곤도 마스키近藤眞鋤가 취임했다. 교육에 뜻이 깊었던 그는 부산의 영사관 관사 일부를 교사로 제공하고 시설까지도 개선해주었다. 이때 학교 이름도 '수제학교修齊學校'로 정해졌다. 거류민 학교가 좀 더 정식으로 학교 체제를 갖추게 된 것이다. 이 학교는 1888년 서정西町에[16] 신축 교사를 준공했으며, 여아학교女兒學校와 통합하여 학교 이름을 부산공립학교釜山共立學校로 바꾸었다. 여아학교는 1885년부터 동본원사 별원에서 주로 여자 어린이를 교육한 학교였다.

부산공립학교는 1889년 일본의 〈소학교령〉에 기초하여 교칙을 개정하고 심상과尋常科와 고등과高等科의 수업 연한을 각각 4년으로 정했다. 심상과는 고등과보다 낮은 단계의 과정으로, '보통과'로 이해할 수 있다. 학교 경비는 모두 거류지 주민이 부담했다.[17] 1895년 학교 이름을 부산공립소학교釜山公立小學校로 바꾼다. 학생 수 증가에 따라 1902년 10월 대청정大廳町[18]에 신축한 교사로 이사했다. 이때 보습과를 개설하여 중학 정도의 학과목을 가르쳤다.[19]

일본인 유치원도 부산에서부터

소학교와 마찬가지로 재조선 일본인 유치원의 역사도 부산에서 시작됐다. 1897년 3월 3일 동본원사 부산 별원의 윤번 스가와라菅原磧成가 부산에 있는 일본영사관의 허가를 받아 서정에 있는 북빈北濱[20] 통신부通信部 가옥을 빌려[21] 사립유치원을 개원했다. 스가와라는 유치원 원주院主 직책도 겸임했다. 아동은 20명 정도였으며, 직원은 보모 두 명과 조수 한 명이었다. 운영비는 원아 한 명당 보육비 50원, 동본원

〈그림 7〉 부산유치원(부산상업회의소,《부산요람釜山要覽》, 1912)

사 본산의 지원금과 부산 별원의 보조금 등으로 충당했다. 유치원은
같은 해 5월 부산 별원 경내로 이전했다.[22]

〈표 3〉 '사립부산유치원 보육 시간표'는 초창기 일본인 유치원에서
실시했던 수업의 구성상 주요 특징과 과목 종류를 파악하는 데 도움
이 된다. 매일 첫 시간은 '회집'이고, 마지막 시간은 '창가'다. 날마다
오늘날 조회 정도에 해당하는 회집으로 수업을 시작해, 노래를 부르
는 것으로 마무리했음을 알 수 있다.

수업 내용에서 '수신화修身話'는 불교 교육과 관련된 과목이다. 불
교 단체가 유치원 운영에 주도적으로 참여했기에 유치원 수업 과목
에 포함된 것으로 보인다. 그 밖에 목적립木積立(나무 쌓아 세우기), 유희

<표 3> 사립부산유치원 보육 시간표

수업 시간 \ 요일	월	화	수	목	금	토
20분	회집會集	회집	회집	회집	회집	회집
20분	수신화	수신화	서물화庶物話	수신화	수신화	서물화
20분	목적립	판배板排	목적립	저배	환배	지직紙織
20분	유희	유희	유희	유희	유희	유희
20분	지접	화방畵方	옥계玉繫	수방數方	두세공豆細工	창가
20분	창가唱歌	창가	창가	창가	창가	창가

출전: 진종 대곡파 본원사 사무소, 《종보宗報》 1899년 2월 25일.

遊戲, 지접紙摺(종이접기), 저배箸排, 환배鐶排 등은 프뢰벨식 교육 방법[23]을 적용한 각종 '놀이'에 해당한다. 이와 같은 수업 내용은 당시 일본 교토京都에 있던 유치원 보육 시간표와 비교하면, 교토 유치원에서 '수신화'가 '설화說話' 시간으로 편성된 것을 제외하고 대부분 일치한다. 즉 유치원 단계에서도 재조선 일본인을 교육하는 내용이 일본에서와 거의 같았음을 의미한다.[24]

원산항과 인천에 설립된 소학교와 유치원

원산의 소학교

조선의 두 번째 일본인 소학교는 원산항에 설립됐다. 1882년 개항 후

〈그림 8〉 원산심상고등소학교(국립중앙도서관 소장)

얼마 되지 않아 원산에 거주하는 일본인 학령 아동이 10여 명이나 됐다. 일본 거류민은 동본원사에 위탁하여 아이들에게 독서, 습자, 산술을 가르쳤다. 1888년에는 우편국 터에 교사 한 동을 신축하여 거류민이 직접 경영하기 시작했다. 이때부터 원산공립소학교라고 불렀다. 1906년 원산심상고등소학교尋常高等小學校로 이름을 바꾸었고, 1912년 학제 개정으로 원산공립심상고등소학교로 변경했다.

인천의 동본원사에서 시작한 소학교 수업

인천항은 1883년 개항했다. 일본인 교육기관의 필요성이 긴박해지자 인천의 거류민 유지가 동본원사 지원支院(또는 별원)에 교육사업을 위

〈그림 9〉 1909년 인천심상고등소학교에서
발행한 수업증서(인천광역시립박물관 소장)
증서에는 일본 학생의 생년월일과 이름뿐
아니라 본적과 신분까지 상세하게 기록했다.

〈그림 10〉 인천심상소학교 엽서(동아대학교
중국일본학부 신동규 교수 소장)

탁했다. 1885년 가을에 이 지원에서 10여 명의 아동을 수용하여 수업
을 시작했다. 원산에 이은 세 번째로 인천 지역에서 일본인 소학교육
의 단서가 마련됐다.[25] 이 소학교는 1890년 전임 교사를 배치했으며,
영사관 뒷길에[26] 단층 교사를 지었다. 1892년에는 전임 교장을 정하
고 동본원사와의 관계에서 벗어나 독립했다. 1895년 교사를 증축하
고 1898년 신축 공사를 마무리했다.

1908년 현재의 인천신흥초등학교 자리인 중구 답동에 교사를 신
축, 이전했다. 1911년 4월 고등소학교를 분설하고 인천심상고등소학
교에서 인천심상소학교로 교명을 바꾸었다. 1913년 다시 고등소학교
와 병합하며 인천공립심상고등소학교로 개명했다. 〈그림 9〉는 인천
심상고등소학교에서 1909년 발행한 수업증서다. 일본인 학생이 인천
심상고등소학교에서 2학년 과정 수업을 마쳤다는 내용을 담고 있다.

또한 증서에는 일본인 학생의 생년월일(1901년 7월 1일)뿐만 아니라 본적이 일본 오사카大阪이며 신분이 평민平民이라는 것까지 상세하게 기록돼 있다. 〈그림 9〉에서 파악할 수 있듯이 이 증서는 학생이 소학교 2학년 과정을 마쳤음을 증명해주는, 단 한 장짜리, 그것도 아주 기본적인 내용으로 구성돼 있다. 그럼에도 학생의 출신 지역에서 출신 성분까지 꼼꼼히 담겨 있다.

1900년 설립된 인천기념유치원

1900년 5월 인천에 유치원이 설립됐다. 일본 왕자 요시히토嘉仁[27]의 결혼식을 기념하여 거류민이 기부금을 거두어 오늘날 송학동 2가에

〈그림 11〉 인천기념유치원(독립기념관 소장)
어린이들이 유치원 마당에서 뛰어놀고 있다.

세운 것이다. 같은 해 한성부에 경자기념경성유치원이 설립된 배경도 마찬가지였다.

인천기념유치원의 교육 목표는 적당한 보육을 통해 유아의 건전한 발달을 이루며, 선량한 습관을 키우고, 가정교육을 보완하는 것이었다. 교육 내용은 유희, 창가, 관찰, 담화, 수기 등으로 구성됐다.[28]

수도 서울에 들어선 일본인 소학교와 유치원

재경성공립일본소학교, 서울 거류민사무소에서 시작

서울에서도 청일전쟁 이후 팽창하는 일본 인구와 함께 학령 아동의 교육 문제가 제기됐다. 서울 지역 교육기관 설립 사업은 거류민 대표였던 거류민총대居留民總代 기노시타 기요헤에木下淸兵衞와 총대역장總代役場[29] 의원 야마구치 다헤에山口太兵衞 등을 중심으로 전개됐다. 총대역장 안에 있는 온돌방 한 칸이 임시 교실로 마련됐다. 총대역장은 민가의 일부를 임대해서 사용했는데 상업회의소도 같은 곳에 있었다. 책상과 걸상 등은 경성상업회의소[30] 회두會頭(회장)를 지낸 나카무라 사이조中村再造가[31] 기부했다. 마침내 1889년 8월 8~9명의 어린이에게 소학 과정을 가르치기 시작했다. 수업은 스다須田熊藏가 담당했으며 매일 오후 두 시간씩 교육했다.

같은 해 9월 소학교육시설과 함께 있던 총대역장과 상업회의소는 다른 곳으로 이전했다.[32] 얼마 후 스다가 일본으로 떠나게 되자 진종

眞宗 승려가 교육을 담당했다.[33]

'공립학사'라는 이름을 달고

1890년 10월 일본인 소학교육시설을 본정本町 2정목丁目[34] 45번지에 새로 건축한 대곡파 본원사 포교소 건물 내로 이전했다. 이때 교육시설 이름을 '재경성거류민공립학사在京城居留民共立學舍'라고 지었다. '공립共立'은 소학교육에 거류민회와 동본원사가 관여했기 때문에 붙여졌다.[35] 본원사 포교소 주지 아카마쓰赤松慶惠가 학교 주임도 맡았다. 1892년 3월 아카마쓰가 일본으로 돌아가자 어학을 연구하기 위해 조선으로 온 다치바나橘圓壽가 수업을 담당했다.[36]

재경성공립일본소학교로 성장

1892년 5월 정식 교원教員(이하 '교사') 아사카와 마쓰지로麻川松次郎를 초빙했다. 6월에는 학교 경영에 대해 동본원사와의 촉탁 관계를 해제하고 거류민회 중심으로 전환했다. 여전히 사원 건물을 교사校舍로 사용했으나 경제적으로는 동본원사로부터 완전히 독립한 것이다. 학교 이름도 재경성공립일본소학교로 바꾸고 아사카와를 교장으로 임명했다.

〈그림 12〉 재경성공립일본소학교 직인(경성부 편, 《경성부사》 2, 경성부, 1936, 612쪽)

그리고 8월 22일 개교식을 거행했다.[37] 당시 일본 공사를 비롯하여 일본 영사, 총대總代[38] 등이 축사를 하는 등 거류지의 큰 행사로 치러졌다. 1893년 8월 이 학교에 고등소학교가 설치됐다.[39]

　재경성공립일본소학교는 청일전쟁으로 교사校舍가 징발되자 휴교했다가 1895년 1월 다시 개교했다. 학생 수가 증가하자 그해 7월 남산정南山町 2정목[40]에 교사 건물을 기공했다. 그리고 11월에 완공하여 일본 불교 포교소 내에 있던 교사로부터 이전했다. 학교 건축 비용의 대부분은 기부금에 의존했으며, 부족한 부분은 총대역장의 예산에서 충당했다. 같은 달 13일 개교식을 거행했는데, 조선 정부 관료[41]도 참석했다. 이때 학교 이름도 대일본공립경성심상고등소학교로 바꾸었

〈그림 13〉1895년 대일본공립경성심상고등소학교 완공식 기념사진(北川吉昭 編,《山口太兵衛翁》, 山口太兵衛翁表彰會, 1934, 27쪽)

으며, 당시 입학생은 80여 명이었다.[42]

이 시기 일본인 소학교 설비와 교수 방법은 일본의 〈소학교령〉을 따랐고, 교과서는 검정제를 적용했다. 소학교 학생 중에는 졸업 후 바로 상업에 종사하는 자가 많았다. 그 때문에 심상 4학년부터 조선어를 선택과목으로 수업했다. 또 일본인 학생이 조선어를 익히는 데 도움을 주고 조선인과의 융화를 도모하게 한다는 명분으로 특별히 조선인이 입학을 원하는 경우 허가해주었다. 그러나 1898년 4월 입학생이 증가하고 관립일어학교가 설립되자 조선인 입학을 거부했다.[43]

거류민의 명예를 위해 새로 지은 '벽돌' 교사

러일전쟁과 을사조약 등으로 고무된 일본인의 조선 이주는 다시 한번 급격하게 증가한다. 1905년 거류민역소에서 늘어나는 거류민 아동을 수용할 '소학교신축안'이 논의됐다. 경성거류민역소[44] 민장民長 나카이 기타로中井喜太郎는 '경성 거류지의 명예를 위해서' 벽돌로 된 소학교를 짓자고 주장했다. 비용 문제로 다소 반대가 있었으나 그의 주장대로 실행됐다. 결국 학교는 당시 일반적이었던 목조건물 대신 빨간 벽돌로 건축됐다. 거류민단 1년 예산의 약 70퍼센트에 달하는 거액이 들어간[45] 학교의 규모는 〈그림 14〉의 상량식 당일 모습과 완공된 모습만 봐도 대단했음을 짐작할 수 있다.

1906년 일출정日出町[46]에 새로 크게 지은 교사로 대일본공립경성심상고등소학교를 이전했다. 이 학교는 1908년 3월 17일 제일심상고등

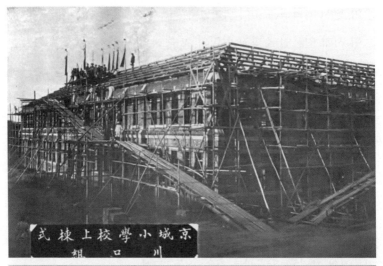

〈그림 14〉 경성소학교 상량식 당일 모습(상)과 완공된 모습(하)(相澤斗郎,《京城府之卷》, 55~56쪽)
《경성부지권》에는 경성소학교 교사가 1905년에 착공, 1906년 준공됐다고 서술돼 있다.

소학교,[47] 1910년 4월 1일 일출심상고등소학교,[48] 1911년 12월 28일 일출심상소학교로 개칭했다.[49] 그리고 1912년의 〈조선공립소학교규칙〉에 따라서 다시 일출공립심상소학교로 이름을 바꾸었다.

자타 공인 명문 일출공립심상소학교

일출공립심상소학교는 조선은 물론이고, 일본 국외에 있는 일본인 소학교 중에서도 으뜸으로 알려졌다. 일본에는 1877년 메이지 정부가 화족華族의 자녀를 위한 교육기관으로 설립한 학습원學習院이 있었다. 화족은 일본의 작위를 가진 사람과 그 가족을 일컫는다. 일본의 왕족 자녀가 다닐 정도로 명문이었다. 일출공립심상소학교는 자타가 공인하는 '조선의 학습원'이었다.

일출공립심상소학교가 있던 일출정은 통감부와 초기 조선총독부 등 일본 관청과 관사가 위치한 곳이었다. 그리고 일본인 상점가의 중심인 본정本町[50] 등도 일출공립심상소학교의 교구校區에 포함됐다. 이런 배경으로 인해 정부기관의 고관이나 부잣집 자녀가 많이 입학했다.

덕혜옹주도 다닌 일출공립심상소학교

고종의 막내딸인 덕혜옹주德惠翁主도 일출공립심상소학교에 다녔다. 그녀는 왕족 유치원에 다니다가 1921년 일출소학교로 편입했다. 그곳에서 5학년을 수료한 뒤 1925년 도쿄東京의 학습원으로 전학했다.

〈그림 15〉 소학교 시절 덕혜옹주(앞에서 둘째 줄 오른쪽에서 두 번째)

해방 후 일출국민학교로, 다시 일신국민학교로

일출공립심상소학교는 1941년 〈국민학교령〉에 따라 일출국민학교로 이름을 바꾸었다. 해방 후에는 다른 학교와 마찬가지로 일제시기의 교명을 계속 유지한 채로 한국 학생이 다니는[51] '일출국민학교'로 개교했다. 1946년 4월 1일 서울시는 '일본 색'을 모조리 없애기 위해 초등학교 이름을 변경했다. 이때 일출국민학교도 '일신국민학교'로 바꾸었다.[52] 1973년 서울 중심부 인구가 줄어들면서 일신국민학교는 폐교된다. 일신국민학교가 있던 곳에는 2018년 현재 남산스퀘어빌딩(서울시 중구 충무로 3가)이 들어서 있다. 〈그림 16〉은 빌딩 정문 옆을 따라

〈그림 16〉 서울일신국민학교 교적비(저자 촬영)

정비된 화단 위의 작은 공간에 자리한 '서울일신국민학교 교적비'다.
비의 내용은 다음과 같다.

이곳은 유서 깊은 균역청 옛터로서 1889년 경성일출공립심상소학교가 세
워졌으며 조국 광복과 더불어 1946년 서울일신국민학교로 교명을 변경한
이래 1만 914명의 졸업생을 배출하고 1973년 정부 시책에 따라 폐교되었
다. 이에 뜻깊은 이곳이 서울일신국민학교의 발상지임을 길이 후세에 전
하고자 이 비를 세운다.
1991년 12월 30일 서울시중부교육청 교육장

이 교적비는 서울일신국민학교의 역사가 1889년에 출발했음을 밝히고 있다. 그러나 그것이 '재조선 일본인'과 관련 있다는 내용은 전혀 없다. 이 학교의 역사에서 1889년부터 1946년까지의 내용은 '비워져 있음'이다.

용산공립심상소학교, 1903년 설립

1903년 서울에 두 번째 일본인 소학교가 설립된다. 용산거류민단이 세운 용산소학교였다. 초기에는 용산순사주재소 사무실 일부를 빌려 교사 한 명이 학생 일곱 명에게 심상과를 수업하는 정도였다. 주재소駐在所는 일제시기 순사가 머무르며 사무를 맡아보던 곳이었다. 1904년에는 용산소학교에 최초로 고용된 교사가 사임하면서 그를 대신해 거류민총대역장 서기書記가 수업했다. 이때 교육 장소도 총대역장으로 옮겼다.[53] 용산소학교는 1905년 11월 27일 원정元町 2정목町目[54]에 신축 교사를 낙성했으며, 이날을 학교 창립 기념일로 정했다.[55]

1910년 7월 용산거류민단이 경성거류민단에 흡수되는 형태로 두 거류민단이 합병됐다. 용산거류민단이 소멸 또는 폐지되고 용산소학교는 경성거류민단 소속이 됐다. 이때부터 학교 이름에도 '경성'이라는 표기가 병행됐다. 물론 관보를 비롯한 공공문서나 신문 등에서는 여전히 '경성'을 병기하지 않고 표기하기도 했다.[56] 용산소학교는 경성용산공립심상고등소학교로 변경한 뒤 1913년 10월 29일에는 고등소학교 교과를 폐지했다.[57] 그리고 같은 해 11월 1일 경성용산공립심상소학교로 이름을 고쳤다.[58] 이후에도 1929년 4월에는 다시 경성용산공립심상고등소학교로, 1933년 6월 20일에는 경성용산공립심상소학교로 바꾸었다.[59] 일제시기 말 〈국민학교령〉에 따라 바꾼 서울용산국민학교라는 이름으로 1945년 11월 다시 개교했다. 오늘날의 서울용산초등학교다.

용산원정심상소학교, 1911년 용산심상고등소학교의 분교에서 독립

용산원정元町심상소학교 또는 용산원정소학교는 용산심상고등소학교의 분교에서 발전한 학교다. 거류민이 용산 지역의 성장과 함께 용산소학교분교를 독립시켜 새 학교로 만든 것이다.

〈그림 17〉 용산 일본인 거류지(독립기념관 소장)

용산원정심상소학교는 1911년 2월 20일 지금의 용산구 문배동 문평산文平山[60] 서쪽에 있는 철도국 관할지를 새로운 교사 터로 빌려, 9월 17일 공사를 시작하고, 12월 30일 준공했다. 같은 해 12월 22일 용산심상고등소학교분교를 폐쇄하고 원정심상소학교를 새로운 '재외지정학교'로 삼았다. 이때 부산심상고등소학교장으로 근무하던 스즈키 로지로鈴木總次郎가 용산심상고등소학교장으로 임명됐고 원정심상소학교장도 겸임하게 됐다.

용산의 원정심상소학교는 1912년 1월 30일 모든 학교 설비를 완성한 뒤 옛 분교의 임시 교사에서 신축 교사로 이전하고 2월 1일 낙성식을 거행했다. 용산거류민단이 경성거류민단으로 통합된 뒤 경성원정공립심상소학교로 개명했으며, 1913년 11월 1일 다시 경성원정공립심상고등소학교로 이름을 고쳤다.[61]

1918년 12월 5일 학교 교직원실에서 불이 나 2층짜리 목재 건물 두 채와 부속 건물이 타버렸다.[62] 이때 스즈키 시즈에鈴木志津衛 교장이 사람들의 만류에도 일본의 '어진御眞'을 찾아 불길 속에 뛰어들었다가 사망했다. 이 사건으로 순종純宗 임금이 스즈키 유족에게 50원을 특별히 하사했다고 한다.[63]

일제 말기 〈국민학교령〉에 따라 원정국민학교로 이름을 고쳤다. 해방 후 1946년 4월 일본식 이름을 폐기하고 서울남정국민학교로 바꿨으며, 1996년 다시 서울남정초등학교로 바꾼 후 지금에 이른다.

〈그림 18〉 불탄 뒤의 용산(원정)소학교와 그것을 바라보는 사람들(《매일신보》 1918년 12월 6일)

〈그림 19〉 용산(원정)소학교 교정에서 치러진 스즈키 교장 장례식, 1918년 12월 8일(《매일신보》 1918년 12월 10일)

영등포심상소학교, 1905년 설립

영등포심상소학교는 영등포거류민회가 1905년 10월 영등포에 설립했다. 교사는 한 명, 아동은 26명이었다. 1910년 영등포학교조합 소속이 됐다. 교명을 영등포심상고등소학교를 거쳐 영등포국민학교로 바꾸었다. 해방 후에도 영등포국민

〈그림 20〉 영등포심상고등소학교(中央情報鮮滿支社, 《大京城寫眞帖》, 1937, 234쪽)

학교로 개교했으며, 오늘날의 영등포초등학교다.[64] 현재 학교는 영등포구 경인로(문래동 1가)에 있다.

남대문공립심상소학교, 1908년 설립

남대문공립심상소학교는 경성거류민단이 남산정南山町[65]에 있던 옛 경성심상고등소학교 분교 자리에 신설한 것이다. 1908년 3월 23일 인가를 받고, 9월 태평정太平町[66]에 새로 건축한 교사로 이전했다. 이 학교 부근에는 경성고등여학교와 그 부속 유치원 등도 있었다.[67] 학교 이름을 1908년 경성제이심상고등소학교,[68] 1910년 4월 1일 경성거

〈그림 21〉《경성안내》(상)와《경성부사》(하)에 게재된 남대문소학교
전경(경성협찬회 편,《경성안내》, 경성협찬회, 1915; 경성부 편,《경성부사》2,
경성부, 1936, 795쪽)

〈그림 22〉교적비 '남대문초등학교 옛터'(저자 촬영)

류민단립남대문심상고등소학교, 1911년 12월 28일 경성거류민단립 남대문심상소학교,[69] 1912년 남대문공립심상소학교로 바꾸었다.

〈국민학교령〉에 따라 남대문국민학교로 변경하고, 해방 후 1945년 11월 11일 그 이름 그대로 개교했다. 도심 인구 분산 정책이 실시됨에 따라 학생 수도 줄어들어 1979년 폐교됐다. 지금은 학교 터에 대한상공회의소 건물이 들어서 있으며, '남대문초등학교 옛터'라는 교적비만 남아 자리를 지키고 있다.[70]

앵정심상소학교, 1910년 개교

앵정櫻井심상소학교는 경성거류민단이 1910년 4월 1일 남산정 임시 교사에서 문을 연 학교다. 같은 해 6월 25일 앵정정櫻井町 2정목[71]에 신축한 교사로 이전했다.[72] 앵정소학교의 일본 이름은 '사쿠라이소학교'였다. 〈국민학교령〉에 따라 앵정국민학교로 고친 이름을 해방 후에도 사용하다가, 1946년 4월 1일 영희국민학교로 바꾸었다.

1989년 강남구 일원동에 신축한 교사로 이전했다. 영희국민학교가 떠난 자리에는 1990년 12월 덕수중학교가 신축, 이전해서 지금에 이른

〈그림 23〉 창립 당시의 앵정소학교(경성부 편, 《경성부사》 2, 경성부, 1936, 816쪽)

다. 현재 덕수중학교에 영
희초등학교의 교적비 '영
희永禧의 옛터'가 있다.[73]

서울에 설립되기 시작한 유치원

경자기념경성유치원, 수
도 서울의 첫 유치원
서울에 일본인 유치원이
처음으로 들어선 배경은
인천기념유치원과 같다.

〈그림 24〉 교적비 '영희의 옛터'(저자 촬영)

1900년 5월 거류민이 일
본 왕자 요시히토의 결혼
식을 기념하여 유치원을
창립하기로 의견을 모은
것이다. 창립위원회를 만
들고 거류민 유지와 경성
부인회의 협력 아래 유치
원 설립을 추진했다. 남산
본원사 지역의 일부[74]를

〈그림 25〉 1900년 10월 27일 경자기념경성유치원
개원 당시 원사園舍. 최초의 원아들과 개원식에
찾아온 사람들(庚子記念京城公立幼稚園後援會 編,
《(庚子記念京城公立幼稚園) 創立四拾周年記念誌》,
1940. 국립중앙도서관 소장)

〈그림 26〉 경자기념경성유치원 원아들의 수업 광경, '나무 쌓아 세우기(木積立) 시간'(좌)과
'그림 그리기(塗畫) 시간'(우)(경자기념경성공립유치원후원회 편,《(경자기념경성공립유치원)
창립사십주년기념지》, 1940)

〈그림 27〉 경자기념경성유치원 원아들의 수업 광경(中央情報鮮滿支社,《大京城寫眞帖》, 1937)

빌려(뒤에 매수했음) 유치원사園舍를 신축했다. 같은 해 8월 착공한 뒤 10월 준공과 함께 40명의 원생을 모아 '경자기념경성유치원庚子紀念京城幼稚園'이라는 이름으로 개원식을 거행했다.[75]

1914년 거류민단이 폐지되자 유치원은 경성학교조합 소속이 됐고, '거류민 단립'에서 '경성부 공립'으로 바뀐다. 1922년 6월 경자기념경성공립유치원으로 이름을 고쳤다.[76]

경성고등여학교부속유치원과 남대문심상고등소학교부속유치원

경성고등여학교는 개교할 때 부속으로 유치원도 설립했다. 이미 운영되던 경자기념경성유치원의 정원이 초과됐기 때문에 그들 중 희망자를 수용하여 유치원을 만든 것이다. 경성고등여학교에서 유치원을 경영하게 된 또 하나의 배경은 본교 여학생이 유아 보육을 연습하는 과정에 도움을 주기 위해서였다.

경성고등여학교부속유치원은 1910년 남대문소학교 부속으로 바뀐다.[77] 그러나 소학교와 유치원을 함께 운영하는 과정에서 어려움을 겪게 되어, 같은 해 이 유치원은 폐원되고 만다. 남대문소학교부속유치원에 다니던 원생은 1911년 경자기념경성유치원에 편입됐다.[78]

사립경성유치원

사립경성유치원은 1910년 고사키 기사부로湖崎嘉三郞가 욱정旭町 1정목[79]에 설립했다. 각종 자료를 통해 1914년 현재 경성에 있던 유치원이 경자기념경성유치원뿐이었던 것을 보면, 사립경성유치원은 늦어도 1914년 이전에 폐원된 것으로 보인다.

군산, 목포, 마산에서 시작된 일본인 소학교

군산에서는 1899년 개항 당시 영사관의 분관分館에서 근무하던 직원의 부인이 처음으로 교육사업을 시작했다. 교육을 받는 아동은 다섯 명에 지나지 않았다. 1900년 군산 거류민들이 본원사 지원의 승려에게 교육을 위탁했다. 1901년부터는 거류민회에서 직접 교육사업을 경영했다. 가르치는 일은 본원사 지원의 승려에게 계속 맡겼으며, 조선인 선생을 잠시 채용하기도 했다. 같은 해 10월 초에 전임 교장을 두었다.[80]

목포의 일본인 교육기관은 1898년 11월 대곡파 본원사에서 경영

〈그림 28〉 군산소학교(좌)와 군산 일본인 구락부(相澤斗郎,《京城府之卷》, 235쪽)

한 데서 기인한다. 1902년 1월부터는 거류민단이 경영했다. 마산에서는 1902년 11월 정토종 포교사布敎師가 민가를 교실로 사용하면서 소학교를 열었으며, 당시 학생은 다섯 명이었다. 1903년 학생 수가 20명이 되어 교사를 신축했다. 1904년 6월 불교계를 벗어나 학교를 운영하면서 처음으로 전임 교장을 배치했다. 이후에도 교사를 여러 번 이전했다.[81]

북한 지역에 처음으로 설립된 일본인 교육시설: 진남포, 평양, 개성

진남포의 재조선 일본인 교육은 1898년 5월 거류민총대[82] 사무소 서기가 11명의 아동에게 독서, 산술 등을 가르치면서 시작됐다. 수업은 야간에 실시됐다. 1900년 9월부터는 진남포거류민단이 동본

〈그림 29〉 진남포소학교(相澤斗郎, 《京城府之巻》, 182쪽)

원사 포교소에 교육을 위탁했다. 가타노片野憲 혜사慧師가 포교소 안에서 아이들을 가르쳤다. 그리고 거류민들은 1903년 10월 거류민단립 심상소학교를 창설했다.[83] 그들의 자금으로 교사를 신축하고 전임 교

장을 배치했다. 학교 이름은 뒤에 진남포심상고등소학교로 바뀐다.

평양에서는 1897년 봄 순사 구로이黑井에게 아동의 교육을 위탁한 데서부터 일본인 교육이 시작됐다. 구로이는 평양 거류민을 보호할 목적으로 인천영사관에서 파견된 상태였다.[84] 1902년 평양심상소학교를 창립하여 총대역장 서기에게 학생 교육을 겸하게 했으며, 당시 학생은 여섯 명이었다. 1905년 전임 교장을 초빙했다.[85]

개성에서는 1902년 9월 거류민회 설립에도 참여한 하지메甫め가 아동 3~6명을 수용하여 거류민단립개성심상고등소학교를 개교했다. 개성학당의 일부를 교실로 사용했다. 1903년 입동笠洞으로 이전할 때까지[86] 개성학당 교사로 활동하던 승려에게 교육을 위탁했으며, 같은 해 12월 전임 교사를 초빙했다.[87]

소학교, 중학교, 고등여학교의 명칭에 대하여

조선에서 소학교는 1895년 7월 조선 정부의 〈소학교령〉에 따라 규정된 초등교육기관이었다. 우리나라 최초의 근대적 초등교육기관이 설립된 것은 〈소학교령〉 제정보다 빠른 1894년이다. 당시 교동校洞[88]에 설립됐으며, 오늘날 서울교동초등학교의 전신이다. 중학교도 1899년 〈중학교관제〉에 따라 1900년부터 조선에 설립된 중등교육기관이었다.

일본의 통감부는 조선의 교육제도 개혁을 추진한다는 명목으로

1906년 8월 27일 〈보통학교령〉, 〈고등학교령〉 등 각종 학교령을 발포한다. 이때 조선인의 '소학교'와 '중학교'는 '보통학교'와 '고등학교'로 바뀌었다. 당시 소학교와 중학교는 일본의 교육기관과 명칭이 동일했기 때문에 통감부는 일본과 차별화하기 위해 조선이 사용하던 학교 이름을 그와 같이 변경한 것이다.

일본은 타이완과 남양군도 등 다른 식민지에서도 조선에서와 마찬가지로 일본인 아동이 다니는 초등학교에 한해서만 '소학교'로 하고, 현지 주민이 다니는 학교에는 그 명칭을 사용하지 못하게 변경했다.[89]

고등여학교는 1908년 제정된 〈고등여학교령〉에 따라 조선인 여성에게 고등보통교육을 실시하는 학교였다. 당시 일본인 여학교의 이름과 같았다. 일제는 1911년 제1차 〈조선교육령〉에 따라 '보통교육을 실시하는 학교의 이름'을 다시 정비하여 조선인 학교 이름을 '보통학교'와 '고등보통학교' 그리고 '여자고등보통학교'로 바꾼다.

이와 같이 일제는 일본인에게 보통교육을 실시하는 소학교와 중학교 그리고 고등여학교를 명확하게 분리하여 정리했다. 보통학교와 소학교는 오늘날 초등교육기관에, 고등보통학교와 여자고등보통학교, 중학교와 고등여학교는 오늘날 중등교육기관에 해당한다.

1938년 일제는 제3차 〈조선교육령〉으로 일본의 교육제도 또는 재조선 일본인 교육제도를 기반으로 '공학'을 실시했다. 이때 이미 그들만의 교육기관 이름이었던 소학교, 중학교, 고등여학교를 같은 급의 조선인 학교에도 사용하게 법률적으로 규정했다. 소학교는 1941년 〈국민학교령〉에 따라 '국민학교'로 바뀐다.

3

고등여학교,
　남자 중학교보다
일찍 들어서다

부산고등여학교, 재조선 일본인 여성을 위한 첫 고등여학교

초기 일본인 여학생 중등교육은 소학교 보습과에서

부산고등여학교를 설립하기 전까지 중등 과정의 일본인 여성 교육은 1901년 부산공립소학교에 설치된 여자 보습과補習科에서 실시됐다. 보습과는 2년제였으며 소학교 고등과 3년을 졸업한 여학생이 진학했다.[90] 보습과에서는 식민지 등 일본의 국외에 거류하는 일본인 여성에게 필요한 지식, 기능技能을 가르쳤다. 구체적인 과목 종류와 수업 내용은 〈표 4〉와 같다.[91]

　과목 구성 특징은 재봉 시간이 전체 수업의 30퍼센트 이상을 차지하며, 그것도 2학년 때는 더 많다는 점이다. 일본은 국외에 거류하는

<표 4> 보습과의 학년별 과목과 수업 내용

과목	1학년		2학년	
	수업 시간	수업 내용	수업 시간	수업 내용
수신修身	2	인륜도덕: 요지와 작법作法	2	1학년 과정 연속
국어	5	강독, 작문, 습자	4	1학년 과정 연속
산술	3	정수, 소수, 분수, 비례, 주산	2	비례, 백분산, 주산
가정	3	의식주, 가사, 습자	3	간호법, 육아법, 가정 정리법
영어	4	독해, 철자, 습자	4	1학년 과정 연속
재봉	11	운침법運針法, 봉방(바느질 방법), 재방(재단 방법)	13	1학년 과정 연속과 조화, 재봉틀 사용법
도화圖畵	1	모필화毛筆畵	1	1학년 과정 연속
창가, 체조	1	단음창가, 유희, 보통체조	1	1학년 과정 연속
계	30		30	

비고: '도화'는 오늘날 미술, '모필화'는 붓으로 그리는 그림을 말한다.

일본인 여학생을 '내조' 잘하는 여성으로 키우고자 했다. 수업 과목과 시간 분량도 그러한 취지에 걸맞게 짜인 것이라 할 수 있다.

부산고등여학교 출범

1905년 11월 거류민단에서는 부산고등소학교 교장 다카하시高橋恕를 비롯한 일본인 유지가 주도하여 '고등여학교 신설'에 대한 안건을 가결했다. 그리고 부산 주재 일본 영사의 인가를 받고 1906년 4월 1일 부산거류민회에서 3년제 부산공립고등여학교를 설립했다. 당시 교사校舍는 신축한 부산공립고등소학교 내에서 임시로 마련하여 사용했다.

재조선 일본인 고등여학교는 1909년 설립된 재조선 일본인 남자 중학교보다 3년 먼저 설립됐다. 어떤 배경이 있었을까?

재조선 일본인 학부모 중에서 특히 딸을 둔 부모에게 '자녀의 상급 학교 진학 문제'는 커다란 고민거리였다. 그들은 가능한 한 자신이 거주하는 곳에서 딸을 통학시키려고 조선 내 학교에 보내기도 했다. 그러나 그것마저도 쉬운 일이 아니었다.[92] 재조선 일본인 여학생이 그들의 부모가 사는 곳에서 통학하며 다닐 수 있는 정도의 지역에 중등 과정 여학교가 없는 경우도 있었기 때문이다. 재조선 일본인 여학생이 일본으로까지 유학하여 상급 학교에 진학한다고 하더라도, 그들의 부모는 특히 딸이 '여성'이라는 점에서 '불편'한 심정을 감당하기가 훨씬 힘들었을 것이다.[93]

이와 같이 재조선 일본인 여학생의 상급 학교 진학 문제는 재조선 일본인 사회에서 해결해야 할 커다란 과제이기도 했다. 조선에서 일본인 남자 중학교보다 고등여학교가 더 빨리 설립된 것은 재조선 일본인 사회의 그와 같은 실상이 반영된 결과였다. 일제시기에 일본인 고등여학교가 중학교보다 많이 설립된 상황과도 관련이 깊다.

부산공립고등여학교는 1907년 부산거류민단립부산고등여학교로 이름을 바꾸고 4년제로 변경했다. 1910년 6월 토성정(경남중학교 자리)에 신축 교사가 완성되어 소학교에서 이전했다.[94] 1912년 4월 경상남도 소속이 되어 부산공립고등여학교로 개명했다. 1914년 다시 학교

〈그림 30〉 부산고등여학교(釜山府釜山敎育會, 《釜山敎育五十年史》, 1927, 6쪽)

조합 소속이 되고, 1931년에는 부산제1부특별경제 소속이 됐다.

해방과 더불어 1945년 10월 학생을 모집한 뒤 11월에 토성동 교사로 옮겨 개교했다. 부산공립고등여학교라는 이름은 계속 사용했다. 1946년 4월 서구 서대신동 1가 53번지로 교사를 이전하고, 이어서 9월에 부산공립여자중학교로 개명했다. 1951년 8월 학제가 개편돼 4학년 이상은 부산여자고등학교로, 3학년 이하는 부산서여자중학교로 분교됐다.[95]

수업 연한은 설립 당시 3년 과정이었으며, 1907년 4년 과정이 된 후, 1925년 5년 과정이 됐다. 수업 과목은 1912년 본과는 수신, 일본어, 역사, 지리, 수학, 이과理科, 도화圖畵, 가사, 재봉, 음악, 교육, 수예

手藝, 영어, 한국어, 체조 등이었다. 기예 전수과는 수신, 국어, 수학, 가사, 재봉, 수예, 음악, 체조 등으로 구성됐다.[96] 수업 과목에서 고등여학교 설립 이전의 보습과와 다른 점은 산술 대신 수학, 가정 대신 가사, 창가 대신 음악 등과 같이 유사 과목의 이름이 바뀌었다는 것이다. 그리고 역사, 지리, 이과, 수예, 조선어 등이 추가됐다.

서울에 자리한 일본인 여자 중등교육기관

경성고등여학교

이토 통감까지 참석한 개교식

1908년 경성거류민단은 태평정太平町[97]에 있는 한국총세무청韓國總稅務廳 소속 보세시장保稅市場 터의 땅과 창고를 빌렸다. 그 인근에 있던 일한식료품조합日韓食料品組合의 가옥과 택지 50여 평도 1만 5000원에 매입했다. 그해 3월 인가를 받고 4월(양력 5월) 경성고등여학교를 개교했다. 경성고등여학교 입학식은 거류민 사회의 발전을 의미하는 경축 행사로 치러졌으며, 이토 히로부미伊藤博文 통감, 하세가와 요시미치長谷川好道 조선주차군사령관 등과 같은 거물급 일본 인사도 참석했다.[98]

경성고등여학교는 경성중학교와 마찬가지로 임시 교사에서 출발했다. 일본 정부의 보조 없이 거류민단 재정만으로 건축 비용을 마련하기 힘들었기 때문이다. 자수, 편물編物, 조화造花 등 수예 수업에 필

〈그림 31〉 경성고등여학교 1908년 개교식(경성부 편,《경성부사》2, 경성부, 1936, 794~795쪽)
사진 왼쪽 텐트 안에 있는 사람이 이토 히로부미, 오른쪽 맨 아래가 하세가와 요시미치다.

요한 기계를 일본에서 주문하여 개교 준비를 했으나, 과학실과 재봉
연습실 등은 갖추지 못했다. 설비 면에서 일본에 있는 여학교보다 부
실하다는 평가를 받기도 했다.

경성고등여학교의 개교 당시 입학 희망자는 91명이었으며, 시험을
치러 학급을 편성했다. 교사의 대다수를 일본에서 초빙했다. 개교 당
시 일본 내의 여학교에 다니다가 편입한 학생이 있었기 때문에 개교
바로 다음 해부터 1회 졸업생을 배출했다.[99]

신축 교사 낙성과 또 다른 이전
경성고등여학교는 1910년 12월 10일 신축 교사를 낙성했다.[100] 1912

〈그림 32〉 1910년 남산정(현재의 서울시 중구 남산동)으로 신축, 이전한
경성고등여학교(경성협찬회 편,《경성안내》, 경성협찬회, 1915)

〈그림 33〉 경성제일고등여학교와 선원전 일대(한국콘텐츠진흥원 소장)

년 〈조선공립고등여학교규칙〉에 따라 고등여학교가 모두 공립으로 변경되면서 경성공립고등여학교로 이름을 고쳤다.[101] 그리고 경성학교조합이 설립되자 운영권이 그쪽으로 넘겨졌다.

경성공립고등여학교는 1922년 경성제일공립고등여학교로 이름을 변경하고 덕수궁 선원전 자리였던 오늘날 중구 정동 1번지로 옮겼다.

이 교사는 후에 경기여자고등학교가 1945년 10월부터 1988년 2월 개포동 신축 교사로 이전할 때까지 사용됐다.[102]

내조 방법 교육과 훈련

일제는 일본인 여학생을 '질박하고 건실하며 현숙하게 양성'해서 사회에 내조하는 사람으로 만들고자 했다. 그리고 그 내조 방법과 훈련을 가정생활에서도 철저하게 실천하도록 했다. 집안 살림에 필요한 음식과 옷 만드는 법, 가정 다스리는 법 등을 특히 주의해 가르쳤다. 학교에 다니는 동안에도 집에서는 부모와 어린 동생을 도와주고 집안일을 돕도록 항상 훈계했다.

학교 교육과 가정에서 실천하는 것을 일치시키려고 모자회母姉會를 운영하고 '개별 훈련'도 실시했다. 모자회는 1년에 한 번씩 모자를 초청하여 학교 형편, 교육 방법, 학교와 가정 간의 의사소통, 자녀 교육 등을 공지하거나 논의했다. 학생별로 실시한 개별 훈련에서는 학생의 품행과 성질을 단련했다. 그리고 그 방법을 다시 부모에게 편지로 보내 일상생활에서도 실천해서 가정과 학교에서 모든 것이 일치하도록 훈육했다.

학예회, 전람회 그리고 원족회

경성고등여학교에서는 매년 학예회 두 번과 전람회 한 번을 개최했다. 특히 전람회를 열어서 가정형편이 좋은 학생이더라도 낭비하는 폐단을 막고 재활용하는 태도를 기르도록 기회를 마련했다. 학교는 버리는 물건을 잘 이용하여 쓸 만한 물건을 만들도록 하는 과제를 내주고, 그것을 전람회에 진열했다. 일제는 여학생의 체력단련에도 많은 노력을 기울였다. 예전과 달리 여성도 힘을 많이 사용하게 됐음을 인식하고 체육에 관심을 기울이고 한 달에 한 번 원족회遠足會(소풍)를 갔다. 1918년 5월 여학생의 힘이 어느 정도인지 시험하고자 인천까지 도보로 여행했는데, 낙오자가 한 명도 없었다고 한다.

1918년 당시 경성고등여학교 졸업 후 체신국, 은행, 철도국 등에 취직하는 여성도 적지 않았다.[103] 재조선 일본인 여성이 중등 과정을 졸업한 뒤 조선에 있는 관공서로 진출한 경우가 적지 않았음을 짐작게 한다.

사립여자중등교육기관

경성여학교

경성여학교[104]는 1906년 4월 재조선 일본인 사회의 유지였던 와다 쓰

네이치和田常市와 나카무라中村再造가 중심이 되어 경성부인회[105]의 사업을 계승해 설립한 학교다. 당시 학생은 아홉 명이었다. 매월 통감부에서 50원, 경성거류민단에서 12원을 보조받았다.[106] 1907년 4월 학생 수는 25명이었다. 경영난으로 1908년 3월 경성거류민단에서 경성고등여학교로 설립할 것을 의결함으로써[107] 이 학교의 역사는 막을 내리게 된다.

사립경성여자기예학교

이 학교는 1910년 4월 고자키湖崎喜三郎가 설립했다. 그는 당시 사립경성야학교[108]도 함께 개교했다. 기예학교에서는 기예技藝와 재봉 등 직업교육을 실시했다. 1914년 당시 학교는 남미창정南米倉町[109]에 있었다.[110]

사립경성여자기예학교는 1915년 7월 학교 설립자 겸 교장인 고자키의 개인적 사유로 폐교됐다. 당시 이 학교는 경성에서 직업교육을 실시하며 적지 않은 성과를 거두었기 때문에 폐교는 일본인 여성 교육에서 커다란 손실이었다. 이에 거류민 유지가 도모하여 경성공립고등여학교 교유敎諭(교사) 이노우에 요지井上要二가 재건했다. 같은 해 9월 개교했으며, 앞서 폐교될 때 다니던 기예학교 학생 전부를 수용했다.[111]

4

경성중학교,
경희궁에 둥지를
틀다

정식으로 설립된 학교에서 실시한 교육은 아니지만 재조선 일본인에게 중학 과정 정도의 교육을 시작한 것은 개항 초기였다. 1897년 부산에 설치된 일본 홍도회弘道會[112] 부산지회 회원이 도모했다. 그들은 일본인 자녀에게 중학 과정을 가르칠 수 있는 교육시설이 없음을 안타깝게 여기고 시설을 마련하여 1899년 2월 12일 개교식을 치렀다. 수업은 같은 달 15일에 시작했으며, 일본의 중학교 과정을 가르쳤다.

이 교육시설에서 공부한 학생은 40여 명으로, 조선인도 포함됐다. 홍도회 회원과 영사관원, 주차대장장교駐箚隊長將校 등이 강사로 활동했다. 교육 공간은 처음에는 본원사 별원에서 방 하나를 빌려 사용했고, 뒤에는 공립소학교의 교실을 빌려 이전했다.[113]

1901년 부산공립소학교에서도 자체적으로 보습과를 설치하여 홍
도회 학교의 교육과정과 같은 중학 과정 정도의 학과목을 가르치기
시작했다. 결국 홍도회 학교는 폐지됐다.[114] 그 후 부산 홍도회는 서산
하정西山下町[115]에 신축한 사무실로 이전했다. 그때부터 도서를 수집하
여 공중 열람을 실시했다. 현재 부산광역시립시민도서관의 전신이다.
그 후 재조선 일본인을 위한 중학교가 정식으로 설립된 곳은 서울이
었다.

재조선 일본인을 위한 첫 번째 정식 중학교, 서울에 설립되다

1905년 일본인 거류민단이 설립되고 다음 해에는 통감부가 들어서
면서 조선으로 건너오는 일본인도 더욱 증가했다. 서울의 거류민단도
도성 안 일대와 돈의문에서 숭례문 외부 지역 그리고 흥인문 밖까지
그 영역을 넓혀갔다. 일본인 거류민이 갈수록 늘어나고 거주 지역이
확장되면서 일본인 자녀를 교육하기 위한 학교도 많이 세워졌다.
　그럼에도 재조선 일본인의 중학교 과정을 위한 교육시설이 없는
것은 서울도 마찬가지였다. 일본인은 소학교를 졸업한 자녀에게 중학
교 과정을 가르치려면 일본으로 보내야만 하는 상황이었다. 그러한
배경 아래 재조선 일본인 사회에서 거류민단립중학교를 설립하자는
것이 주요 현안으로 부각됐다.[116]

경성거류민단, 통감부와 일본 정부에 중학교 설립 요청

1907년 8월부터 경성거류민단은 통감부와 일본 정부에 중학교 설립과 관련된 요청을 전달하기 시작했다.[117] 민단장 구마카이熊谷賴太郎는 통감부와 도쿄에 있는 관련 부처 등을 방문했다. 다음은 민단장이 통감부 이사관에게 제출했던 서면 내용이다. 당시 거류민 중학교 설립 문제가 거류민에게 얼마나 중요하고도 긴급한 것이었는지 잘 나타난다.

(중학교 설립은) 성격상 통감부 설립으로 하는 것이 지당할 것으로 생각되나, 이렇게 소중한 시간이 흘러만 가는 것을 보는 것은 학부형이 감내하기 힘들다. 이에 어쩔 수 없이 민단 운영으로 설립하기로 했으니 이를 검토해주길 바란다.[118]

그러나 거류민단은 결국 통감부의 긍정적인 답변을 얻지 못했다.

1909년 경성민단립중학교 개교

1909년 3월 경성거류민단 민회[119]에서 '경성민단립경성중학교안'을 의결했다. 같은 달 31일 설립 인가를 거쳐 5월 22일 개교식을 거행했다. 경성거류민단립중학교라고도 했다. 경성중학교는 재조선 일본인 최초의 중학교이자 일본 국외에 설립된 첫 번째 일본인 중학교였다.

경성중학교 개교 때 입학 지원자는 200여 명이었다. 그러나 이들을

〈그림 34〉 경성중학교 가교사로 사용된 독립관과 국민연설대(山口正之,《慶熙史林》, 京城公立中學校, 1940)
사진은 1908년 발간된《한국사진첩》에 실린 것으로, 경성중학교가 교사로 사용하기 약 1년 전 모습이다.

〈그림 35〉 독립문 오른쪽으로 보이는 경성거류민단립경성중학교(山口正之,《慶熙史林》, 京城公立中學校, 1940)
이 사진은 경성중학교 개교 기념으로 반포한 자료에 게재된 것이라고 한다.

모두 수용할 수는 없었고, 실제로 입학한 학생은 154명이었다.[120] 학급은 1학년 두 개 반, 2학년 한 개 반, 총 세 개 반이었다.[121] 맨 처음 교사校舍는 독립문 부근에 있었다. 일진회 회장 이용구와 송병준 등이 알선하여 일진회가 소유한 독립관과 국민연설대 등의 땅 3600평을 무상으로 빌렸다. 이곳의 건물을 급조하여 임시 교사로 사용했다.[122] 일진회는 대한제국 말 일본의 한국강점정책에 적극 호응하며 그 실현에 앞장선 친일 단체였다.[123]

독립관은 1학년 교실로 사용하고, 독립관 북쪽에 급하게 건물 한 동을 지어서 2학년 교실로 사용했다. 연설대는 처음에는 강당으로 사용했으나 뒤에는 강당 겸 교관실로 사용했다. 경성중학교는 교사와 운동장이 좁아서 이웃에 있던 한성중학교漢城中學校[124] 운동장 등도 사용했다.[125]

민단립중학교에서 통감부 직속의 관립중학교로

경성중학교는 통감부가 인수하여 1910년 4월 1일 '통감부중학교'로 바뀐다. 당시까지 유일했던 일본인 중학교가 관립으로 운영되기 시작했다. 관립으로 승격되자 전교생이 기쁨에 넘쳤다고 한다.[126] 또 이 중학교는 일본 내의 부府나 현縣에서 설립한 중학교와 동일한 대우를 받을 수 있게 됐다. 이는 식민지에서 중학교를 다니다가 그들의 모국인 이른바 '일본 내지'로의 전학이 가능해졌음을 의미한다.

통감부중학교가 일본에 있는 중학교와 다른 점은 제1부와 제2부로 구성된 것이다. 제1부의 교과목 기본 방침은 일본의 중학교와 마찬가지로 1901년 문부성령 제3호 〈중학교령시행규칙〉에 준하는 것이었다. 제2부는 실업교육을 중심으로 교과목을 편성하고, 특히 4학년 이상의 교과 과정에는 이과, 조선어, 경제, 부기 등을 추가했다.[127]

경희궁을 침범한 경성중학교의 새 둥지

경복궁을 경성중학교 터로 내정?

경성중학교를 어디에 설립할 것인가? 통감부가 서울에서, 아니 조선에서 가장 좋은 곳을 경성중학교 터로 선택하려고 엄청나게 고민했음은 당시의 《황성신문》 내용(〈그림 36〉)을 통해서도 짐작할 수 있다. 기사 내용을 보면 다음과 같다.

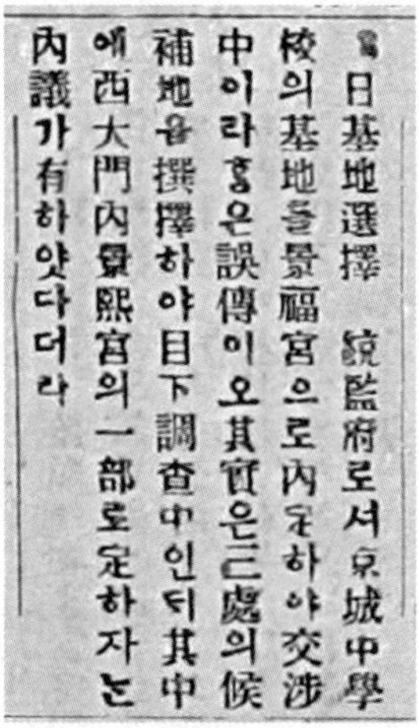
日基地選擇 統監府로서京城中學校의基地를景福宮으로內定하야交涉中이라홈은誤傳이오其實은三處의候補地를撰擇하야目下調査中인딕其中에西大門內景熙宮의一部로定하자는內議가有하얏다더라

〈그림 36〉 경성중학교 터를 경복궁으로 내정하여 교섭 중이라는 것은 오전誤傳이라는 내용의 기사(《황성신문》 1910년 1월 30일)

> 통감부로서 경성중학교의 기지基地(근거지 또는 터전)를 경복궁으로 내정하여 교섭 중이라 함은 오전誤傳(와전)이오, 그 사실은 세 곳의 후보지를 선택하여 목하 조사 중인데, 그중에서 서대문 내 경희궁의 일부로 정하자는 내부 논의가 있었다더라.

이 기사를 통해 '통감부에서 이미 경복궁을 학교 부지로 내정하여 교섭 중'이라는 소문 또는 정보가 시중에 적지 않게 떠돌았음을 짐작할 수 있다. 이에 통감부는 그러한 내용이 와전된 것이라고 변명까지 했던 것이다. 아무튼 통감부는 주요 후보지를 세 곳으로 선택했으며, 통감부 내부에서는 후보지 중에서 경희궁 일부로 정하자고 논의했다. 일본인 중학교가 조선의 궁궐 중 하나인 경희궁을 침범하는 역사가 구체적으로 진척되기 시작한 것이다. 통감부중학교로 바뀌기 전부터였다.

경희궁에 학교를 지어 이전하다

통감부는 경희궁 내에 땅 1만 평을 빌려 예산 15만 원으로 학교 건축에 들어갔다.[128] 국권피탈 직후인 1910년 10월 통감부중학교는 '조선총독부중학교'로 바뀌었다. 이때 교사 건립 상황이 전체적으로 완공된 것은 아니지만 일단 학생을 수용하여 수업할 수 있을 정도는 됐던 것으로 보인다. 11월 경희궁에 지은 새 교사로 이전했다. 새 교사로 옮긴다는 '희열'에 차 있던 일본인 학생은 직접 책걸상과 교구를 들고 운반했다. 그 행렬이 의주통(의주로)을 지나 장사진을 이루었다고 한다.[129] 경희궁 터에서 재조선 일본인 관립중학교의 역사는 그렇게 시작됐다.

두 차례 더 바뀐 학교 이름

조선총독부중학교는 이후 두 차례 더 이름을 바꾼다. 1913년 4월 부

〈그림 37〉 경성중학교 시절 교사(山口正之,《慶熙史林》, 京城公立中學校, 1940)
경성중학교 왼쪽 지붕 너머로 살짝 드러난 한옥 지붕은 경희궁 숭정전이다. 1915년에 촬영된
사진이다.

산중학교 설립으로 조선총독부 소속 학교, 즉 조선총독부중학교는 두
개가 됐다. 이에 서울의 조선총독부중학교 이름을 다시 '경성중학교'
로 바꾼다. 그리고 같은 해 신축한 교사 낙성식을 거행했다. 1925년 4
월에는 학교 소속이 조선총독부에서 경기도로 이관됐다. 그리고 학교
이름도 '경성공립중학교'로 변경했다(이하 필요한 경우를 제외하고 '경성중
학교'로 서술함).

〈그림 38〉 경성공립중학교(서울역사아카이브)
경성중학교 시절 교사가 1933년 5월 소실된 뒤 1934년 9월 준공한 새 교사다.

해방 후 경성중학교로

해방 후 이제는 '옛 일본인 경성중학교'가 돼버린 교사 또는 교정에서
는 일본의 잔재를 없애는 작업이 진행됐다. 그리고 1946년 3월 한국
인 남학생을 위한 새로운 중학교를 그곳에서 개교했다.[130] 학교 이름
은 1947년 '서울중학교'로 확정됐다. 그러나 당시 신문 자료 등을 보
면 1946년부터 1947년에는 경성중학교와 서울중학교라는 이름이 혼
용됐음을 알 수 있다. 1951년 학제 변경으로 서울중학교는 서울중학
교와 서울고등학교로 분리됐다. 서울중학교는 1951년 12월 서대문중

학교로 이름을 바꾼 후 1953년 7월 다시 서울중학교로 개명했다.

1971년 중학교 평준화 시책에 따라 서울중학교는 폐교됐고, 1979년 서초동에서 서울고등학교 신축 교사 기공식이 거행됐다. 그리고 1980년 드디어 서울고등학교는 경희궁 터에 있던 '옛 경성중학교' 교사에서 신축 교사로 이전했다.[131]

경성중학교 설립으로 황폐화된 경희궁

경희궁, 통감부 시기부터 붕괴되기 시작하다

1905년 을사조약 체결과 1906년 일본의 통감부 설치 이후 경희궁은 불운에 처하게 된다. 통감부는 수천 명 이상이 모일 수 있는 넓은 공간을 가진 경희궁을 그들의 시정 개선 정책의 성과를 선전하는 박람회장으로 이용했다. 거류민단 학교 학생과 직원 등이 각종 운동회를 개최하는 곳으로도 이용했다. 일제가 '문명'의 과시와 '침략'의 공간으로 활용한 것이다. 이는 대한제국 해체 과정에서 일제가 동원한 궁궐 활용 방식이었다.[132]

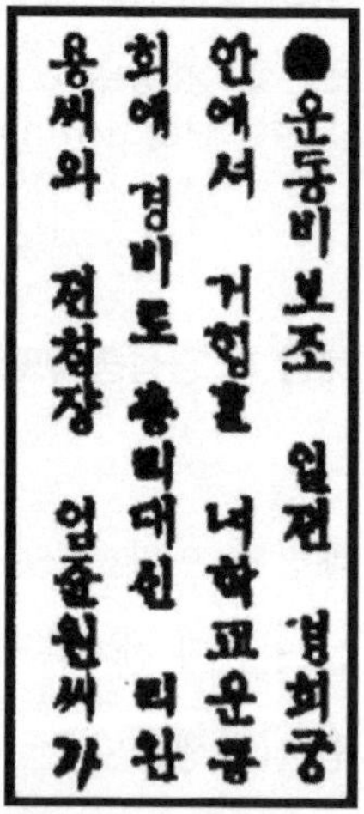
●운동비보조 일젼 경희궁 안에서 거힝훈 녀학교운동회에 경비로 총리대신 리완용씨와 젼챵장 엄쥰원씨가

〈그림 39〉 이완용이 경희궁에서 열린 여학교 운동회의 경비를 보조했다는 신문 기사(《대한매일신보》 1908년 6월 6일)

심지어 경희궁 내 여러 전각에서는 지극히 사적인 성격의 소규모 모임이 열리기도

했다. 국권이 피탈될 위기 속에 경희궁을 안고 있던 넓은 공간이, 한때 왕실에서만 사용하던 전각이, 그렇게 사교장으로 이용됐다. 경희궁은 더 이상 대한제국의 위엄을 드러내는 공간으로 기능할 수 없게 변해갔다.

경희궁이 더욱 급속도로 붕괴되기 시작한 것은 고종이 강제로 제위에서 물러나게 되고 순종이 즉위한 융희 연간(1907~1910)이다. 일본인 거류민단의 진출과도 밀접하게 관계된다.[133] 일제는 경성중학교 건설 공사 초기부터 전각 등 궁궐 건물을 대규모로 헐어 없애거나 다른 곳으로 팔아 옮겨버렸다. 그 후 경희궁은 더욱 황폐해져 궁궐로서의 면모를 완전히 잃게 된다.

1910년 당시 경희궁 내에는 그나마 숭정전, 회상전, 흥정당, 흥화문, 무덕문지武德門址의 각 회랑 그리고 고종 때 회상전 북쪽에 건축한 황학정이 남아 있었다. 그러나 이마저도 점차 교실을 비롯해 학교의 각종 부속실 등으로 이용됐다. 그리고 다양한 용도로 활용됐던 넓은 공터는 하루 종일 일본인 남학생의 발길에 짓밟히는 운동장으로 바뀌어버렸다. 일제는 심지어 경희궁의 지형마저도 높은 곳을 깎아 낮은 곳을 메우는 등 크게 변형시켰다.[134]

1910년대에 찍은 경성중학교 사진을 보면 신축한 교사가 당시까지 남아 있던 경희궁 전각을 포위하는 형국이었다.[135] 1920년대를 지나면서 경희궁의 건물은 일부 회랑을 제외하고는 거의 완벽하게 사라졌다.[136] 1930년대에는 궁의 흔적마저 거의 잃어버리고 말았다.

〈그림 40〉 조선사편수회에서 촬영한 경성중학교 내에 남아 있던 경희궁 모습(국사편찬위원회 소장)

경성중학교 건설과 경희궁 건축물의 운명

경성중학교 건설로 경희궁의 전각과 정문에 가해졌던 아픈 역사 그리고 현재까지의 상황 등에 대해 좀 더 구체적으로 살펴보자.

숭정전: 교실로, 사찰의 본당으로,
광복 후에는 강의실과 법당 등으로

숭정전崇政殿은 1618년(광해군 10) 지어진 경희궁의 정전이다. 임금이 신하의 조례를 받고 공식 행사를 하던 곳이다.

〈그림 41〉 숭정전의 옛 모습(현재 동국대학교 정각원, 서울역사박물관 소장)

경성중학교가 들어서면서 날마다 일장기를 바라보며 일본의 신민이 될 것을 맹세하며 수업을 받는 일본인 중학생의 교실이 됐다. 1926년 3월에는 경성부 대화정 3정목[137]에 있는 일본의 불교 종파인 조동종曹洞宗의 조계사로 매각돼 옮겨졌다. 교실을 거쳐 사찰 본당으로 운명이 바뀌었다.

해방 후 조계사는 혜화전문학교(동국대학교의 전신) 소속이 됐고, 숭정전은 강의실로 사용됐다. 1976년 동국대학교 만해광장 터에 있던 숭정전은 현재의 자리로 이전됐고, 1977년 정각원正覺院이라는 이름으로 개원했다. 정각원은 동국대학교에서 교내 법회 등 종교 행사를 주관하는 법당이다. 1980년대 말 경희궁 정비 때 숭정전을 원래의 자리로 옮기는 문제가 검토됐다. 그러나 소유권과 손상 등의 문제로 실행되지 않았다. 서울시는 1985년부터 다섯 차례 발굴 조사를 실시하고, 이를 토대로 6년에 걸쳐 숭정전을 복원했다.[138]

회상전: 임시 교실, 기숙사, 승려의 거처로, 그러나 현재는?

회상전會祥殿은 왕비가 거처하던 중궁전中宮殿이었다. 회상전은 통감
부 시기부터 경성거류민단립남대문공립소학교와 종로공립소학교가
교사를 건축하는 동안 임시 교실로 사용됐다. 경성중학교가 들어선
뒤에는 1911년 4월 설립 당시부터 1921년 3월까지 조선총독부중학
교부속임시소학교교원양성소 기숙사로 사용됐다. 이 양성소는 일제
가 조선에서 일본인 소학교 교사를 직접 양성하려고 설립한 것이다.

1928년 5월 회상전은 조계사에 매각되어 주지의 거처로 사용됐
다.[139] 하지만 현재 회상전의 존재 여부는 알려져 있지 않다. 다만
1936년 조계사 화재 사건을 다룬 신문 기사를 통해 그때 함께 소실됐

〈그림 42〉 회상전(山口正之,《慶熙史林》, 京城公立中學校, 1940)

〈그림 43〉 흥정당(山口正之,《慶熙史林》, 京城公立中學校, 1940)

을 것으로 추측하는 정도다.[140]

흥정당: 소학교 교실로, 사찰에 매각, 현재는?

흥정당興政堂은 경희궁의 편전으로, 왕이 대신과 만나고 경연을 열던 곳이었다. 1915년 4월부터 1925년 3월까지 경성중학교에 설치됐던 교원양성소의 부속 단급單級 소학교 교실로 사용됐다.[141]

이후 흥정당은 1928년 3월 경성부 서사헌정西四軒町[142]에 있는 광운 사光雲寺로 매각되어 절 안 동쪽으로 옮겨졌다.[143] 1950년대까지 장충 동에 남아 있었다고 하는데, 그 후 행방은 알 수 없다.

흥화문: 이토 히로부미의 영혼을 위로하는 사당 정문으로

경희궁의 정문인 흥화문興化門은 조선총독부가 이토 히로부미의 영혼을 위로하겠다며 만든 사당인 박문사博文寺의 정문으로 사용됐다. 그때 현판도 '경춘문慶春門'으로 바뀌었다. 오늘날 경희궁에는 옛 전각이 하나도 없다. 그나마 흥화문이 1994년 다시 돌아왔다. 그러나 원래의 자리에 구세군회관이 들어서 있었기 때문에 그곳에서 서쪽으로 240미터 정도 옮겨서 복원됐다.[144]

일본인
교육제도
구축

1
〈재외지정학교제도〉
실시

2
〈소학교규칙〉
실시

3
〈학교조합령〉
실시

I

〈재외지정학교제도〉
실시

〈재외지정학교제도〉 제정과 실시

재조선 일본인 교육보조금 지원과 관련 제도 마련

일본 정부가 재조선 일본인에게 처음으로 교육보조금을 지원한 것은 1905년이다. 일본이 정부 차원에서 재조선 일본인 교육에 구체적인 관심을 나타낸 것도 그때부터라고 할 수 있다.[1] 당시 일본 문부성이 책정한 재조선 일본인 교육보조금 예산은 1만 5000엔이었다.[2]

재외국 일본인이 그들의 자녀 교육을 위해 학교를 설립하고 운영하는 데 중심 역할은 한 것은 거류민단과 거류민회 등이었다. 그러나 거류민이 설립한 학교는 일본의 공립학교에 포함되지 않았다. 거류민이 설립한 학교 직원도 공립학교 직원으로 대우받을 수 없었다. 이런 상황은 조선에 설립된 일본인 거류민 학교도 마찬가지였다. 따라서 일본에서 어느 정도라도 자격을 지닌 교장과 교사 등을 조선에 유치하는 데 어려움이 클 수밖에 없었다.

일본 정부는 외국에 있는 일본인 학교 직원을 일본의 공립학교 직원과 동등하게 대우해야 할 필요성을 인식하고 1905년 3월 13일 〈재외지정학교직원퇴은료급유족부조료법在外指定學校職員退隱料及遺族扶助料法〉을 제정하여[3] 〈재외지정학교제도〉를 실시했다. 〈재외지정학교제도〉는 일본 정부가 '재외국 거류민' 교육에 대해 조치한 첫 번째 법률이었다. 이에 조선에서도 비로소 일본인 교육과 관련된 법 또는 제도적 기반이 마련됐다.

재외지정학교 지정 목적

〈재외지정학교제도〉의 구체적 목적은 거류민 단체가 설립한 학교의 교직원(학교장, 교사, 사감, 서기 등)에게 일본의 시·정·촌립소학교市町村立小學校[4] 교직원에게 실시하는 은급법恩級法을 동일하게 적용하는 '특전特典'을 부여하는 것이었다.[5] 물론 재조선 일본인 학생과 같은 거류민 학생에게도 일본에 있는 학교 학생과 동일한 여건을 부여해주기 위한 조치이기도 했다. '은급'은 정부가 일정한 햇수 동안 일하고 퇴직한 사람에게 주는 연금年金을 말한다.

이와 같은 〈재외지정학교제도〉는 일본이 1910년 이전부터 일본인이 좀 더 안정적으로 조선에 정착할 수 있도록 취한 방책 중 하나였다. 일본이 식민정책을 신속하게 실현하고자 한 목적과도 긴밀하게 연관되는 것이었다.

인천에서부터 재외지정학교 출범

재외지정학교의 대상은 '외국에 설립된 일본인을 위한 학교'였다. 거류민 학교는 그 설립자 또는 대표자가 일본의 외무와 문부 두 대신에게 신청하고 허가받는 과정을 통해 재외지정학교가 될 수 있었다. 일본은 1906년 8월 17일 통감부령으로 〈재외지정학교직원봉급액규칙 在外指定學校職員俸給額規則〉을[6] 제정했다. 그리고 처음으로 인천거류민단이 설립한 심상고등소학교를 재외지정학교로 허가했다.

그 후 8월 29일에는 경성거류민단이 설립한 경성심상고등소학교, 같은 해 10월에는 군산거류민단이 설립한 군산심상고등소학교, 평양거류민단이 설립한 평양심상고등소학교, 마산거류민단이 설립한 마산심상고등소학교, 원산거류민단이 설립한 원산심상고등소학교를 허가했다.[7] 이들 여섯 학교는 모두 거류민단이 설립한 소학교였다.[8]

재외지정학교의 변동과 〈재외지정학교제도〉 폐지

재외지정학교는 점차 학교조합 소속으로 바뀌는 등 결국 공립학교가 된다. 일제가 조선을 강점하여 그들의 영토화함으로써 일본 거류지와 일본인 거류민단은 사실상 더 이상 필요 없는 존재가 됐다. 일본인 거류지나 거류민단은 제도상으로 일본의 '외국'에 해당하는 영토에서 그 존립 근거를 갖는 것이었기 때문이다. 그럼에도 조선에서 일본 거류민단은 1910년 이후에도 한동안 계속 유지됐다. 일제가 거류민단을 대신할 수 있는 지방행정제도를 완성할 때까지 거류민단 폐지를 유보했기 때문이다.[9]

일제는 1912년 3월 28일 〈재외지정학교직원은퇴료급유족부조료법〉 규정을 폐지했는데 〈재외지정학교직원봉급액규칙〉도 자연히 소멸됐다. 1914년 3월 20일에는 〈재외지정학교에 관한 규정〉을 개정하면서 '조선에 대한 거류민단설립학교' 관련 내용을 삭제했다. 1913년 10월 〈부제〉를 제정, 1914년 4월부터 실시하면서 조선의 거류민단이 폐지됐기 때문이다. 그리고 개정된 재외지정학교 규정에 따라 재외지정학교는 모두 공립학교 체제로 재편됐다. 조선에는 더 이상 재외지정학교가 존재하지 않게 됐다.

2

〈소학교규칙〉
실시

통감부는 1909년 2월 11일 〈소학교규칙〉을 제정하고 4월 1일부터 실시했다. 이 규칙은 조선에 있는 일본인 학교 또는 교육 전체를 대상으로 한 법령 중 첫 번째로서 일본의 〈소학교령〉[10]을 기본으로 했다. 이 규칙의 주요 내용을 살펴보자.

첫째, 소학교의 교육 목적은 아동의 신체 발달에 유의해 도덕 교육과 국민 교육의 기초, 생활에 필수가 되는 보통 지식과 기능을 부여하는 것이었다. 그리고 소학교를 심상소학교尋常小學校[11]와 고등소학교高等小學校로 구분했다. 일본의 교육제도에서 심상소학교는 초등교육의 기초 과정이며, 고등소학교는 심상소학교의 상급 단계에 해당하는 초등교육과정이었다.

둘째, 소학교의 설립과 폐지는 이사관의 허가를 받도록 했다.

셋째, 소학교 입학 자격은 만 6세 이상으로 했다. 소학교 교사[12]는 해당 자격증을 소유한 자를 채용하되, 특별한 경우에는 자격증이 없더라도 채용할 수 있도록 했다. 교장은 본과本科 정교사가 겸임할 수 있었다. 소학교 수업료는 규정상 심상소학교는 월 40전錢 이하이며, 고등소학교는 월 80전 이하였다. 특별한 사정이 있는 경우에는 '소학교 경비를 부담해야 하는 지역 이외에 거주하는 학생에 한하여' 이 규정을 초과하는 수업료를 받을 수 있도록 했다.

넷째, 소학교의 수업 연한, 교과목, 교칙, 편제 등은 특별한 규정이 있는 이외에는 일본에서 1909년부터 실시하는 〈소학교령〉과 〈소학교령시행규칙〉을 따르도록 했다. 그 밖에 고등소학교에서 선택과목으로 조선어를 추가할 수 있는데, 이 경우 교장이 수업 시간을 매주 두 시간 이내에서 정하도록 했다. 조선어 수업 관련 규정은 영어의 예를 따르게 했다. 조선어 교육을 외국어와 같이 취급한 것이다. 끝으로 소학교 교과용 도서는 일본 문부성이 저작권을 인정한 것으로 제한했다.

일제는 〈소학교규칙〉 실시와 함께 재조선 일본인의 소학교 교육을 장려하기 위한 다른 추가 정책도 실시했다. 우선 일본 〈문부성령〉으로 '재한 소학교 아동 또는 졸업자'가 일본의 '시·정·촌립 소학교 아동 또는 졸업자'와 동일한 대우를 받을 수 있게 했다.[13] 조선에 사는 일본인 소학교 학생 또는 졸업자가 일본에 사는 같은 급 학교의 학생 또는 졸업자와 동등한 자격을 갖게 됨을 의미한다. 이에 재조선 일본인 소학교의 학생에서 직원에 이르기까지 입학이나 전학 등의 행정 처리는 물론이고 거의 모든 면에서 일본의 공립소학교와 차별 없는 대우를 받게 됐다.[14]

통감부는 또 국고보조금 교부정책도 확대 추진했다. 일본인이 조선에서 소학교를 설립하도록 적극 장려하기 위한 것이었다. 통감부는 국고보조금으로 학교당 창립 건설비 150원과 경상비 480원을 지급했다.[15]

이렇게 일제가 재조선 일본인 학교 또는 교육에 대해 일본의 〈소학교령〉을 기본으로 한 〈소학교규칙〉을 실시한 것은 재조선 일본인 자녀들에게 안정성 있는 교육기회를 확보해주기 위해서였다. 조선에서의 교육과정, 졸업, 교사 대우 등을 일본과 차별 없게 보장함으로써 일본인이 조선에서 좀 더 안정적으로 자리를 잡고 영역을 확장해 나갈 수 있게 한 것이다. 다만 일본과 다른 점은 조선의 심상소학교에 대해서는 의무교육을 실시하지 않았다는 것이다. 일본에서는 1900년부터 심상소학교를 대상으로 의무교육제도를 확립했으며, 1908년부터는 의무교육 연한을 6년으로 연장 실시했다.[16]

또 〈소학교규칙〉 실시로 재조선 일본인 소학교는 일본의 소학교 범주 내에 포함됐다. 조선에 정착해 사는 일본인이 자녀교육문제로 일본으로 귀국하는 상황이 최대한 발생하지 않도록 하기 위해서였다. 한편 이 규칙은 결국 재조선 일본인 교육을 조선인과 분리해 실시한다는 뜻이기도 했다. 이렇게 시작되는 조선인과 일본인 소학교 교육의 차별은 일제 말기까지 계속된다.

그리고 〈소학교규칙〉과 함께 실시된 정책 등의 기본 내용이나 방향은 국권피탈 이후 계속 확산되거나 일제시기 말까지 유지됐다. 즉 일제가 통감부 시기까지 실시했던 재조선 일본인 교육정책은 1910년 이후에도 '지속적 조선 식민'을 위해 실시한 교육정책과 연속성을 지니는 것이었다.

1912년 일제는 각종 공립학교 법령을 발포하여 재조선 일본인 교육 학제學制의 기반을 확립한다. 그중 하나로 1912년 3월 28일 〈조선 공립소학교규칙〉을 제정하는데, 그때 〈소학교규칙〉이 폐지된다.

3

〈학교조합령〉
실시

〈학교조합령〉과 학교조합이란?

〈학교조합령〉은 재조선 일본인 학교 또는 교육과 관련된 두 번째 법령으로, 1909년 12월 27일 제정하고 1910년 1월 1일부터 시행했다. 1910년 8월의 조선 강점보다 훨씬 먼저였다. 〈학교조합령〉은 재조선 일본인이 학교조합을 설립, 운영할 수 있도록 규정한 법령이었다. 일제가 재조선 일본인 교육사업을 좀 더 정치적이고 조직적으로 펼쳐 나가려고 취한 교육제도의 서막이었다.

학교조합은 오로지 재조선 일본인의 교육 사무를 담당하는 독립적 법인 단체였다. 즉 학교조합은 '일본인에 의한 그리고 일본인을 위한' 교육을 담당하는 기관으로, 재조선 일본인 학교를 설립하고 운영하는 일을 했다. 일제가 재조선 일본인의 교육을 둘러싸고 고민하던 주요 문제, 특히 재정적 과제, 민족 차별 문제 등을 해결해주는 기관이 바로 학교조합이었다. 학교조합은 사실상 일제시기 내내 일본이 계획한 식민지 교육정책을 실현할 수 있게 하는 핵심 조직이었다.

조선과 일본의 학교조합 차이점

일본에서 학교조합 역사는 1880년부터 시작된다. 의무교육을 완전하게 실시하기 위해 추진한 소학교 설립 정책에서 비롯했다. 일본에서 학교조합을 설립할 수 있는 곳은 '경제력이 없어서 심상소학교를 설립할 수 없는 정町·촌村'이었다. 각 정·촌이 독자적인 경제력으로 심상소학교를 설치할 수 없다고 판단할 경우 다른 정·촌과 함께 학교조합을 설립할 수 있게 한 것이다. 1914년에는 일본의 시市[17]에서도 학교조합을 설립할 수 있게 했다.[18]

그러나 조선에서 학교조합을 설립할 수 있는 조건이나 대상은 일본에서와 달랐다. 조선에서는 '학교를 설립하기에 경제적으로 어려운 지역'이 아닌, '일본인이 거류하는 모든 지역'이었다. 곧 일본인이 사는 조선 땅 어디든지 학교조합을 설립하여 일본인 교육기관을 설립할 수 있게 한 것이다. 일제가 재조선 일본인에게 일본에서 실시하는 의무교육 수준에 달하는 '최대한의 교육기회'를 부여하고자 실시한 정책이었다. 일본에서 실시한 '완전한 의무교육 실현'을 위한 정책과 다름없었다.

〈학교조합령〉 제정과 학교조합 설립의 목적

1909년 조선에는 이미 적지 않은 일본인 학교가 있었다. 그런데 통감부가 굳이 다시 일본인 학교를 운영하기 위한 〈학교조합령〉을 제정하고 학교조합을 설립하려 한 까닭은 무엇일까?

일본인 교육과 학교 재정 마련

첫 번째 목적은 바로 '일본인 교육재정 확보'에 있었다. 재조선 일본인 학교의 주요 운영자였던 거류민 단체는 학교 운영에 필요한 경제 부담을 거류민에게 의무로 부과할 수 있는 권한이나 기능이 없었다. 법률적 근거가 없었기 때문이다. 따라서 거류민 단체에서 재정 기반을 확보한다는 것은 그렇게 쉬운 문제가 아니었다. 특히 거류민단은 재정 확보를 위해 다음과 같이 유곽遊廓[19] 사업에까지 관여하기도 했다.

1904년 경성거류민단은 일본군의 힘을 배경으로 쌍림동 일대에서 7000여 평의 땅을 헐값에 사들였다. 그리고 그곳을 유곽업자에게 임대해 유곽 지대를 만들었다. 일본인은 이 유곽 지대를 신마치新町라고 불렀다.[20]

거류민단이 신마치 유곽 관련 사업을 추진한 배경은 거류민단의 재정, 그중에서도 특히 거류민의 교육재정 확보와 매우 밀접한 관련이 있었다. 거류민단장 나카이中井喜太郎가 일본인 자녀의 교육비를 확보하기 위해 유곽 건설을 생각해냈던 것이다.[21] 유곽 영업자에게 토지를 빌려주고 지대를 받거나 영업세를 부과하여 지속적인 수입원을 창출하고자 했다.[22] 유곽 영업자로부터 확보한 수입은 거류민단의 주요 재원이 됐으며, 훗날에는 경성학교조합의 주요한 재원이 됐다.[23]

조선의 수도에서 거류민단이 교육비를 마련하기 위해 벌인 그러한 실상을 보면 그들의 재정 문제가 여러 면에서 안정적이지 못했음을 짐작할 수 있다. 거류민단의 재정적 불안정은 곧바로 재조선 일본인 교육사업의 재정 문제로 연결됐고, 결국 일제가 재조선 일본인을 가족 단위로 정착하게 하려는 목적을 실현하는 데도 장애가 됐다. 나아가 조선에 일본 이주민을 더 많이 늘리려는 식민정책의 실천에도 근본적인 걸림돌이 됐다. 이에 일제는 〈학교조합령〉을 제정하고 학교조합을 설립하여 재조선 일본인이 교육재정을 확보할 수 있도록 제도적 기반을 마련한 것이다.

일본인 학생과 조선인 학생 분리 교육

두 번째 목적은 '재조선 일본인 학생과 조선인 학생의 별학제別學制 실시'였다. 1910년경에는 조선인과 일본인 사이에 종래의 '자국민自國民과 외국인'이라는 구분뿐만 아니라, '침략을 당한 자와 침략자'라는 구분에 따른 '차별성'이 뚜렷하게 존재했다. 일제도 식민지 조선의 교육에 대해 조선인과 일본인은 '민도民度' 등의 차이가 있기 때문에 서로를 분리해 가르쳐야 한다는 주장을 계속했다.

즉 일본인 아동과 조선인 아동을 같은 학교에서 배우게 한다는 '공학共學'은 처음부터 일본 당국의 선택 대상에 포함되지도 않았다. 당연히 '최선의 해결책'은 경제 여건을 조성하여 서로를 분리해 교육하는 것이었다. 이것이 '별학제'였다.

일본은 1895년 타이완에 총독부를 설치하고 식민통치했다. 그때 일본은 교육시설 면에서는 피지배국이 된 타이완의 아이들과 그곳에 사는 일본 아이들을 각각 다른 교육시설에서 가르치는 별학제를 실시했다. 하지만 재정적인 면에서는 모든 부담을 타이완총독부에 지게 한 공학제를 실시했다. 일본의 피지배국, 즉 타이완의 아이들과 그곳에 거주하는 일본인 아이들에 대하여 '별학제'와 '공학제'를 동시에 적용했음을 뜻한다. 그러나 조선에서는 시설과 재정을 모두 분리하는 별학제를 취했다. 즉 조선의 〈학교조합령〉과 학교조합은 일제가 조선에서 별학제를 실시하기 위해 마련한 핵심적인 제도와 기구였다.

일제는 1922년과 1938년 〈조선교육령〉을 공포해 제도적으로는 소학교에서 대학에 이르기까지 두 민족 간에 공학을 실시한다고 표명했다. 그러나 실상은 학교 이름에서부터 민족별로 구분하여 차별화를 계속 유지했다.

학교조합, 조선 방방곡곡에 설립되다

〈학교조합령〉 이전부터 조선에 자리 잡은 학교조합

조선에 학교조합이 설립된 것은 〈학교조합령〉이 제정되기도 전인

<표 5> 1908~1910년 학교조합 수
(매년 말 현재 통계)

연도	조합 수
1908	1
1909	9
1910	95

비고: 1908년 말의 학교조합 수를 하나로 정리한 것은 《조선총독부시정연보》(1909)에서 "1908년 말 학교조합이 설립되기 시작했으며, 1909년 증설된 학교조합은 여덟 개이고, 1909년 말 총수는 아홉 개"라고 한 내용을 근거로 한다.

1908년경으로 파악된다.[24] 그러나 현재로서는 당시 설립된 학교조합에 대한 상세한 내용은 규명하기 힘들다. 지금까지 확보한 자료를 분석한 결과 설립인·허가 일자가 가장 빠른 학교조합은 경기도 강화읍의 강화읍학교조합과 충청남도 서산의 서산학교조합이다. 이 두 학교조합은 1909년 설립됐고, 1910년 설립 허가를 받았다. 1909년 말 현재 학교조합은 모두 아홉 개였다.[25]

조선에 거류하는 일본인 교육에 대한 일제의 관심과 그 대책 마련의 시급성으로 인하여 학교조합을 설립하려는 움직임이 〈학교조합령〉 제정 이전부터 현실화되고 있었다. 〈학교조합령〉을 1909년 12월 제정하고 1910년 1월부터 시행한 것은 예정된 절차에 지나지 않았다고도 생각할 수 있다.

초기에 학교조합이 설립된 여덟 개 지역의 일본인 인구는 김해를 제외하면 평균적으로 결코 많다고 볼 수 없다. 충청남도 서산과 평안남도 광량만은 일본인이 오히려 아주 적은 곳이었다.

〈표 6〉에 정리된 조합 지구를 보면 공통되는 특징을 파악할 수 있다. 이 가운데 다섯 개의 조합 지구가 섬이나 만灣 또는 강변 지역에

조합 이름	설립 허가 날짜	조합 지구	일본 인구(명)		비고
			1908년 12월 현재	1909년 12월 현재	
강화읍	1910년 3월 18일	경기 강화군 강화읍	50	97	
서산	1910년 3월 18일	충남 서산군 서산읍과 부근 1리 이내	29	60	
광량만	1910년 3월 22일	평남 용강군 금용면 광량만과 부근 1리 이내	11	12	용강 인구
중강진	1910년 5월 21일	평북 자성군 여연면 건포, 하장간下章間에서의 압록강 연안 1리 이내	113	138	
송진	1910년 5월 31일	경남 거제군 장목면 송진포 일원	111	104	
덕두	1910년 6월 1일	경남 김해군 대하면과 유도柳島 일원	585	517	김해 인구, 김해일본인회
안동	1910년 6월 8일	경북 안동군 부내면 일원	104	156	
영암	1910년 6월 11일	전남 영암군 영성靈城 내와 부근 2리 이내		121	

출전: 조미은, 《일제강점기 재조선 일본인 학교와 학교조합 연구》, 성균관대 박사학위논문, 2010.

속하거나 그런 지역을 포함한다. 강화읍학교조합의 강화읍을 비롯해 광량만학교조합의 광량만, 중강진학교조합의 여연면 건포와 압록강 연안, 송진학교조합의 송진포, 덕두학교조합의 대하면과 유도 등이 그에 해당한다. 이들 섬, 만, 강변 등과 같은 지역은 부산이나 목포 등의 항구와 달리 외진 곳이다. 그만큼 일본인의 왕래나 인구가 많지 않았던 곳이라 할 수 있다.

일제가 이런 지역에 일찍부터 학교조합을 설립한 배경은 지리적 또는 지역적 특성과 관계가 깊다. 당시 이들 지역에는 근대 교육기관이 없었다. 그리고 설령 인근 군소 도시에 학교가 있어도 그곳까지 일본인 자녀가 통학하는 것은 교통 등 여러 여건상 거의 불가능한 상태였다. 이에 이들 지역에 거류하던 일본인은 학교조합을 빨리 설립하여 열악한 교육 문제를 해결하고자 한 것이다.

〈그림 44〉 1909년 설립된 학교조합 위치

〈학교조합령〉으로 확산된 학교조합

〈학교조합령〉 제정으로 재조선 일본인 교육사업은 좀 더 제도적이고 재정적인 안정 장치를 갖추게 된다. 그에 이은 일제의 조선 강점과 조선총독부 설치라는 역사적 배경에 힘입어 학교조합은 일본인이 살고 있는 한반도 거의 모든 지역에 설립됐다. 더욱이 1910년 이후 일본인

〈그림 45〉 하성학교조합이 설립됐던 황해도 신원군 위치

이 가족과 함께 조선에 이주하는 양상이 갈수록 증가했기 때문에 그만큼 취학 자녀도 늘어났다. 따라서 학교조합 설립도 촉진될 수밖에 없었다.

학교조합은 얼마나 많은 곳에 뿌리를 내렸을까? 설립 인·허가 일자가 가장 마지막인 학교조합은 1944년 6월 2일 황해도의[26] 하성학교조합下聖學校組合이다.[27] 일제 말기까지 끊임없이 학교조합이 설립됐음을 알 수 있다. 일제시기 조선에 설립된 학교조합은 설립이 허가된 것을 기준으로 모두 506개였다.

1914년 3월 개편된 행정구역을 기준으로 전국에는 12개 부府와 220개 군郡이 있었다. 학교조합은 이들 총 232개 부·군의 98.7퍼센트에 해당하는 229곳에 설립됐다. 학교조합이 설립되지 않은 곳은 강

〈표 7〉 학교조합 지역별 통계 (1909∼1945)

지역		지역별 조합 수(개)	지역별 비율(%)	
지역	포함 행정 구역		지역별	지역 합계(남북도 단위별)
강원	강원도	31	6.1	6.1
경기	경기도	35	7.3	7.3
	경성부	1		
	인천부	1		
	합계	37		
경남	경상남도	72	14.6	25.1
	마산부	1		
	부산부	1		
	합계	74		
경북	경상북도	52	10.5	
	대구부	1		
	합계	53		
전남	전라남도	52	11.5(전남 지역 10.5, 제주도 1.0)	19.0(전라남북도 18.0, 제주도 1.0)
	목포부	1		
	제주도	5		
	합계	58		
전북	전라북도	37	7.5	
	군산부	1		
	합계	38		
충남	충청남도	34	6.7	9.5
충북	충청북도	14	2.8	
평남	평안남도	28	5.9	13.8
	진남포부	1		
	평양부	1		
	평남 지역 합계	30		
평북	평안북도	39	7.9	
	신의주부	1		
	평북 지역 합계	40		

함남	함경남도	35	7.1	13.0
	원산부	1		
	합계	36		
함북	함경북도	29	5.9	
	청진부	1		
	합계	30		
황해	황해도	31	6.1	6.1
전국 합계		506		

출전: 조미은, 《일제강점기 재조선 일본인 학교와 학교조합 연구》, 성균관대 박사학위논문, 2010.
비고: 통계는 설립 허가가 된 학교조합을 기준으로 하고, 각 지역은 1914년 3월 1일 자로 개편, 실시된 행정 구역을 기준으로 한다.[28]

원도 양구군과 정선군 그리고 함경남도 덕원군뿐이다. 일제가 조선의 전 지역에 학교조합을 설립하려고 했음을 알 수 있다. 일본인이 사는 동네라면 그들의 학령 아동이 열 명만 돼도 학교조합을 반드시 설립할 정도였다고 한다.[29]

〈표 7〉에서 보듯이, 모든 부에는 한 개씩의 학교조합이 설립됐다. 학교조합이 설립된 217개 군에는 총 494개의 학교조합이 설립됐다. 군 평균 2.3개 정도다. 지역별로는 경상남도에 가장 많이 설립됐다. 총 72개가 설립됐는데 군마다 평균 3.6개 정도다.

부산부와 마산부 조합 두 개를 포함하면 경남 지역은 전국의 14.6퍼센트를 차지했다. 그다음이 전남 지역으로 총 53개가 설립되어 전국의 10.5퍼센트였다. 경상도와 전라도 학교조합 수를 합하면 전국의 43.1퍼센트로 거의 절반에 해당한다. 제주도는 당시 행정단위상으로는 한 개의 군이었지만 다섯 개가 설립되어 전국에서 가장 비율이 낮았다. 그렇게 조선 곳곳에 학교조합이 설립됐다는 것은 바로 일본인 학교도 그만큼 설립됐음을 의미한다.

학교조합 증가와 병행해 증설된 일본인 학교

학교조합, 설립과 동시에 일본인 학교 운영

학교조합은 설립과 동시에 학교를 운영했다.

〈표 8〉에서 보듯 1909년 증설된 학교조합 여덟 곳에서는 모두 한 개씩의 학교를 운영했다. 이들 학교조합은 학교를 새로 설립하거나

〈그림 46〉 부산 사상학교조합의 사상학교 낙성식 모습(낙동문화원 소장)

학교조합 이름	조합 운영 학교	
	이름	설립 연월
강화읍	강화심상고등소학교	1909년 2월
덕두	덕두심상소학교	1909년 4월
송진	송진심상소학교	1909년 4월
안동	안동심상소학교	1909년 9월
영암	영암심상소학교	1909년 9월
중강진	중강진심상소학교	1909년 10월
광량만	광량만심상소학교	1910년 4월
서산	서산심상소학교	1910년 4월

출전: 조미은, 《일제강점기 재조선 일본인 학교와 학교조합 연구》, 성균관대 박사학위논문, 2010, 152쪽.
비고: 광량만심상소학교와 서산심상소학교는 1909년 설립된 후 1910년 허가된 것으로 보인다.

거류민 단체 소속 학교에 대한 경영권을 넘겨받아 운영했다.

1910년 전년도 대비 학교조합 증가 수는 86개였다. 1908년부터 1945년 사이에 가장 많이 증가했다. 1910년은 조선인에게 국권을 잃은, 극도로 절망적인 해였다. 그러나 일본인에게는 조선에 정착하며 살아가는 데 좀 더 안정된 여건이 마련된 상황이었다. 학교조합도 〈학교조합령〉을 기반으로 활발하게 설립됐다.

1910년 최고로 증가한 학교조합과 일본인 학교

1910년 일본인 학교 수는 149개로 1909년보다 31개가 증가했다.

1876년 이후부터 1910년까지의 전년도 대비 증설 규모 중 가장 컸다. 1910년은 조선에 일본 인구 1만 명이 넘는 도시 세 개가 등장한 때이기도 하다. 경성 3만 8397명, 부산 2만 4936명, 인천 1만 1126명이었다.[30] 〈학교조합령〉 제정, 학교조합 증설과 학교 증가, 일제의 조선 침탈 그리고 재조선 일본인 증가 등이 서로 매우 밀접하게 관련되어 있음을 파악할 수 있다. 그중에서도 〈학교조합령〉은 '국권피탈'과 함께 재조선 일본인 학교에 더욱 커다란 날개를 달아주게 된다.

학교조합에서 운영한 학교는 소학교, 고등여학교, 실과고등여학교, 상업전수학교, 간이상업전수학교, 유치원 등 다양하다. 그중 소학교가 대부분이었다. 학교조합에서 설립한 전체 학교 중 소학교가 차지하는 비중은 연평균 약 94퍼센트로 압도적이었다. 일제시기 일본인학교의 대부분을 차지한 것도 소학교였다. 소학교는 오늘날 초등학교에 해당한다.

학교조합의 수익사업과 부동산

교육사업과 함께 수익사업도 운영

〈학교조합령〉 제1조에 명시된 대로 학교조합의 주된 목적은 교육사업을 처리하는 것이었다. 그러나 제1조에서는 학교조합이 상황에 따라 부대사업도 할 수 있음을 명시했다. 지방별 학교조합의 여건에 따라서 교육사업과 함께 부수적으로 위생 관련 사업도 운영할 수 있게 한 것이다.

〈학교조합령〉 전문

제1조: 학교조합은 법인으로 하고 관의 감독을 받아서 법령의 범위 내에
서 전적으로 교육 사무를 처리함을 목적으로 함.
학교조합은 상황에 따라서 부대사업으로 위생 사무를 처리할 수
있음.

제6조: 학교조합은 재산으로부터 생기는 수입과 수업료 등 기타의 수입으
로 그 지출을 충당하고 그래도 부족할 때는 조합비를 부과 징수할
수 있음.[31]

학교조합보다 일찍부터 운영되던 재조선 일본인 자치단체인 거류
민단은 일본의 시·정·촌과 마찬가지로 교육, 토목, 위생, 수도, 경비,
공원, 화장장 등 주민 생활과 관련된 다양한 공공사업을 운영했다.[32]
학교조합이 핵심 사업인 일본인 교육을 잘 수행하기 위해서는 튼튼한
재정 기반이 무엇보다도 중요했다. 일제가 학교조합에 부대사업을 운
영할 수 있게 한 것은 거류민단과 같이 경제적 능력을 갖출 수 있도록
조치한 것이라고 볼 수 있다.

학교조합이 부대사업으로 운영한 수익사업으로는 수도, 도축장屠畜
場,[33] (공동)묘지, 화장장, 피병원避病院,[34] 전염병 환자 수용소 등이 있
다. 특히 도축장 운영 등 도축 관련 사업은 당시 조선 사회에서도 경

〈그림 47〉 경상남도 진주 봉황대鳳凰臺 부근 백정의 가족과 가옥(부락해방 · 인권연구소
형평사료연구회 편,《조선형평운동사료집》, 해방출판사, 2016)
가죽을 다듬는 등 도축 관련 일을 하고 있는 옛 백정의 생활 모습이다.

제적 규모가 큰 사업이었다. 따라서 학교조합이 도축 관련 사업에 참여하여 확보하는 수익은 그들의 주요한 재원이 됐다.

종래 도축 관련 사업은 조선의 백정白丁[35]이 대대로 종사하던 전문 영역이었다. 1896년 신분 철폐에 따라 백정은 제도적으로는 더 이상 존재하지 않는 신분이 됐다. 그리고 도축 관련 사업에는 조선의 근대화와 일제의 침략이라는 시대적, 역사적 변동 속에서 거류민단 등 일본 단체나 개인 그리고 조선인까지 좀 더 광범위하게 참여하게 됐다. 더 이상 과거에 백정이었던 사람만, 즉 '구백정舊白丁(옛 백정)'을 중심으로 한 영역이 아니었다.

구백정은 1923년 인권 회복을 중심으로 경제권 유지와 회복 등의 형평운동을 전개하기 위해 조선형평사를 조직했다.[36] 학교조합은 도축장 운영에 적극 참여하면서 경영권 문제 등으로 구백정 또는 조선형평사와 분쟁하기도 했다.

오동도 등 조선 곳곳에 확보한 부동산

학교조합은 조선의 국유지였던 임야와 미간지未墾地 등을 조선총독부로부터 양여 또는 대부받았다. 양여를 통해 부동산 권리를 받거나 대부라는 명목으로 부동산을 빌렸다. 일본인 교육을 담당하는 공공단체였던 학교조합은 대부 대상 중에서도 '공용, 공익사업, 이민 단체' 등의 명분이 적용되는 가장 우선순위였다.

대부료는 무료였으며, 대부를 받은 부동산이라 하더라도 양도 절차

〈표 9〉 경성학교조합 소속 학교에 양여된 임야

양여 대상 학교와 목적(사유)		양여일	임야 소재지	임야 규모 (정町)
학교 이름	목적			
1 경성공립고등 여학교	학교림 설영 學校林設營	1916년 2월 21일	한지면 광희문 2	7.18
2 남대문공립 소학교	학교림 설영	1916년 8월 29일	연희면 식송리산植松裏山 내	3.7
			숭인면 성북동, 정릉동	9.1108
	학교 설영		연희면 아미산 내	5.53
양여 임야 소계				18.3408
3 동대문공립심상 소학교		1917년 2월 2일	갑-한지면 신당리산 내 지번 162 을-위와 같음, 지번 145 병-위와 같음, 전석현 지번 524	갑 3.6305 을 0.2321 병 0.5116
양여 임야 소계				4.3742
4 서대문공립심상 고등소학교		1916년 2월 21일	한지면 광희문 1	5.8606
		1916년 8월 29일	연희면 식송리산 내	14.01
양여 임야 소계				19.8706
5 앵정공립소학교	학교림 설영		숭인면 성북동, 정릉동	6.5425
			연희면 식송리산 내	3.8
			연희면 아미산 내	5.22
양여 임야 소계				15.5625
6 용산공립소학교		1916년 8월 29일	연희면 식송리산 내	3.37
			연희면 아미산 내	5.2
양여 임야 소계				8.57
7 원정공립소학교			연희면 식송리산 내	3.35
			연희면 아미산 내	4.92
양여 임야 소계				8.27

				숭인면 성북동, 정릉동	6.81
8	일출공립소학교			연희면 식송리산 내	3.55
				연희면 아미산 내	4.92
	양여 임야 소계				15.28
9	종로공립소학교			숭인면 성북동, 정릉동	6.3102
				연희면 식송리산 내	3.35
				연희면 아미산 내	5.035
	양여 임야 소계				14.6952
양여 임야 총계					112.1433

출전: 조미은, 《일제강점기 재조선 일본인 학교와 학교조합 연구》, 성균관대 박사학위논문, 2010,

를 거쳐서 완전한 소유권을 획득하기도 했다. 이런 방법으로 조선 곳
곳의 부동산을 학교조합의 기본 재산으로 확보했다. 부동산뿐 아니라
임야 또는 미간지에서 생산물을 채취하거나 매각할 수 있는 권한까지
도 넘겨받았다.

학교조합에 대부 또는 양여된 임야와 미간지 등의 위치는 대부분
학교조합이 설립된 곳이거나 그 인근 지역이었다. 〈표 9〉는 서울의 경
성학교조합 소속 학교에 양여된 임야를 정리한 것이다.

당시 경성학교조합에서 운영하는 학교 아홉 곳에 양여된 임야의
사용 목적은 1916년 8월 29일 남대문공립소학교의 '학교 설영'을 제
외하고는 모두 '학교림 설영'에 해당한다. 학교 설영은 학교 건물을
짓거나 보수하는 등 학교 건설과 관련이 있다. 학교림 설영은 학교 교
육환경에 필요한 숲 공간을 조성하는 것과 관련이 있다고 할 수 있다.

〈그림 48〉 김산향교 전경(경상북도 김천시 소재)

연희면에 있는 식송리산과 아미산의 땅은 남대문공립소학교와 서대
문공립심상고등소학교를 비롯해 5~6개 학교에 골고루 양여됐음을
알 수 있다.

경성학교조합 소속 학교 중에서 가장 많은 땅을 양도 받은 곳은 남
대문공립소학교로, 26정보[37] 정도였다. 앵정공립소학교와 일출공립
소학교는 약 15정보를 받았다. 일제가 경성학교조합에 무료로 양도한
조선의 부동산만 해도 얼마나 많았는지를 가늠할 수 있다.

또 학교조합은 조선의 지방 단체 재산을 귀속 또는 이관 받기도 했
다. 전라남도 여수의 오동도나 경상북도 김천의 김산향교金山鄕校 소

속 재산 등이 그에 해당한다. 이렇게 학교조합은 조선의 각 지역에 있는 수많은 부동산을 그들의 '기본 재산'으로 확보했다.[38] 학교조합에서 관리하던 오동도는 해방 후 교육청에서 인수했으며, 1968년 여수시에서 매입했다. 1968년 국립공원으로 지정되어 지금에 이른다.

풍요로운 교육환경, 그래도 '내지'를 동경하는 일본인 학생

I

1910~1945년
설립된
일본인 학교

1910년부터 1945년까지 일본인 학교가 설립되는 양상을 제1차 〈조선교육령〉 실시가 종료되는 시점을 전후로 하여 나누어 살펴보려고 한다. 제1차 〈조선교육령〉 시행기가 끝나는 1921년까지 설립된 일본인 학교가 일제시기 전체의 약 5분의 4를 차지한다. 이 시기에 일본인 학교가 거의 조선 대부분의 지역에 자리를 잡았음을 의미한다. 〈표10〉은 1910년부터 1921년 사이에 조선에 세워진 일본인 학교 수, 재조선 일본인 인구, 학교조합 수를 비교할 수 있게 정리한 것이다. 그리고 연도별 비율 추이를 그래프(〈그림 49〉)로 나타냈다.

이 시기에 재조선 일본인 인구, 학교조합, 일본인 학교의 양적 규모는 거의 매년 꾸준히 증가했다. 재조선 일본인 인구가 증가하고 학교조합이 증설됨에 따라 일본인 학교 수도 증가했던 것이다. 그중에서

〈표 10〉재조선 일본인 인구, 학교조합, 학교 수와 연도별 비율 (1910~1921)

연도	인구		학교조합		재조선 일본인 학교 (전체)		소학교, 중학교, 고등여학교	
	수(명)	비율(%)	수(개)	비율(%)	수(개)	비율(%)	수(개)	비율(%)
1910	171,543	47	95	24	149	31	132	30
1911	210,689	57	158	40	195	41	180	41
1912	243,729	66	95	49	223	47	203	46
1913	271,591	74	239	61	284	59	258	59
1914	291,217	79	284	72	321	67	293	67
1915	303,659	83	284	72	344	72	317	72
1916	320,938	87	302	77	374	78	344	78
1917	332,456	90	329	84	402	84	368	84
1918	336,872	92	352	89	424	89	387	88
1919	346,619	94	363	92	446	93	407	93
1920	347,850	95	384	97	479	100	429	98
1921	367,618	100	394	100	478	100	439	100

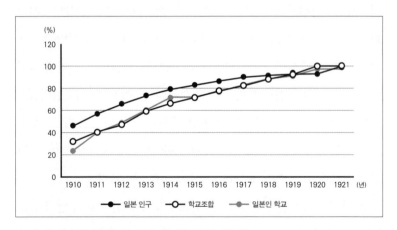

〈그림 49〉재조선 일본인 인구, 학교조합, 학교 수 연도별 비율 (1910~1921)(조미은,《일제강점기 재조선 일본인 학교와 학교조합 연구》, 성균관대 박사학위논문, 2010)
비고: 연도별 비율은 1921년을 100으로 하여 계산했다.

도 일본인 학교와 학교조합의 연도별 증가율은 거의 일치할 정도로 정비례했다. 그만큼 이 둘의 관계가 밀접했음을 정확하게 보여준다. 특히 학교조합은 1910년에 이어 1911년→1914년→1913년→1912년의 순으로 가장 많이 증설됐는데, 일본인 학교도 같은 기간에 가장 많이 증설됐다. 일제시기 초반에 학교조합과 일본인 학교가 집중적으로 가장 많이 설립됐음을 알 수 있다.

제2차 〈조선교육령〉이 실시된 때부터 일제 말기까지(1922~1942) 일본인 학교 설립 규모를 학교 급별로 분류하면 〈표 11〉과 같다. 1921년도의 내용은 전후 상황을 비교할 수 있게 함께 정리했다.

제2차 〈조선교육령〉은 1922년부터 1937년까지로, 제1차부터 제4차까지 〈조선교육령〉 중 가장 긴 시간인 16년 동안 시행됐다. 이 시기 일본인 '보통교육을 실시하는 학교'의 증가 상황을 제1차 〈조선교육령〉 시행기 마지막 연도와 비교해볼 때 학교 수는 1921년 439개에서 1937년 551개로 112개가 증가했다. 비율로는 총 25.5퍼센트가 증가했으며, 연평균으로 보면 일곱 개씩 1.59퍼센트 늘었다.

제2차 〈조선교육령〉 실시 이후에도 보통교육에서는 일본인과 조선인 학제가 계속 분리됐다. 그랬기 때문에 일본인 보통교육을 실시하는 학교인 소학교, 중학교, 고등여학교 등도 계속 증설됐다.[2]

1938년 일본인 학교 총 562개에 1939년 이후 증설된 소학교 총 21개를 합하면 1942년 총 583개가 된다. 일제 말기인 1942년까지 적어도 580개가 넘는 일본인 학교가 설립됐음을 가늠할 수 있다. 조선의

〈표 11〉 재조선 일본인 소학교, 중학교, 고등여학교 통계 (1921∼1942)

연도	소학교				중학교			고등여학교			총계
	관립	공립	사립	계	관립	공립	계	공립	사립	계	
1921	1	419		420	7		7	12		12	439
1922	1	431	1	433		7	7	14		14	454
1923	1	438	1	440		9	9	19		19	468
1924	1	446	1	448		10	10	21		21	479
1925	1	449	1	451		10	10	21		21	482
1926	1	454	1	456		11	11	22		22	489
1927	1	459		460		11	11	22		22	493
1928	1	462		463		11	11	23		23	497
1929	2	462		464		11	11	24	1	25	500
1930	2	464		466		11	11	24	1	25	502
1931	2	465		467		11	11	24	1	25	503
1932	2	473		475		11	11	24	1	25	511
1933	2	477		479		11	11	24	1	25	515
1934	2	483		485		11	11	26	1	27	523
1935	2	489		491		12	12	27	1	28	531
1936	2	499		501		15	15	27	1	28	544
1937	2	503		505		16	16	29	1	30	551
1938	2	511		513		17	17	31	1	32	562
1939	2	517		519							
1940	2	520		522							
1941	2	524		526							
1942	2	532		534							

출전: 《조선총독부통계연보》 1922, 1932, 1938, 1942.[3]

12부, 317군을 합치면 329개의 부와 군이 된다. 일제 말기까지 중단 없이 설립된 일본인 학교는 조선에 있는 군 단위 이상 행정구역 한 곳당 평균 1.8개씩 자리 잡았다고 볼 수 있다. 통감부에 이은 조선총독부 설치로 조선에 대한 일본의 영향력이 확고해지자 일본인은 실질적으로 어느 곳이든 거주할 수 있게 됐다. 이에 수반해 일제도 일본인이 사는 조선 땅 어디에나 그들의 자녀를 위한 학교를 계속 설립했다.[4] 일본인 자녀에게 그만큼 풍부한 교육기회를 제공하려 노력한 일제 교육정책의 결과였다.

2

일본 어린이,
누구나
소학교로

빠르게 그리고 광범위하게 설립된 일본인 소학교

일제 말기인 1942년 일본인 소학교는 총 534개였다. 이를 기준으로
볼 때 제1차 〈조선교육령〉 시행기 끝인 1921년까지 설립된 소학교는
1942년까지 세워진 소학교 총수에서 약 79퍼센트를 차지한다. 일제
가 1921년까지 적어도 조선의 주요 지방 대부분에 일본인 소학교를
설립하는 성과를 거두고 재조선 일본인 학교의 기반을 확고하게 다졌
음을 의미한다.

　〈표 12〉는 〈학교조합령〉이 제정된 1909년부터 제1차 〈조선교육령〉
시행기 마지막인 1921년까지 일본인 학교 수를 학교 종류별로 정리
한 것이다.

〈표 12〉 재조선 일본인 학교 종류별 통계 (1909~1921)

연도	소학교	소학교/일본인학교총계(%)	중학교	고등여학교	소, 중, 고등여학교합계	실업전수학교	간이실업전수학교	전문학교	사범학교	각종학교	유치원	일본인학교총계
1909	102	86.4	1	3	106	2		1		2	7	118
1910	128	85.9	1	3	132	2	1	1		4	9	149
1911	176	90.2	1	3	180	2	1	1		3	8	195
1912	199	89.2	1	3	203	2	2	1		6	9	223
1913	250	88	2	6	258	3	3	1		8	11	284
1914	285	88.8	2	6	293	3	2	1		8(7)	14	321
1915	308	89.5	2	7	317	3	2	1		4	17	344
1916	333	89	2	9	344	3	3	1		4	19	374
1917	355	88.3	3	10	368	3	4	1		5	21	402
1918	372	87.7	5	10	387	3	6	1		5	22	424
1919	391	87.8	5	11	407	3	6	1		8	20	445
1920	412	-	5	12	429	4	5	1		8	-	-
1921	420	87.9	7	12	439	5	5	1	1	9	18	478

출전: 《조선총독부통계연보》 1911, 1916, 1918, 1921; 조선총독부 편, 《조선총독부시정연보》, 조선총독부, 1921.[5]

1921년까지 일본인 학교 총계에서 소학교가 차지하는 비율은 매년 86~90퍼센트 정도로 높았다. 이 시기 일본인 소학교 설립 증감 비율이 일본인 학교 전체 증감 비율의 기준이 된다고 할 수 있다. 일제는 경비 기관, 신식 의료 기관 등과 함께 소학교를 이주 일본인에게 하루도 없어서는 안 되는 가장 긴급한 시설이라고 판단했다. 따라서 일본

인 소학교의 신속하고도 대규모적 확장은 그들이 전개한 식민정책의 성과이기도 했다.[6]

일본인 취학률을 높이기 위해 동원된 추가 방안

일제는 소학교 설립 추진과 함께 일본인 학생의 취학률을 더욱 진작시키기 위한 여러 방법을 동원했다. 기숙사 시설을 갖춘다거나 교원양성소와 경성사범학교를 개교하는 것 등이 그런 예다.

기숙사 설치
일제는 1912년 일본인 학교를 위한 각종 공립학교 법령을 제정, 실시했다. 그러나 당시만 하더라도 거류민단이 있거나 일본인이 집단으로 거주하는 지방 이외에는 일본인 교육시설이 충분하지 않았다. 교육시설이 있다고 하더라도 계속 유지하기 어려운 곳이 많았다. 일제는 그 대책으로 1912년부터 조선교육회(경성교육회의 후신)[7]에 보조금을 주어 벽지에 사는 일본인 아동의 취학을 장려하게 했다. 그리고 보조금으로 경성, 평양, 목포 세 곳에 기숙사를 지어 학생의 통학에 편의를 도모했다. 이후에도 학교가 없는 곳에 사는 학생을 위해 주로 도회지 등 통학이 편리한 지역에 기숙사를 세웠다.

또 일제는 일본인 자녀 교육에 어려움을 겪는 지역을 대상으로 해당 지역 학교 교장의 감독 아래 기숙사 시설 등을 갖추어 일본인 학령 아동을 모아 교육과 보호를 철저히 하도록 조치했다.[8] 일본인이 너무 적어 학교조합을 설립하지 못해 일본인 아동이 조선인의 보통학교에 통학하는 지역, 학교조합뿐만 아니라 조선인 보통학교마저 없는 지역, 학교조합이 있어도 유지하기 곤란한 지역 등이 그에 해당했다.

일제의 기숙사 장려 방안은 지방에 거주하는 소수의 일본인에 이르기까지 아동 교육을 철저히 보급하고자 마련한 것이었다. 군소 도시뿐만 아니라 조선의 외진 곳에 흩어져 사는 일본인에게 특히 자녀 교육과 관련하여 더욱 안정된 삶을 보장하려는 데 목적이 있었다. 조선에 사는 일본인이 자녀 교육을 거주지가 아닌 곳에 위탁하거나 자녀 교육 때문에 일본으로 되돌아감으로써 소요되는 적잖은 경제 부담을 줄이려는 대책이기도 했다. 최종적으로는 일본으로 돌아가는 재조선 일본인 수를 줄이려는 조치였다.[9]

결과적으로 기숙사에 아동 위탁을 희망하는 일본인 부모가 점차 많아졌다. 벽지에 사는 일본인 교육 문제 해결에 어느 정도나마 효과를 거둔 셈이었다.[10]

교원양성소 개교

일제는 1911년 4월 1일 〈조선총독부중학교부속임시소학교교원양성소규정〉을 제정, 실시했다. 5월에는 소학교 일본인 교사를 양성하는 조선총독부중학교부속임시소학교교원양성소를 개교했다. 이 양성소는 1913년 3월 29일 〈조선총독부중학교관제〉 개정으로 경성중학교

부속임시소학교교원양성소로 이름을 고쳤다.[11] 교원양성소를 설치하기 전까지 재조선 소학교 교사의 대부분은 일본에 있는 소학교 교사 중 일정한 자격이 있는 자를 선발, 채용했다. 일제가 강점 직후부터 조선 현지에서 직접 일본인 소학교 교사를 양성하려고 교원양성소를 설치했음을 의미한다.

교원양성소의 교육과정은 1년이며, 학생 정원은 40명이었다. 일제는 식민지에서 소학교 교육에 종사하는 자의 자격과 관련해 특수한 지식이 필요하다고 생각했다. 그러면서 17세 이상으로 중학교를 졸업한 자 또는 그와 동등한 학력이 있는 자를 선발하여 양성소에 입학시켰다.[12] 그 밖의 입학 자격으로는 신체 건전, 지조 확실, 품행 방정 등이 포함됐다. 입학자는 입학할 때 부형이나 친척을 보증인으로 하는 보증서와 서약서를 제출해야 했다. 보증인 자격은 특히 입학자와 관련된 일체의 사건을 인수하기에 충분한 자로 제한됐다.

학과목은 수신, 교육, 국어와 한문, 수학, 박물博物, 물리와 화학, 도서圖畵, 음악, 체조, 수공, 상업, 농업 등이었다. 수공, 상업, 농업은 선택과목으로 이 중 한 과목을 선택할 수 있었다. 전 과목 수료를 인정받은 자에게 졸업증서를 주었다. 그리고 졸업생에게는 일본의 사범학교 제2부 학생에 해당하는 자격을 주었다. 일제는 졸업생을 각 도에 배치하여 일본인 소학교 교사를 보충하는 길을 열었다.

1911년 4월에는 〈조선총독부중학교부속임시소학교교원양성소생도학자지급규칙〉도 제정, 실시했다. 장차 일본인 학교의 교사가 될 자

혜택 종류	지급 기간 단위	지급 내용
식비	1일	30전
수당	1일	10전
피복	1년	모자 1개, 동복 1개, 하복 2개, 외투 1개, 신발 2켤레
기타	학생이 재학 중에 사망할 경우	보증인 또는 친족에게 일시 수당금 20원 지급

출전: 教育史編纂會 編, 《(明治以降) 教育制度發達史》 10, 龍吟社, 1938, 209〜210쪽.
비고: 자료에 서술된 내용을 표로 작성한 것이다.

에게 각종 혜택을 적극 지원하도록 했다. 교원양성소 학생에게 안정된 생활 기반을 조성해주기 위한 것으로 식비, 수당, 피복, 여비 등의 학자금을 지급했다. 단, 학생의 개인 사유로 기숙사에 거주하지 않는 기간에는 식비와 수당을 지급하지 않았다. 학생은 교원양성소 기숙사에서 거주하는 것을 원칙으로 하되, 특별한 사정을 인정받은 자에 한하여 일정 기간 외박도 할 수 있었기 때문이다.

경성사범학교 개교

일제는 1921년 4월 19일 〈조선총독부사범학교관제〉를 제정하고 5월 경성사범학교를 개교했다. 소학교가 급증함에 따라 일본인 자녀를 위한 더 많은 우수한 교사가 요구됐기 때문에 사범학교의 필요성을 인식하고 개교했던 것이다. 임시 교원양성소를 폐지하고 사범학교를 설립한 것은 조선과 일본의 학제 차이를 없앤다고 했던 일제의 표면적

〈그림 50〉 경성사범학교 교기　　　　　〈그림 51〉 경성사범학교 개교 당시
(경성사범대학교,《경성사범학교총람》, 1929)　　본관(한국민족문화대백과)

취지가 반영된 것이기도 했다.[13]

　앞서 살펴본 교원양성소는 일본인 소학교의 일본인 교사를 양성하
는 곳이었으며, 조선인 학교의 경우에는 교사를 양성하는 '사범학교'
는 없었다. 이에 경성사범학교는 1922년 사범학교 안에 제1부와 제2
부를 설치했다. 제1부에서는 일본인 공립소학교 교사를, 제2부에서는
조선인 보통학교 교사를 양성하게 했다.[14] 교사를 양성하는 사범학교
에서조차 두 민족을 분리하는 차별성을 유지한 것이다.[15]

　이상에서 살펴본 대로 재조선 일본인 학교와 교육을 위한 제도나
조치가 제1차 〈조선교육령〉 시행기에 대폭 정비된 사실을 감안하면,
이 시기 일본인 학교의 집중적 증가뿐만 아니라 높은 취학률은 일제
가 계획적으로 추진한 교육정책의 당연한 결과였다고 할 수 있다.

일본보다 높은 재조선 일본인 소학교 취학률

〈표 14〉는 일제시기 조선인 아동과 재조선 일본인 아동의 취학률을 비교한 것이다. 두 민족의 전체 취학률은 그래프(〈그림 52〉)로 나타냈다.

표를 보면 조선인 보통학교 남녀 전체 취학률은 1912년 2.1퍼센트에 지나지 않았으며, 그 뒤 조금씩 증가하여 1942년 47.7퍼센트까지 이르렀다. 일본인 소학교 남녀 전체 취학률은 1912년 95.4퍼센트에서 출발하여 1921년부터는 99퍼센트 이상이 되고 1931년부터 1942년까지 99.9퍼센트를 계속 유지했다. 일제 말기 재조선 일본인 아동의 취학률은 100퍼센트나 다름없었다. 재조선 일본인 취학률은 조선인과는 비교도 안 될 만큼 높았다.

일본 정부는 일본에서는 초등교육의 의무교육제도를 실시했으나 조선에서는 실시하지 않았다. 그럼에도 1920년대 초부터 '학령 아동의 전원 취학' 정도로 재조선 일본인 학령 아동 거의 대부분이 취학했다. '사실상' 의무교육이 실현된 것이다.[16] 심지어 1920년대 말에는 일본 내 취학률보다도 높았다. 일본에서는 취학하지 못하는 학령 아동이 있었으나, 조선에서는 학교조합원 자녀 중 취학하지 못한 자는 거의 없었다고[17] 할 정도였다.

1921년 경성일출소학교를 졸업한 한 일본인 학생은 "일본인 자녀는 소학교, 중학교에 통학했지만, 조선인 자녀에게는 의무교육이 행해지지 않았다"[18]라고 했다. 당시 조선에 살던 일본인 학생들 사이에

<표 14> 조선인 보통학교와 일본인 소학교 취학률(1912~1942)

연도	보통학교 취학률(%)			소학교 취학률(%)		
	남성	여성	전체	남성	여성	전체
1912	3.7	0.4	2.1	95.2	95.3	95.4
1913	4.1	0.5	2.4	97.5	96.8	97.2
1914	4.6	0.5	2.6	96.3	95.9	96.2
1915	4.9	0.6	2.8	96.1	95.8	96
1916	5.5	0.7	3.1	97	96.3	96.6
1917	6.1	0.8	3.5	98	97.6	97.8
1918	6.4	1	3.8	97.7	97.9	97.8
1919	6.2	1	3.7	98.3	98.4	98.3
1920	7.4	1.2	4.4	98.9	91	98.8
1921	10.8	1.8	6.4	99.5	99.1	99.2
1922	16	2.7	9.5	99.3	99.4	99.3
1923	21.1	3.7	12.6	99.4	99.4	99.4
1924	24.5	4.5	14.7	99.6	99.6	99.6
1925	25.3	4.8	15.3	99.7	99.7	99.7
1926	27.1	5.2	16.4	99.6	99.6	99.6
1927	27.7	5.4	16.8	99.7	99.7	99.7
1928	28.2	5.8	17.2	99.7	99.6	99.6
1929	28.4	6.1	17.4	99.8	99.8	99.8
1930	28	6.2	17.3	99.8	99.8	99.8
1931	28.4	6.4	17.6	99.8	99.9	99.9
1932	28.4	6.8	17.8	99.9	99.9	99.9
1933	30.6	7.6	19.3	99.9	99.6	99.9
1934	34	8.6	21.5	99.8	99.2	99.9
1935	36.7	9.8	23.4	99.9	99.8	99.9
1936	40	11.4	25.9	99.8	99.8	99.9
1937	43.8	13.4	28.8	99.9	99.6	99.9
1938	49.8	16.2	33.2	99.8	99.6	99.9
1939	56.5	19.4	38.2	99.9	99.3	99.9
1940	60.8	22.2	41.6	99.9	99.4	99.9
1941	64.5	26.5	45.6	99.9	99.2	99.9
1942	66.1	29.1	47.7	99.9	99.5	99.9

출전: 오성철, 《식민지 초등교육의 형성》, 교육과학사, 2000, 133쪽; 《조선총독부통계연보》 1932,
1942년.

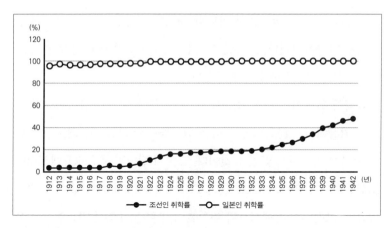

〈그림 52〉 조선인 보통학교와 일본인 소학교 취학률

서 소학교는 물론 중학교까지도 바로 '의무교육'이라는 인식이 있었음을 알려주는 표현이다. 조선을 강점한 이후 식민지에서 10여 년이라는 단기간 내에 사실상의 의무교육이 실현된 것은 재조선 일본인 교육의 커다란 특색이었다.[19]

재조선 일본인 소학교의 높은 취학률을 가능하게 한 것은 조선의 대부분 지역에 설립된 학교조합이었다. 일제시기 일본인 소학교 거의 모두가[20] 학교조합에 의해 설립되고 운영됐다. 학교조합이 설립한 학교 중에서도 소학교 비중은 일제시기 내내 연평균 94퍼센트나 된다.[21] 재조선 일본인 학생의 높은 취학률이 학교조합과 밀접하게 연관이 있었음을 알 수 있다. 조선에서 학교조합이 일본에서 실시되던 의무교육제도 이상의 역할을 했던 것이다. 즉 학교조합이 날개를 달아준 것은 재조선 일본인 학교뿐만 아니라 재조선 일본인 소학교 학생의 취학률도 마찬가지였다. 그야말로 조선에 사는 일본 어린이라면 '누구나' 소학교에 다닐 수 있게 해주었다.

만약 일본에서와 같이 조선에서도 의무교육제도가 실시됐다면 조선인 입장에서는 조금이라도 나은 취학률을 통해 교육기회도 그만큼 더 확보할 가능성이 있었을 것이다. 그렇게 된다면 초등교육에서나마 조선인과 일본인이 지니고 있던 교육기회의 차별 폭이 줄어들 수도 있었다. 그러나 일본에서보다 취학률이 높았던 재조선 일본인 입장에서는 조선에 의무교육제도를 도입해야 할 필요성이나 절박성이 당연히 없었다.

또 일제로서도 가장 기본적 교육 단계인 초등교육에서부터 조선인에게 일본인과 동등한 교육기회를 주는 것을 결코 바라지 않았을 것이다. 조선을 영원한 일본의 식민지로 유지하기 위해서라도 일제는 조선인이 어떠한 형태로든 '성장' 또는 '발전'하는 것을 단연코 바라지 않았기 때문이다. 그것이 일제가 조선에서 의무교육제도를 굳이 실시하지 않은 이유였을 것이다.

1941년 국민학교제도 실시를 앞두고 조선에 대한 의무교육제도 실시 문제가 본격적으로 논의되기 시작했다. 1942년 12월 조선총독부는 '1946년부터 의무교육을 실시한다'고 결정했다.[22] 그러던 중 1945년 8월 15일 일제시기는 그 '중단'을 맞게 된다.

3

재조선 일본인 여학생,
그래도 일본의 여학생보다는
'누렸다'

일본 사회의 특징 중 하나인 성차별 문화는 조선으로 이주한 일본인 사회에서도 여전히 존재했다. 그러나 조선은 거리상으로 일본에서 멀리 떨어져 있을 뿐 아니라 정치, 경제, 사회, 문화 등 모든 면에서 완전히 다른 곳이었다. 따라서 조선에서 일본과 동일한 '문화 또는 사회'를 형성하거나 유지한다는 것은 그만큼 가능성이 낮을 수밖에 없었다. 1910년 이전부터 일본도 이미 그렇게 인식하고 있었다.

재조선 일본인 교육 분야에서도 마찬가지였다. 1908년 초 경성거류민단 민회는 경성고등여학교를 설립하기로 결정했다. 이에 일본인이 경영하는 신문사에서는 이 결정을 환영하면서 '내지의 낡은 사회에서 이상적 여자 교육을 시행하기에는 뭔가 불편함이 있을 것이라고 본다. 식민지는 이러한 이상을 실현하기에 비교적 자유로울 것'이라는[23] 논지의 사설을 실었다.

이 사설은 일본을 '낡은 사회', '여자 교육을 시행하기에는 뭔가 불편함이 있는' 곳으로 표현했다. 반면에 조선은 이상적인 여성 교육을 실현하기에 '비교적 자유로울 것'이라고 했다. 당시 일본인 거류민 사회는 〈거류민단규칙〉 외에는 각종 법률이 미비한 상태였다. 일본인은 그런 상황의 조선에서 법과 오랜 관습 등으로 얽매인 일본보다 이상적인 여성 교육을 실행할 가능성이 높다고 인식했다.[24] 물론 일본 신문의 논지에는 일본 정부가 일본인을 조선으로 이주시키려고 선전하는 취지도 포함돼 있었다.

실제로 일제시기 재조선 일본인 여학생의 교육 수준을 보면 초등학교까지는 재조선 일본인 남학생과 거의 같았다. 초등학교 이후 상급 과정으로 갈수록 남학생보다 불리한 상황이 확대됐으나, 일본의 여학생과 비교하면 더 많은 유리한 여건 속에서 그만큼 많은 '혜택'을 누리며 살았다.

〈그림 53〉을 보자. 일제시기 재조선 일본인 남녀의 소학교 취학률이 거의 동일함을 알 수 있다. 좀 더 정확하게 수치로 보면 1912년에는 여성 취학률이 95.4퍼센트로 남성보다 0.2퍼센트 정도 높았는데, 1920년에는 남성 취학률이 여성보다 8퍼센트 정도나 높았다. 그러나 일제시기 전체를 보면 일본인 남녀의 취학률 차이는 1920년 한 해를 제외하면 1퍼센트 안팎에 지나지 않았다. 재조선 일본인의 소학교 취학률에서 남녀 차이가 별로 나지 않았던 것이다.

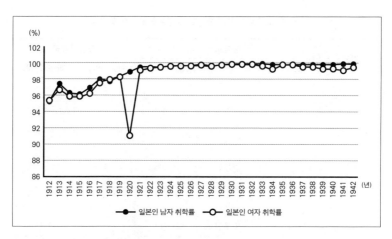

〈그림 53〉재조선 일본인 소학교 남녀 취학률 추이(조미은,《일제강점기 재조선 일본인 학교와 학교조합 연구》, 성균관대 박사학위논문, 2010, 212~214쪽)

　다만 소학교에서 나타난 일본인 여학생의 높은 취학률은 상급 학교로까지 이어지지 않았다. 일본인 남학생이 진학할 수 있는 중등교육기관의 범위는 일반 중학교를 비롯해서 실업학교까지[25] 다양했다. 하지만 일본인 여학생이 진학할 수 있는 학교 종류와 수는 남학생에 비해 크게 미치지 못했다. 남학생은 상당수가 실업학교에도 진학했으나 여학생은 그러지 못했음을 짐작할 수 있다. 대신 일반 중등교육기관인 고등여학교는 남학생의 중학교보다 많이 보급됐다.

　일본인 남자 중학교보다 3년 먼저인 1906년부터 설립되기 시작한 일본인 고등여학교는 1910년 세 개로 증가 속도도 빨랐다. 이후 1937년까지도 남자 중학교보다 두 배 정도씩 꾸준하게 유지하며 늘어났

<표 15> 조선 내 일본계 중학교·고등여학교 수와 학생 수

연도	중학교			고등여학교	
	학교 수(개)	학생 수(명)		학교 수(개)	학생 수(명)
1910	1	205		3	515
1922	7	일본인	3,006	13	3,732
		조선인	74		4
		기타			
1931	11	일본인	5,686	25	8,326
		조선인	340		620
		기타			1
1937	16	일본인	7,313	30	11,337
		조선인	465		587
		기타			

출전: 권숙인, 〈식민지배기 조선 내 일본인학교: 회고록을 통해 본 소·중학교 경험을 중심으로〉, 《사회와 역사》 77, 2008, 60쪽.
비고: 실업학교는 포함하지 않았으며, 표는 필자가 재구성했다.

다. 학생 수도 남학생보다 많았으며, 1931년과 1937년에는 약 1.5배나 된다. 남학생에 비해 실업학교 등은 적게 보급됐지만, 고등여학교가 두 배 정도나 많이 설립되어 여학생이 그만큼이라도 더 많이 진학할 수 있게 됐다.

중학교 졸업 후 재조선 일본인 남학생은 원하면 대학까지 갈 수 있었다. 일본인 여학생도 남학생처럼 대학에 진학할 수 있었다. 그러나 일본인 여학생이 고등여학교 졸업 후 선택할 수 있는 가장 보편적인 상급 교육기관은 단기 전문대학이나 신부수업학교 정도였다. 여학생

중에서 일본까지 유학을 가서 대학교육을 받는 경우는 극소수에 지나
지 않았다. 고등여학교를 졸업한 일본인 여학생 대부분은 취직을 하
거나 집안일을 했다. 재조선 일본인 여학생의 고등여학교 이후 진로
여건이 남학생보다 훨씬 제한됐던 것이다.

　재조선 일본인의 성차별적 특징은 학교 졸업 후 진출한 직업에서
도 예외 없이 드러난다. 일본인 '여학생'에서 일본인 '여성', 즉 성인

〈표 16〉 재조선 일본인 남녀의 직업별 종사자 수와 분포 비율 (1910)

남성			여성				
순위	직종	종사자 수 (명)	순위	직종	종사자 수 (명)	남성 대비 비율(%)	여성 직업 종사자 총수 대비 비율(%)
1	상업	15,877	1	예창기배부	4,093	–	50
2	잡업	12,336	2	잡업	1,517	12	19
3	공무원	9,341	3	상업	1,048	7	13
4	공업	6,520	4	육체노동	578	9	7
5	육체노동	6,251	5	농업	261	10	3
6	농업	2,518	6	어업	213	10	3
7	어업	2,125	7	조산원	171	–	2
8	교사	676	8	공업	137	2	2
9	의사	397	9	교사	93	14	1
10	신문·잡지 기자	186	10	공무원	5	0	
종사자 총수		56,227	종사자 총수		8,116	14.4	

출전: 권숙인, 〈식민지배기 조선 내 일본인학교: 회고록을 통해 본 소·중학교 경험을 중심으로〉, 《사회
와 역사》 77, 2008, 80쪽.
비고: 실업학교는 포함하지 않았으며, 표는 필자가 재구성했다.

으로 성장한 뒤에도 재조선 일본 여성은 계속해서 성차별 문화 속에 살았다. 일본인 직업별 종사자 구성을 남녀별로 정리해보면 〈표 16〉, 〈표 17〉과 같다.

먼저 1910년 상황을 보면, 일본인 여성이 가장 많이 종사한 직업은 '예창기배부藝娼妓配婦'로 여성 전체 직종의 50퍼센트나 된다. 예창기 배부는 일본의 게이샤藝者를 포함한 공창公娼을 말한다.[26] 높은 교육 수준이나 지식을 요하는 공무원, 교사, 의사, 신문·잡지 기자 등에는 여성의 비중이 극히 작거나 아예 없음을 알 수 있다. 교사직은 일본인

〈표 17〉 재조선 일본인 남녀의 직업별 종사자 수와 분포 비율 (1942)

남성			여성				
순위	직종	종사자 수 (명)	순위	직종	종사자 수 (명)	남성 대비 비율(%)	여성 직업 종사자 총수 대비 비율(%)
1	공무, 자유업	78,715	1	상업	14,080	50	42
2	공업	40,883	2	공무, 자유업	8,945	11	27
3	상업	28,047	3	농업	4,419	66	13
4	교통	15,912	4	공업	3,625	9	11
5	광업	7,763	5	광업	1,093	14	3
6	농업	6,678	6	교통	754	5	2
7	수산업	2,543	7	수산업	341	13	1
종사자 총수		180,541	종사자 총수		33,257	18.4	

출전: 권숙인, 〈식민지배기 조선 내 일본인학교: 회고록을 통해 본 소·중학교 경험을 중심으로〉, 《사회와 역사》 77, 2008, 80쪽.[27]

여학교 때문에 그나마 여성 진출이 있었던 것으로 보인다. 공무원도 거의 0퍼센트에 가까우며, 의사나 신문·잡지 기자 등은 아예 한 명도 없다.

일제 초기의 이러한 양상은 말에 이르러 많이 바뀐다. 1942년 현재 남성 직종의 1위에 해당하는 '공무, 자유업'이 여성 직종으로도 2위였다. 비율로도 여성 전체 직종의 27퍼센트나 되고, 같은 직종 남성의 11퍼센트나 된다. 같은 해 여성 1위 직종인 상업은 여성 직종 전체의 42퍼센트를 차지하며 동시에 같은 직종 남성의 절반에 이른다. 1910년 여성 상업 직종 비중과 비교해서 엄청나게 급증했음을 알 수 있다. 1942년 직종에서 파악할 수 있는 다른 주요한 특징으로는 7위까지 직업의 순위 양상은 남녀 각각 다르지만 직업 종류는 동일하다는 점이다. 일제 초기 재조선 일본인 직업에서 나타났던 성차별적 특징이 갈수록 줄어들었음을 의미한다.

이상에서와 같이 재조선 일본인 여학생 또는 여성은 초등학교를 졸업한 뒤 상급 학교 진학이나 취업 면에서 재조선 남학생이나 남성에 비해 성차별적으로 불리했다. 그러나 그들은 같은 시기 일본 내의 여학생 또는 여성에 비해 '식민자라는 특권적 지위가 반영되어' 좀 더 유리하고 나은 생활을 했다. 그들은 일본 내의 여학생에 비해서 고등여학교 진학률이 높았으며 고학력자였다. 또 시간이 갈수록 조선에서 일정한 교육과정을 마치고 공무원이나 전문직에도 취업해서 사회로 진출할 수 있었다. 그들은 조선에서 지배자적 위치를 점유했을 뿐 아니라, 조선이 그들의 '본토'로부터 멀리 떨어져 있었기 때문에 그만큼 일본의 성차별 제도나 문화 또는 관행의 구속에서 벗어나 적지 않은 '진보된' 혜택을 누리고 살았다고[28] 볼 수 있다.

4

그래도
'내지' 학교가
좋아

서울에서 일본인 남학생이 밟는 이른바 '엘리트 코스'는 먼저 일출소학교를 비롯해 종로소학교·남대문소학교·동대문소학교·앵정소학교 또는 청엽소학교[29] 등의 초등학교를 졸업한 뒤, 경성중학교 또는 용산중학교를 졸업하고, 그 후 일본에 있는 고등교육기관이나 제국대학으로 진학하는 일련의 과정을 의미했다.[30]

이는 서울뿐 아니라 재조선 일본인 남학생 대부분이 품었던 '꿈의 코스'이기도 했다. 그중에서도 경성중학교를 졸업하고 일본 내 고등학교를 거쳐 제국대학에 가는 것이 단연 최고의 코스였다.

물론 조선에서 소학교를 졸업하기 전에 일본의 소학교로 전학을 하기도 했다. 1928년 평양에서 태어난 시바타 쇼지柴田昭治도 그런 경우였다. 아버지가 동양척식주식회사 자회사의 임원이었던 그는 남대문소학교 4학년을 마친 후 일본 도쿄의 소학교로 전학했다. 그는 일본으로 전학한 이유를 '일본의 제국대학에 진학해 일본에서 취직하기 위해서'라고 했다.[31]

조선에서 고등여학교를 졸업한 일본인 여학생은 일본의 전문학교, 즉 지금의 니혼여자대학교日本女子大學校, 도쿄여자대학東京女子大學, 오쓰마여자대학大妻女子大學, 됴쿄가정학원東京家政學院 등에 입학하려고 도쿄까지 가기도 했다.[32] 일본인 남학생 못지않게 여학생도 일본에 있는 고등교육기관으로 진학하는 것이 커다란 소망이었던 것으로 보인다.

1925년 경부선 조치원역에서 1마일가량 떨어진 미호천철교 부근에서 일본인 여학생 두 명이 서로 얼싸안고 자살하는 사건이 발생했다. 사연인즉, 이들은 부산고등여학교를 졸업한 후 경성제일고등여학교 5학년에 편입하여 사건이 발생한 해에 졸업했다. 그 뒤에 한 명은 일본 도쿄여자사범학교東京女子師範學校 입학시험을 치렀고 다른 한 명은 후쿠오카여자전문학교福岡女子專門學校 입학시험을 치렀으나 모두 낙방했다. 이에 이들은 '부모와 세상을 대할 면목이 없다'며 자살했다.[33]

이 사건을 통해 재조선 일본인 여학생, 특히 지방 출신인 경우 남학생처럼 서울에 있는 중등 과정 학교를 거쳐 일본 내 상급 학교로 진출하는 것을 커다란 꿈으로 여기고 많은 노력을 기울였음을 알 수 있다.

1943년 3월 조선의 일본인 고등여학교 중 최고 명문이었던 경성고등여학교를 졸업한 200여 명의 진로 양상을 보면 다음과 같다. 진학한 경우는 경성여자의학전문학교 5~6명, 도쿄여자대학 3~4명, 니혼여자대학(도쿄) 3~4명, 도쿄가정학원 1명, 분카복장학원文化服裝學院(도쿄) 2명, 후쿠마스양재학원(경성) 5~6명, 숙명여자전문학교 2~3명, 청화여숙(경성) 12~13명, 핫토리영양전문학교服部米養専門學校(도쿄) 2~3명이었다. 취직한 경우는 육군사령부(통신) 20~30명, 해군무관부(사무직) 20~30명, 민간 회사(경성) 약간 명이었다. 학교 명성에 걸맞게 여학생의 진로 상황이 예사롭지 않은 수준이었음을 알 수 있다. 특히 이시기는 전쟁 시기였음에도 수십 명이 도쿄로 유학했다.[34]

일본인 교정 안팎의 풍경

5

I

'모국'
일본에 대한
관심과 혼돈

'내지'에서 멀어지는 일본인 학생

대한제국 시기에 학부學部 학정참여관學政參與官으로 활동한 시데하라
다이라幣原坦는 조선에 일본 이주민이 증가하는 것은 대체로 반가운
일이라고 했다. 그러면서도 훗날 일본인 이주가 정착되면 그 일본인
가정에서 태어나는 자녀 중에 일본 '본토'를 모르는 아이가 늘어날 것
이라고 예측했다.

다음은 초대 조선 총독 데라우치 마사타케寺內正毅가 1911년 하계
강습회에서 소학교 교사에게 훈시한 내용 중 일부다.

모국을 떠나 새로운 곳으로 이주해온 자는 자칫하면 모국의 감화가 약해

지는 경향이 있으므로 모국을 사랑하고 천황 폐하께 봉공하는 마음을 양성하는 것이 내지에 비해 한층 노력과 궁리를 요한다. 그러므로 폐하와 국가에 대한 관념을 키울 필요가 무엇보다 절실하다.[1]

총독도 일본을 떠나 새로운 곳, 즉 조선으로 이주한 일본인에게 '모국에 대한 감화가 약해지는 경향'이 있음을 우려했음을 알 수 있다. 그리고 구체적인 대책으로 '모국을 사랑하고 천황 폐하께 봉공하는 마음'과 '폐하와 국가에 대한 관념'을 양성해야 한다고 주장했다. 또 그를 위해 '내지'보다도 훨씬 많은 노력과 연구가 절실하게 필요함을 강조했다. 당시 데라우치 총독과 함께 참석했던 세키야 데이자부로關屋貞三郞 학무국장도 그와 같은 문제점을 지적하면서 다음과 같이 훈시했다.

조선의 소학교 아동 중에는 어린 나이에 고향(일본)을 떠났거나 혹은 고향이 아닌 곳에서 태어난 아이가 많다. 그 때문에 조선은 알면서도 내지를 모르는 아이가 많다. 따라서 자칫하면 일본 모국에 대한 관념이 흐려지는 우려가 없지 않다. 이와 같은 점은 일본 국민의 발전상 깊이 유의해야 할 점이다. 제군은 역사, 지리, 수신 혹은 그 외의 수업과 훈련에서 항시 이 점에 주의를 기울이고 아이가 충군애국忠君愛國 정신을 키울 수 있도록 힘써주길 바란다.

직책이 학무국장이었기 때문인지 그는 대책 방안에 대해 총독보다 더 구체적으로 언급했다. 특히 역사를 비롯하여 지리와 수신 등의 과목에서 일본 왕과 일본 국가에 대한 '충군애국' 정신을 함양할 것을 강조했다. 일본의 역사와 지리를 익히고 일본 왕과 국가에 대한 충성심과 애국심을 키우는 수업과 훈련을 실시하도록 요구한 것이다.

일제시기 초부터 일본인 학생이 지녀야 할 '일본 왕과 국가에 대한 충성심과 애국심'에 대한 우려가 재조선 일본인 사회의 주요 문제로 인식됐음을 알 수 있다. 그리고 총독을 비롯한 일본 관료는 그 대책을 계속 주장했던 것이다. 1914년 경성중학교는 경성 내 소학교 학생과 경성중학교 학생을 대상으로 그 문제와 관련한 조사를 실시했다. 조사 결과는 총독과 학무국장 등의 우려가 현실이었음을 입증하는 것이었다.

조사 결과를 보면 경성 내 학생 6000여 명 중 2000여 명이 '내지'를 모른다고 했다. 또 경성중학교 학생 중 '내지에 대한 정확한 경험과 실제적 지식을 가지고 있다고 인정되는 학생'이 51퍼센트, '그렇지 않은 학생'이 49퍼센트였다. 절반에 가까운 학생이 내지에 대한 정확한 경험이나 지식을 가지고 있지 않았음이 드러난다.

당시 경성중학교 학생 588명 중 일본에서 태어난 학생은 524명(89퍼센트)으로 대부분을 차지했고, 조선 등 내지가 아닌 곳에서 태어난 학생은 64명으로 11퍼센트였다. 이는 조선에서 태어난 경성중학교 학생 비중이 최대한 11퍼센트 이하임을 의미한다. 대다수가 일본에서 태어났고 조선에서 태어난 학생은 11퍼센트에도 못 미치는데도 결과가 그렇게 나타난 것이다.

그런데다 이후 갈수록 일본 출생 일본인 학생보다 조선 출생 일본인 학생 수가 급증한다는 것은 부정할 수 없는 현실이었다. 그에 따라서 일본인 학생의 '모국과 그들의 왕'에 대한 관심과 지식도 갈수록 희박해질 것이다. 그러한 조사 결과를 접한 조선총독부와 학교 관계자에게 '학생과 모국의 관계' 문제는 더욱 충격적이고 절박한 과제로 여겨질 수밖에 없었다.

조선총독부 관리와 학교 관계자는 경성중학교에서 실시한 조사 결과를 바탕으로 조선인과 '잡거雜居'하는 환경에서 오는 문제점을 극복할 수 있는 '식민지에 적합한 교육 방법'을 찾는 데 고심했다. 그래서 일제시기 초부터 일본인 학생에게 그들의 모국 일본과 그 왕에 대한 애국심과 충성심을 무엇보다도 우선하여 강화하는 교육을 실시해야 했던 것이다.

일본인 학생의 일본 방문과 혼돈

재조선 일본인 학생은 일본인이 조선인보다 우월하고 조선과 조선인의 영원한 지배자이자 지도자라고 배웠고, 그렇게 여기며 살았다. 그리고 막노동이나 허드렛일 같은 것은 마땅히 조선인이 해야 하는 것이고 일본인과는 전혀 관계없다는 잘못된 인식 속에 묻혀 있었다. 물론 일본에서 살았던 경험이 있는 일본인 학생은 특히 일본 여성의 고생스러운 삶 등 일본에서는 일본인도 조선인과 마찬가지로 힘든 일을 한다는 것을 알고 있기도 했다. 그런 학생은 조선에서 태어나 교육을 받은 학생에 비해 일본 '본토'에 대한 관심이 깊지 않았다.

아무튼 재조선 일본인 학생이 지닌 조선 또는 조선인에 대한 우월적 인식은 그러한 모국을 선망하는 데까지 확장되기도 했다. 그래서 일본을 방문하거나 거기서 사는 것을 꿈꾸기도 했던 것이다. 그러나 선망이나 기대가 크면 그만큼의 충격, 실망 또는 혼돈을 불러일으키기도 한다. 일본인 학생은 가족이나 친구로부터 일본 내 소식을 듣거나 스스로 직접 방문하여 일본의 현실을 알게 됐다. 다양한 경로로 접한 일본의 실체는 그들이 조선에서 배우거나 인식했던 것과 매우 다른 경우도 적지 않았다. 다음은 당시 대구에서 학교를 다닌 일본인 여성의 회고다.

내지에서 전학 온 상급생은 '내지에서는 다섯 살 정도 된 여자아이를 돈을 주고 사서 잡일을 시키면서 키우기도 하며, 가난한 사람이 여자아이를 파는 것은 왕왕 있는 일'이라고 했다. – 모리사키 가즈에 森崎和江(1984)[2]

일본에서 조선의 일본인 학교로 전학 온 상급생에게 들은 이 이야기는 재조선 일본인 학생에게 매우 충격적이었다. 일본인 학생이 조선에서 배우거나 경험한 것에 따르면 막노동이나 허드렛일은 일본인과 전혀 관련 없는 것이었다. 조선 사회에서는 사실이기도 했다. 그들이 조선보다 우월하고 그래서 더욱 대단하다고 여기던 모국에서 '다섯 살 정도 된 여자아이를 돈을 주고 사서 잡일을 시키고', '가난한 사람이 왕왕 여자아이를 파는 일'이 벌어진다는 것은 상상조차 할 수 없는 일이었다.

그러한 실상을 들은 재조선 일본인 학생은 "끔찍한 곳이네. 내지에 있지 않아서 다행이야"라고 내뱉기도 했다. 일본인 학생이 느낀 충격과 모국에 대한 실망이 잘 드러난다. 심지어 모국에 대한 부정적 생각까지 담겨 있음을 엿볼 수 있다.

그러면 다른 사람을 통해 일본 소식을 듣는 것과는 달리 그들이 직접 방문하여 일본을 접했을 때의 느낌은 어땠을까?

우리의 이야기 속에는 가정에서건 학교에서건 논밭 관련 내용은 전혀 없었다. 쌀을 만들어내는 가정의 아이가 친구 중 한 명도 없었다. 논밭에서의 일이 우리 삶과는 전혀 관련이 없을 뿐만 아니라 아이들의 계절 감각과도 전혀 관련되어 있지 않았다. (…) 일본의 촌락 이야기를 부모로부터 듣거나 그림책에서 내지의 농촌을 보았다. 그러나 논밭에서 괭이질을 하고 있는 사람은 그 복장이 달랐음에도 모두 조선인이라고 생각하고 있었기에 내지인 농부에게 감사하고 있는 것도 아니었다. 농작업이나 토목 공사, 화물 운반 등에서도 힘을 쓰는 일은 모두 조선인이 하고 있었다. (그러던 중) 중학생 시절 (일본) 오카야마현의 시골에 가서 일본인이 힘쓰는 일을 하고 있는 것

을 보고 이상하다고 느꼈던 기억이 있다. - 하타다 다카시旗田巍, 《삼천리》 제18권[3]

당시 중학생이었던 하타다 다카시는 그를 포함한 재조선 일본인 학생 또는 재조선 일본인과 농사는 '전혀' 관련 없는 것이라고 생각했다.[4] 그러한 인식은 일본으로까지 확산되어 그곳의 농사 또한 당연히 일본인과 관련된 것이 아니라고 여겼다. 조선이든 일본이든 상관없이 농사, 즉 힘든 일이나 몸을 사용하는 일은 일본인의 일이나 삶이 아니라 조선인의 몫으로 여겼던 것이다. 그림책에 그려진 농사짓는 사람의 옷이 '조선인과 다름'을 인식하고도 그가 '괭이질하는 사람'이라는 자체만으로 곧바로 조선인으로 생각했을 정도였다.

그런 생각을 하면서 살던 재조선 일본인 중학생 하타다 다카시가 일본 오카야마현岡山縣[5]의 한 시골을 직접 방문했다. 그리고 '우월한 동족 일본인'이 힘쓰는 일을 하는 것을 보고 '이상하다'고 느꼈다. '농사일이나 토목 공사, 화물 운반 같은 힘쓰는 일은 모두 조선인이 한다'고 여겼던 그의 생각과 연결되지 않았기 때문이다. 그가 조선에서 배우고 경험했던 것과 일본에서 직시한 현실이 전혀 일치하지 않았기 때문에 그로 인한 충격과 혼란으로 이상하다고 여겼음을 짐작할 수 있다.

일본으로 수학여행을 다녀온 경성제일공립고등여학교의 한 일본인 학생이 경험하고 느낀 것도 하타다 다카시와 거의 같았다. 그녀는 일본에서 전차 운전사가 모두 일본인임을 보고 반복해서 '놀랍다'고

표현했다. 심지어 열차를 갈아탈 때 그 주변에서 쉬던 일본인 노동자가 일본말로 이야기하는 것을 들었을 때 그제야 일본에서 자신이 본 운전사나 노동자가 정말 일본인인지 아닌지 의심하던 것을 재확인하게 됐다.[6] 그들이 조선에서 보고 배운 대로라면 운전사나 노동자는 분명 모두 조선인이어야 했기 때문이다.

2

서열화한
학교,
입학 전쟁

입신출세, 학교 서열화 그리고 입학 경쟁

일본에서 근대 교육제도를 도입하면서부터 학교는 제국대학 진학과 연결되어 서열화됐고, '명문고'가 탄생하기 시작했다. 학력과 학벌은 곧 개인의 입신출세와 직결되는 문제였다. 좀 더 나은 상급 학교 입학을 둘러싼 경쟁은 과열될 수밖에 없었다. 서열화로 인한 입시 경쟁 또는 입시 경쟁으로 인한 서열화는 일본 근대 교육의 공통된 특징이라고 할 수 있다. 그러한 현상은 일본 주변부 지역으로까지 확산됐다. 근대 일본의 특수한 주변부로서 '외지'에 해당하던 조선에서도 입신출세를 위한 학교 서열화와 입시 경쟁의 장이 형성됐다.[7]

재조선 일본인은 일본에 사는 비슷한 계층의 일본인보다 전반적으로 근대화되고 풍족한 일상을 누렸다. 그러나 그들의 사회 내부는 결코 동일하지 않았다. 재조선 일본인 사회는 관료와 군인이 중심이 되어 지배하는 체제였기 때문에 지극히 위계화되어 있었다. 예를 들어 1940년 당시 교사까지 포함한 총독부 직원 수는 10만 명 이상이었다. 그들은 일반 직원(60퍼센트), 판임관(40퍼센트), 고등관(3퍼센트) 등 피라미드식 조직으로 구성됐다. 그들 간에는 공식적 대우(연금 등), 관사 거주권뿐만 아니라 매우 일상적 차원에까지 '위계와 차별'이 뚜렷했다.

교육 사회도 마찬가지였다. 재조선 일본인 사회가 그렇게 위계화되고 차별이 엄연했던 까닭에, 좀 더 나은 위치로 진출하기 위한 출세 경쟁 그리고 그를 뒷받침하는 입시 경쟁은 상당히 치열할 수밖에 없었다.[8] 소학교 고학년부터 시작되는 과도한 입시 경쟁은 바로 그러한 위계와 차별 구조에서 기인했다.

또 재조선 일본인 사회에서는 사무직에 종사하는 화이트칼라가 지배적이었다. 그리고 근대적 화이트칼라 직종에 진출하는 데는 '좋은' 학교 교육이 필수적이었다. 치열한 학력 사회가 될 수밖에 없었다. 학력도 연줄도 없는 대다수 식민지 일본인 사이에 자리와 명예를 손에 넣기 위해 벌어진 '학력을 매개로 한 출세 경쟁'은 엄청나게 치열했다. 물론 일본인 학생이 중학교나 기타 상급 학교 입시를 놓고 겪은 경쟁은 같은 시기 조선인 학생이 보통학교 입학 때부터 겪어야 했던 '입학 시험 지옥'에 비교하면 '천국'이었음을 부정할 수 없을 것이다.[9]

일제시기 재조선 일본인 학교는 대부분 공립이었지만, 전국 또는 지역별로 '공인된' 학교 서열이 있었다. 당연히 서열이 높은 학교에는 해당 지역의 상위 계층 자녀가 많이 다녔다. 학교의 서열 또는 위계를 정하는 것은 결정적으로 상급 학교 진학률이었다. 각 학교가 위치한 지역의 사회적, 국가적 비중과도 관련이 있었다.[10]

훗날 일본인 학교를 다녔던 재조선 일본인은 자신의 모교를 회고하거나 이야기할 때 "우리 학교가 ○○부府 내에서 (또는 조선에서) 제1이었다"거나 "○○학교는 조선 최고의 전통을 자랑하는 명문 일본인 학교였다"라는 등의 말을 자주 썼다. 당시 학생에게 학교를 둘러싼 서열 중심의 인식이 얼마나 커다란 비중을 차지했는지 짐작하게 된다.

소학교 학생의 입시 준비 전쟁

소학교 5학년 때부터 본격적으로 준비

중학교 입시는 몇 년 뒤 다음 단계의 상위 학교 입학으로도 이어지는 학력 경쟁의 출발이었다. 이런 상황은 결국 중학교 진학을 위해 소학교 시절부터 입시를 준비할 수밖에 없도록 만들었다. 소학교에서 입시 준비를 본격적으로 시작하는 것은 보통 5학년 때부터였다. 심지어 그보다 빠른 4학년 때부터 시작하는 경우도 있었다.[11] 재조선 일본인 소학교 남학생은 중학교 진학을 위해, 여학생은 고등여학교 진학을 위해 치열한 입시 공부를 해야 했다. 특히 입시 1년을 앞둔 6학년 때는 그야말로 마지막 준비 전쟁이 치러졌다.

방과 후 자습과 보충수업

소학교 고학년 때부터 입시를 위해 '방과 후 자습시간'과 '보충수업'이 엄격하게 실시됐다.[12] 물론 방학 때도 당연히 등교했다. 입시 준비는 국어와 산수 등 주요 과목 중심으로 진행됐으며, 필요하면 산수와 같은 과목을 몇 시간이고 계속하기도 했다. 어떤 학교는 전 교과과정을 5학년 때 미리 끝내고 6학년 때는 중학교 입시만 준비했다.[13] 또는 6학년 1학기 안에 교육과정을 모두 끝내고 2학기에는 모의시험만 계속해서 보기도 했다. 진학을 위한 예습도 했다. 칠판 글씨가 보이지 않을 때까지 공부할 정도였다고 하니, 얼마나 가혹한 시간을 보내야 했는지 상상이 간다.

기숙사에서 합숙하며 입시 준비

1913년 부산중학교에 입학한 히라야마平山彌時의 회고에 따르면 소학교 4학년 여름방학 때 입시를 위해 반 전체가 강제로 기숙사에 들어갔다. 40일 동안 기숙사에서 아침 5시부터 저녁 8시까지 영어와 수학 보충수업을 했다. 부산중학교 1기생인 나카무라中村京亮의 회고에 따르면 소학교 5학년 때 상급 학교 진학을 희망하는 학생은 모두 기숙사에 들어가 3주 동안 입시 준비를 했다. 매일 정해진 일정대로 움직였다. 새벽 4시 반에 일어나 5시부터 7시 반까지 수업, 8시에 아침식사, 9시부터 정오까지 수업, 오후 낮잠과 자습시간 그리고 저녁 8시반에 잠자리에 들었다.[14]

선생님 집에서도 '매일 전쟁'

치열한 입시 준비로 힘든 것은 학생뿐 아니라 5~6학년 담임교사도 마찬가지였다. 방학이 없는 것은 물론이고 많은 부담까지 지고 있었다. 학생과 교사 모두 매일 전쟁과 같은 일상생활을[15] 견뎌내야 했다. 이러한 압박감은 지방에서도 예외가 아니었다. 다음은 평양의 유일한 공립중학교이자 '명문' 학교였던 평양중학교와 평양고등여학교에 입학하기 위해 입시를 준비했던 담임교사와 학생의 사례다.

> 담임선생님은 6학년 2학기부터 수험생을 밤에 자신의 집에 모아놓고 보충학습을 시켰다. 평양중 준비생에 평양고녀를 준비하는 아이들도 포함되어 25명 정도가 다다미 열 장 크기의 방에 빼곡히 들어앉아 공부를 했다. 밤 10시가 넘어서 귀가했다. - 사토佐藤俊男[16]

6학년 담임교사가 학교 수업이 끝난 후 밤에 자기 집으로 수험생

〈그림 54〉 평양중학교 엽서(동아대학교 중국일본학부 신동규 교수 소장)

을 불러 모아 보충학습을 시키면서까지 입시 준비를 했던 것이다. 아무리 소학교 학생이라 하더라도 25명이나 되는 학생을 가정집 방 한 칸에 수용한다는 것은 그렇게 쉬운 일이 아니었을 것이다. 더군다나 남학생과 여학생이 함께 공부했다고 하니 지금으로서는 학원이 아니고는 상상할 수조차 없는 풍경이다. 당시 입시를 위해 교사와 학생이 쏟았던 혼신의 노력을 엿볼 수 있다. 물론 자신의 집에 밤늦게까지 모아놓고 공부를 시켜야 했던 담임교사의 엄청난 부담 또한 짐작할 수 있다.

이와 반대로 부유하거나 상류층 가정에서는 교사의 집으로 가는 대신 가정교사를 두고 공부하기도 했다.[17]

입시 준비로 인한 사제 간의 갈등

입시 전쟁에서 좋은 성과를 거두려고 하는 목표와 열정은 학생과 교사가 같았다. 그러나 입시 준비 과정과 상급 학교 선택을 앞둔 상황에서 사제 사이는 신경전이나 갈등으로부터 완전히 해방될 수는 없었다. 입시가 끝난 뒤 교사는 학생을 성적순으로 줄 세우기도 하고, 점수가 나쁜 아이는 뒤에 세워놓고 체벌하는 일도 종종 있었다. 그러나 무엇보다도 최종적으로 진학 학교를 선택할 때 생기는 신경전 또는 갈등이 가장 심각했던 것 같다.

진학을 위한 예습이 매일 있었다. 진학할 학교를 정할 때가 되어 각각 희망 학교를 신고했다. 경성중 시험을 치르겠다고 했더니 선생님께서 "네 성적으로는 안 돼! 용중龍中으로 해라"라고 하는 말을 듣고, "어딜 가는가는 내 맘이지요"라고 대답했다. 그 뒤로는 예습에 나가도 재미없고 해서 예습을 그만두었다. 그래서 어머니인가 아버지가 불리어가고 아버지한테 한참 혼이 났지만, 그래도 예습에 나가지 않았다.

입학시험 당일 첫 시간째, 둘째 시간째 시험이 끝나면 선생은 모두에게 어떻게 치렀는지 물어보셨지만, 나한테는 한마디도 묻지 않으셨다. 좀 울적했다. 드디어 합격 발표 당일, 아버지가 가시겠다는 걸 거절하고 혼자 나섰다. 물론 합격했다. – 경성일출회京城日出會 회고록[18]

이 회고담은 오늘날 우리에게도 그리 낯설지 않은 내용이다. 지금도 그렇지만, 학생의 최종 학교 선택을 앞두고 담임교사는 크게 두 가지 방향에서 고민하지 않았을까? 학생의 성적에 따른 입학 가능한 학교를 선택하게 하거나, '명문 학교 진학률'을 높이는 동시에 명문 학교에 제자를 보낸 교사 자신의 명예 또는 자존심을 세우기 위한 선택을 하게 하거나. 아무튼 이 회고담에 나오는 학생은 우여곡절 끝에 자신의 의지와 꿈을 실현한 '입시 전쟁의 승자'였다. 그러나 반대로 입시에 성공하지 못한 학생은 '인생 최초의 실패'라는 패배감에 굴욕감마저 느꼈다.

중학교 입시에 실패하면 고등소학교 과정에 진학해 재수를 준비하기도 했다. 일본에서 고등소학교는 원래 심상소학교보다 높은 수준으

로 교육하고 국민에게 필수가 되는 초등보통교육을 완성하는 장으로
여겼다. 그러다가 1908년 심상소학교가 6년제로 바뀐 후 중등학교에
진학할 수 없는 많은 학생에게 실생활에 필요한 준비 교육을 실시하
는 과정으로 성격이 바뀌었다. 고등소학교가 중등학교 저학년 과정과
병행하는 성격의 학교가 된 것이다. 그에 따라 교육제도상 적지 않은
문제점을 지니게 됐다.[19]

　조선에서도 '심상소학교 졸업 후 중학교 시험에서 떨어지자 고등
소학교를 다녔다'는 학생이 있었던 것을 보면 일제시기 조선의 학교
상황도 일본과 크게 다르지 않았던 것 같다.

입학 경쟁 승률 1위 '일출공립심상소학교'

조선의 일본인 소학교 중에서 서열 1위는 일출공립심상소학교였다.
조선은 물론이고 일본의 '외지'에 있는 일본인 소학교 중에서도 명성
이 높았다. 그 명성을 뒷받침한 것은 단연코 중학교와 고등여학교 입
시에서 드러나는 일출소학교 학생의 좋은 성적이었다. 특히 1909년
경성중학교가 개교하면서 일출소학교는 가장 많은 경성중학교 입학
자를 냈고, 그에 따라 입지도 한층 높아졌다. 명문인 경성중학교 입학
률에 따라 소학교의 위상이 좌우됐기 때문이다. 한마디로 일출소학교
는 재조선 일본인 사회에서 '진학 명문 학교'였다.

　경성중학교 입학률을 놓고 일출소학교와 함께 서로 최고를 다툰
소학교는 남산소학교였다.

한편 이렇게 명성이 있는 소학교와는 반대로 위상이 땅에 떨어진 학교도 있었다. 대구3소학교가 그런 학교였는데, '대구3소학교는 똥통학교'라는 말이 있을 정도였다.[20]

중학교 서열

조선의 대표 학교 '경성중학교'

경성중학교는 '전 조선의 대표 학교', '도쿄 제일중학교와 학습원을 합쳐놓은 학교'라고[21] 불릴 정도로 위상이 대단했다. 일출소학교와 함께 조선의 학습원으로 불리기도 했다.[22] 경성중학교 학생의 아버지는 주로 총독부에서 근무했다.[23] 1924년 경성제국대학이 설립된 후부터 1943년까지 실시된 대학 입시에서 입학생을 가장 많이 배출한 것도 경성중학교였다.[24] 경성중학교는 졸업 후 사회로 진출하는 경우에도 다수가 관공서나 은행 등에 취직하는 등 재조선 일본인 화이트칼라를 양성하는 산실이었다.[25]

그와 같은 명성의 경성중학교에 지방의 소학교 졸업자가 합격한다는 것은 경성의 소학교 졸업자가 합격하는 것보다 더 큰 영광으로 여겨졌다. 경성중학교 진학 여부는 지방의 소학교 졸업생뿐만 아니라 해당 학교 교사에게도 자존심이 걸린 중요한 문제였던 것 같다. 1920년 3월 28일 경성의 한 여관에서 아오키青木(34)라는 소학교 교사가 자살하는 사건이 발생했다. 그는 자기가 가르친 소학교 졸업생 네 명을 경성중학교에 진학시키려고 함께 경성에 와서 여관에 머물렀다. 그러나 학생 중 한 명이 입시에서 탈락하자 상심한 끝에 여관에서 자살한 것이다.[26] 학교의 서열화가 빚어낸 안타까운 사건 중 하나였다.

서열 2위 '용산중학교'

경성중학교 다음 서열은 용산중학교였다. 1918년 조선 내 일본인 중학교로는 네 번째로 개교한 이 학교에는 일본 군인의 자녀가 많이 다녔다. 군인 중에서도 좌관佐官급이 많았다. 당시 일본군은 지금의 미8군 자리에 주둔했는데, 거기서 이 학교가 가까웠기 때문이다. 용산중학교 학생 사이에서는 부모의 군인 조직 위계가 그대로 투영되어 흥미로운 광경이 연출되곤 했다.

한편 부산의 부산중학교, 상업학교 등의 수준도 상당히 높았으며, 이들 학교의 학생이 이른바 일류 학교에 많이 진학했다. 오늘날에도 이들 학교 졸업생의 모교에 대한 자부심은 상당히 높다.[27]

경성중학교와 용산중학교 간의 뜨거운 경쟁

학교의 서열화 및 경쟁과 관련하여 많은 '기록'이 남아 있는데, 특히 경성중학교와 용산중학교에 대한 내용이 많다. 용산중학교는 경성중학교와의 계속되는 경쟁 때문에 이른바 '잘나가는 형을 둔 아우와 같은 비애감'을 오랫동안 맛봐야 했다. 용산중학교는 창립 이래 "경성중을 따라잡자! 경성중을 능가하자!"라는 모토로 분투했다. 또 '우등생

반'을 따로 만들어 운영하는 등 상급 학교 진학 면에서 경성중학교를 따라잡기 위해 많은 노력을 했고, 실제로 시간이 지나면서 두 학교 간의 격차는 많이 줄어들었다. 그러나 해방 후 폐교될 때까지 만년 2등의 '비애'에서 완전히 벗어날 수는 없었다고 한다.[28]

그럼에도 용산중학교는 '스포츠 하면 용중龍中'이라고 할 정도로 운동경기에서는 경성중학교를 완전히 능가했다. 일제시기 재조선 일본인 중학교 전체에서 왕좌를 차지했다. 광복 후에는 옛 용산중학교 교사에서 용산고등학교가 새롭게 출발했다.[29]

고등여학교 서열

여자 중학교는 남자 중학교에 비해 위계 관계가 덜했지만, 그래도 경성제일고등여학교(경성제일고녀)가 최고의 명문으로 평가됐고, 경성제이고등여학교(제이고녀)가 그 뒤를 이었다. 1944년에는 제삼고등여학교(제삼고녀)도 개교했다.

제일고녀와 경성중학교 학생은 서로 관심을 주고받는 관계였다고 한다. 제일고녀 학생이 테니스 연습을 하면 경성중학교 학생이 그것을 보기 위해 자주 제일고녀 교문 앞으로 가곤 했다는 것이다. 한편 제이고녀의 상대는 용산중학교라는 식의 분위기가 형성되기도 했다고 한다.[30]

3

수학여행은
조선의 여러 지방과 일본,
만주로

조선에서 수학여행은 언제 시작됐을까

조선에서 수학여행이 언제 시작됐는지는 명확하지 않다. 1899년 경
인선 개통과 그 후의 경부선, 경의선 개통에 따라 확대된 것으로 보
인다. 조선에서 최초로 '수학여행'이라는 단어가 쓰인 것은 1901년 7
월 26일《황성신문》에 실린〈아국俄國(러시아) 동양어학교생東洋語學校
生의 수학여행〉이라는 기사에서였다. 러시아 학생이 만주 수학여행
을 했다는 기사였다. 대한제국 시기에 이미 수학여행이 도입된 것이
아닌가 추정된다. 1900년대 초부터는 수학여행이 정규 과정에 포함
됐다.[31]

일제의 조선 수학여행 관여와 통제

일본은 제국의 세력을 과시하기 위해 식민지 관광을 권장했다. 청일전쟁과 러일전쟁 이후 만한滿韓(만주와 대한민국) 경영을 위한 인재 양성을 목표로 학생의 수학여행을 활성화하기 시작했다. 그러나 1908년 〈사립학교령〉을 공포한 뒤부터는 조선의 수학여행을 억제했다. 특히 조선인 학생의 수학여행이 대한제국에 대한 충군애국의 성격을 강하게 지닌다고 생각했기 때문이다. 1910년 이후 수학여행에 대한 정치적 지향성은 더욱 두드러졌다. 1박 이상의 수학여행은 도지사의 허가를 받아야 했다.[32]

일제는 1920년대부터 국가 발전을 위해 지식을 함양하고 선진국의 문물을 습득한다는 목적의 수학여행을 본격화한다. 1930년대 초반에는 경제공황으로 수학여행을 축소 혹은 금지하려는 정책을 수립했다. 1934년 무렵 다시 수학여행을 장려하는 방향으로 변경했다가, 1937년 중일전쟁 이후 수학여행을 억제하면서 신사神社 이외의 장소로 가는 것을 금지했다.[33] 그리고 일본행 수학여행마저도 태평양전쟁이 시작되자 1942년부터 중지된다.[34]

재조선 일본인 학생의 수학여행

중등 과정 이상 학교의 수학여행지

〈그림 55〉 경성사범학교 5학년 수학여행. 뤼순旅順 둥지관산東鷄冠山, 1935, 사토
시로佐藤司郎(1918년생)(차은정,《재조귀환자의 후루사토故鄕와 기억의 정치학: 패전 후 귀국 일본인에
대한 민족지적 연구》, 서울대 박사학위논문, 2014, 188쪽)
사진 속 풍경 뒤편 오른쪽에 일제가 세운 러일전쟁 전승기념비가 보인다.

중학교나 고등여학교의 수학여행지를 보면 1학년은 개성, 평양, 원산, 금강산같이 주로 조선 내 지역이었다. 2학년 이상이 되면 북쪽으로는 만주를 중심으로, 남쪽으로는 일본으로 갔다. 학생들은 수학여행 때가 되면 금강산 등 조선보다는 '수학여행은 도쿄로'라며[35] 일본행을 주장하기도 했다. 경성사범학교도 저학년은 개성이나 금강산 등 가까운 곳으로, 고학년은 일본이나 만주로 갔다. 중등 또는 고등 과정에서는 주로 학년을 기준으로 해서 여행지를 조선 내 또는 조선 이외 지역으로 정했던 것 같다.

여행 기간은 조선 내는 일주일 정도였으며, 조선 이외의 지역일 경우 2주일 정도였다. 만주 쪽으로 갈 때는 수학여행을 떠나는 학교의 소재지에 따라 만주까지 가는 동안 거치게 되는 조선의 주요 지방을 일정에 포함하는 경우가 많았다. 경성중학교는 개성, 평양, 원산을 거쳐 만주로 갔고, 부산중학교는 경성, 평양을 거쳐 만주로 갔다. 만주까지 육로만을 이용해야 했던 당시로서는 당연한 일정이었을 것이다.

만주의 주요 여행지는 안둥安東(현재 단둥), 평톈奉天(현재 선양), 신징新京(현재 창춘), 지린吉林, 베이링北陵, 푸순撫順, 뤼순旅順, 하얼빈哈爾濱, 다롄大連 등이었다. 당시 일제가 관리하던 남만주철도 노선을 따라 자리한 지역이었다. 특히 안둥, 평톈, 뤼순, 다롄은 만주 수학여행 코스에 거의 필수로 포함됐다.

경성중학교의 1924년과 1929년 만주행 수학여행을 여정에 따라 구성해보면 다음과 같다. 경성에서 경의선을 이용해 신의주로 이동→압록강을 건너 안둥, 푸순 방문: 안평선安奉線으로 갈아타고→평톈 방문: 옌징선連京線으로 갈아타고→다롄, 뤼순을 방문했을 것이다. 부산중학교의 경우 갈 때는 육로로, 올 때는 배를 이용하기도 했다.

1934년 경성중학교의 수학여행 방문지에는 신징과 하얼빈이 추가됐다. 신징은 1932년 수립된 만주국의 수도이고, 하얼빈은 같은 해 일본이 동청철도東淸鐵道를 사들이면서 지배하게 된 지역이다. 신징과 하얼빈이 수학여행 코스에 포함된 것은 그 후부터라고 볼 수 있다.

〈표 18〉 경성중학교 만주수학여행단의 방문 도시와 견학지

구분	주제별 견학지			
	일본 제국적 위상		만주 풍경	
	전쟁 유적	근대 시설	역사 유적	현지 사회상 등 기타
안둥	룽후산龍虎山, 완바오산萬寶山, 번시호本溪湖			압록강 경계
푸순		노천굴露天屈		
펑톈			청조淸朝 고궁, 베이링	
뤼순	바이위산白玉山, 얼링산爾靈山, 둥지관산東鷄冠山, 수이스잉水師營	만주박물관		
다롄		다롄항大連港, 하사구河沙口 일대, 기름 제조장		쇼토얼 시장, 비산좡碧山壯(쿨리 수용소)
신징		남만주철도회사, 만주국 황궁, 만주국 관청가, 국도건설본부		
하얼빈	지사志士의 비碑 (沖, 橫川)	북만주철로관리국		쑹화강松花江

출전: 김도연, 《경성중학교의 만주 수학여행》, 한국교원대 석사학위논문, 2017, 19~20쪽.
비고: 일부 내용은 변경했다.

즉 만주 지역에서 일본의 점령지가 확대되면서 학생의 수학여행지도 확장됐다. 따라서 1934년 경성중학교 만주수학여행단의 여행 경로는 기존과 달리 (경성→) 안둥→펑톈→푸순→펑톈→신징→하얼

빈→펑톈→다롄→뤼순 → 펑톈→안둥 (→경성)으로 보인다.[36]

일본으로 수학여행을 갈 경우 여정은 시모노세키下關 →세토나이카이瀨戶內海 →닛코日光, 또는 시모노세키 →오사카大阪 →나라奈良 →이세 태신궁伊勢太神宮 →교토京都 →미야지마宮島의 순이었다. 함흥고등여학교는 이쓰쿠시마嚴島, 오사카, 야마다山田, 도쿄, 교토를 방문했다. 주로 부산에서 연락선을 타고 시모노세키항을 통해 일본에 들어갔던 것 같다.

일제는 만주와 일본행 수학여행을 통해서 일본과 일본인이 지향해야 할 이른바 '대일본제국'의 전망을 제시하려고 했다.[37] 특히 만주는 전쟁에서 승리하기 위해 싸우다 전사한 일본인을 기리는 위령의 공간이자 일본의 위상을 보여주는 곳이기도 했다. 물론 만주와 조선에서는 산업을 견학하고, 일본에서는 지리, 역사, 박물, 이화학理化學, 사회 문학 등을 견학하여 견문을 넓히는 동시에 숭조경신崇祖敬神 정신을[38] 고취시키려고 했다.

1942년부터 수학여행이 중단되자 청진고등여학교에서는 그 대신 '등산 교련教練'을 실시했다. 전교생이 매주 화요일이나 금요일 방과 후 학교 뒷산에 있는 '88개소'를 한 바퀴 도는 것이었다. 88개소는 일본의 '시코쿠88개소영장四國八十八箇所靈場'을 토대로 조성됐다.[39]

수학여행 참가율과 비용

경성중학교의 만주 수학여행 참가율을 보면 1924년에는 4학년 153

명 중 120여 명으로 5분의 4 정도였고, 1929년에는 4학년 174명 중 60명으로 3분의 1 정도였다. 참가율이 갈수록 많이 떨어졌음을 알 수 있다. 수학여행 참가 인원이 격감한 주요 이유는 비용 문제와 연결된다. 1930년대 이후 만주 수학여행 비용을 대략 산출하면 평균 30~40엔 정도로 추산된다.[40] 1932년 당시 쌀 한 가마니가 17엔이었다는 점을 고려할 때 만주 수학여행 비용이 일본인 학생에게도 적잖은 부담이었음을 짐작할 수 있다.

학생은 수학여행을 가기 위해서 입학과 동시에 또는 1~2년 전부터 돈을 모으기도 했다. 매년 적립금 형태로 수학여행비를 학교에 납부하고 남은 금액은 여행 전에 내는 것이 관례였다. 1934년 5학년 수학여행 참가자는 5학년 전체 173명 중 120명으로 3분의 2를 훨씬 넘었다. 1930년 조선총독부 철도국이 여객 운임률을 개정하면서 열 명 이상 단체에 50퍼센트 할인을 적용한 것도 영향을 미쳤을 것이다. 또 1932년 만주국이 수립되면서 치안 문제가 그 이전보다 나아진 점도 주요한 요인이라고 볼 수 있다.[41]

수학여행, '음주'로 '사건'을 부르고

수학여행과 술은 예나 지금이나 떼어놓을 수 없는 관계이며, 그로 인해 좋지 않은 일이 발생하기도 했음을 재조선 일본인 학교 수학여행에서도 엿볼 수 있다. 1924년 용산중학교의 개성 수학여행 당시 돌아오는 차 안에서 발생한 사건도 그런 예에 해당한다.

사건 내용인즉, 인솔 교사 한 명이 술에 취해 옆에 앉아 있던 미모의 여성을 희롱했다. 그 모습에 학생들이 교사를 말리다가 결국 교사와 학생 간의 싸움으로 확대됐다. 차 안이 격투장으로 변하고 살기를 띤 광경을 이루었다. 그 후 사건 당사자인 교사를 교육계에서 쫓아내야 한다는 주장이 떠들썩하게 나돌았다고 한다.[42]

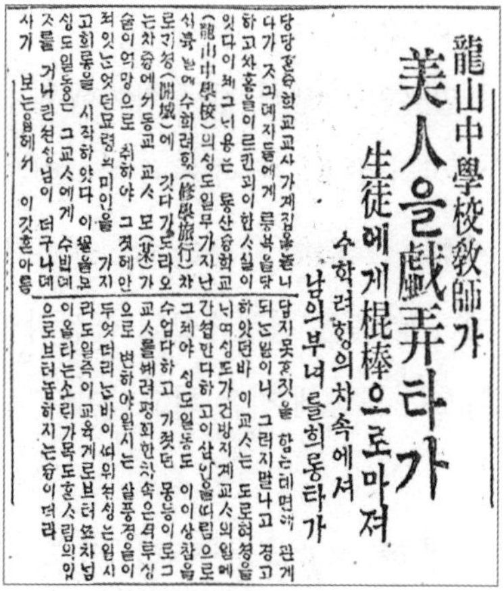
龍山中學校敎師가
美人을戲弄타가
生徒에게棍棒으로마져
수학려행의차속에서 남의부녀를희롱타가

당당한중학교교사 가제집을놉니다가 즈긔뎨자들에게 룡북을당하고자홍분이르킨괴이한소실이 잇다이제그니용는 룡산중학교(龍山中學校)의싱도일무가지난 십륙일에 수학려힝(修學旅行)차로기셩(開城)에 갓다가도라오는차즁에거동교 교스 모(某)가 슐이억망으로 취하야 그젹헤안져잇는엇던묘령의미인을 가지고희롱을 시작하얏다 이광경을보싱도일동은 그교스에게 수빅며즈롤 거나린션싱님이 더구나뎨사가 보는압헤서 이갓흔아릉답지못한짓을 하는데면에 관계되는일이니 그러지맙나고 경고하얏던바 이교스는 도로혀쳥을니며싱도가건방지게교스의일에 간셥한다하고이삼십을때림으로 그제야 싱도일동도 이이상참을수업다하고 가졋던 몽둥이로그교스를때려평화한차속은격투싱으로 변하야일시는 살풍경을이두엇더라 는바이따위션싱는일시라도일즉이교육계로브터쪼차냅이올타는소리가목도한스람의입으로브터돕하지는슈이떠라

〈그림 56〉 용산중학교 교사의 미인 희롱 사건 기사(《매일신보》 1924년 5월 19일)

수학여행길에 생긴 그 밖의 이런저런 일

일본에서 태어난 뒤 부모를 따라 조선으로 건너와서 살았거나 조선에서 태어나 자랐거나에 상관없이 수학여행으로 일본을 방문한 후 갖게 되는 일본인 학생의 감회는 매우 인상적이었던 것 같다. 그들은 낯선 세계를 맛보는 관광 차원을 넘어서 수학여행을 그들 자신의 '내지', '모국' 또는 '본토'인 일본의 현주소를 미리 선보는 장으로 기억하게 됐다. 또 수학여행을 통해 일본의 '외지'에서 보낸 일본인으로서 자신 앞에 펼쳐진 내지의 선진적 문물 등을 경험하고 그를 장렬하게 느끼

기도 했다.[43]

일본인 학생이 긴 수학여행을 통해 새롭게 접하게 된 것은 문물만이 아니었다. 그들에게 수학여행은 같은 학교에 다니는 정말로 몇 되지 않는 조선인 학생을 학교에서보다 가까이 접촉하는 기회가 되기도 했다. 다음은 경성중학교 출신의 한 일본인이 만주 수학여행에서 돌아오는 도중에 겪은 회고담이다.

(만주와 북조선 수학여행에서 돌아오는) 기차에서 우리는 기차가 탈선, 전복할 정도로 난리를 치며 놀았다. 야단 법석한 중에도 장 군君은 혼자 조용히 창밖을 내다보고 있었다. 한마디 기념 사인을 하라고 수첩을 내밀자 미소를 짓더니, "Orae et laborae(기도하라, 그러고 나서 움직여라)"라고 쓱쓱 썼다. 라틴어다. 아무 생각 없이 난리를 치고 있는 우리와는 성숙도가 다르다. 학교 공부 외에 독자적 교양을 쌓고 있다는 것을 깨닫고 눈이 번쩍 뜨였다. 조선인 중 좋은 가정 (출신)은 외래자인 일본인이 범접할 수 없는 부분이 있었던 것이다. 나라의 독립을 잃은 민족의 지식층이 지닌 비수悲愁를 장 군의 모습에서 느꼈다. - 경성중학교 회고록[44]

여기서 '장 군'은 당시 일본인 중학교에 다니던 조선인 학생이다. 회고자인 일본인 학생은 같은 학교에 다니던 장 군을 '좋은 가정 출신, 나라를 잃은 민족' 정도로 이미 인식하고 있었다. 그리고 수학여행을 통해 그에 대해 조금이나마 더 구체적으로 알게 됐고 자기 나름대로 인식의 범위도 확장했음을 엿볼 수 있다. 수학여행을 하는 동안 학생들은 학교에서보다 자유로운 상태에서 그것도 같은 공간에서 적지 않은 시간을 '함께' 지내게 된다. 당연히 직간접적으로 접촉의 기회도 갖게 됐을 것이다. 일본인 학생은 장 군에게 '기념 사인'을 매개로 접촉했고, 그 결과 그가 가진 교양의 깊이를 깨닫고 놀랐던 것이다.

한편 수학여행을 다녀온 뒤에는 보고회를 열어 다른 학년이나 수학여행을 가지 못한 학생에게 여행지 소식을 들려주기도 했다.[45]

4

고정까지
파고든
전시체제

군사훈련에 동원된 일본인 남학생

학교 운동장을 실전_{實戰} 훈련소로

일제는 전시체제기 이전인 1925년경부터 학생들에게 군사훈련을 실시했다. 전쟁에 돌입하기도 전부터 중학생에게, 그것도 교육의 현장인 학교 운동장에서 총까지 동원해 실제 전투와 같은 군사훈련을 실시했던 것이다.

10대 중반밖에 되지 않는 어린 학생을 대상으로 한 실전과 같은 군사훈련은 당연히 사고의 가능성을 안고 있었다. 1929년 11월 30일 용산중학교 운동장에서 군사 교련 중 발생한 사건은 그런 불행한 실상을 보여주는 것이었다. 당시 16세였던 5학년 학생이 훈련 중 총소

〈그림 57〉 1925년 육군기념일에 행해진 경성중학교 학생의 군사훈련 모습(《매일신보》 1925년 3월 11일)

리를 듣고 졸도하고 말았는데, 그 학생의 총에 남아 있던 실탄이 오발로 폭발하여 본인의 가슴을 관통하는 총상을 입고 말았다. 신속한 조치로 생명은 구했으나 중태에 빠지게 한 불행한 사건이었다. 학교에서는 이 사건을 극비리에 부쳤다.[46] '학습 생활의 터전'인 교정이 '군사훈련 장소'로 이용되면서 어린 학생들이 이 같은 가슴 아픈 기억을 갖게 됐다.

특히 용산중학교 운동장은 이 학교 학생의 군사 교련뿐 아니라, 학교 연합 군사훈련, 일반 군대의 각종 군사훈련 등을 실시하는 장소로도 활용됐다. 이와 같이 일제는 군국주의적 목적을 실천하기 위한 군사훈련 장소로 일본인 학교 운동장까지 예외 없이 이용했다.

학생들의 '청년 부대', 일반 군인과도 함께 전투훈련

일본인 학생은 일반 군인과 함께 군사훈련 또는 전투훈련을 했다. 육군기념일을 비롯한 전국 규모의 군 행사에서 실전과 같은 전투훈련에 참가했다. 〈그림 58〉과 〈그림 59〉는 1941년 3월 10일 육군기념일 행사 중 학생의 시가전 훈련과 분열행진 모습을 담은 사진이다.

이날 학생들은 10시부터 30분 동안 일본군 대좌大佐[47]의 지휘 아래 남과 북 두 군대로 나뉘어 경성을 만주의 펑톈성奉天城으로 가상한 전투 연습을 했다. 이때 동원된 일본인 학생은 경성중학교 150명, 용

〈그림 58〉 종로 네거리의 장렬한 시가전 훈련(《매일신보》1941년 3월 11일)

〈그림 59〉 학생의 분열행진(《매일신보》1941년 3월 11일)

산중학교 300명, 경성사범학교 200명이었다. 물론 조선인 학교 학생
도 있었는데, 경기중학교의 180명이었다. 당시 종로 일대는 사진에서
보듯이 화염으로 가득했다. 비행기까지 동원해 실전을 방불케 했다.
시가전 훈련을 마친 후 남학생으로 구성된 '청년 부대'는 분열행진도
했다.

전시체제기 고등여학교와 일본인 여학생

군사적 성격의 운동회와 체력훈련

전시체제는 고등여학교에도 예외 없이 변화를 몰고 왔다. 수원공립고
등여학교(이하 수원고녀)[48]의 경우 1931년 이후 운동회는 점차 개인 경
기보다 단체 경기나 군사적 성격을 지닌 운동 종목으로 채워졌다. 일
장기를 들고 하는 매스게임도 있었다.[49] 또 수원고녀 학생은 4킬로그
램의 모래 배낭을 지고 수원에서 군포까지 약 3킬로미터를 왕복하는
체력검정시험에 합격하기 위해 군사훈련이나 다름없는 체력훈련을
했다.[50] 체력훈련에는 장거리 도보훈련, 팔달산 성벽 오르기, 양손에
모래주머니 들고 달리기, 장도長刀와 궁도弓道 훈련, 자전거 타기[51] 등
이 있었다.

　그중 장거리 도보훈련은 이른 새벽 파장동 노송 지대에서 출발하
여 점심 즈음 영등포의 소학교에 도착한 후 히노마루 벤또[52]를 먹고
다시 수원으로 돌아오는 것으로, 강도 높은 훈련이었다. 히노마루 벤

또는 밥 가운데 매실장아찌[53] 한 개를 박아놓은 일장기 모양의 도시락을 말한다. 도시락을 먹을 점심때쯤이면 장아찌의 붉은색이 번져서 마치 욱일기처럼 보여 그런 이름이 붙었다고 한다.[54]

일제가 일본인 고등여학교 학생에게 실시한 체력훈련은 조선인 고등여학교와 성격이 달랐다. 예를 들어 조선인 고등여학교인 동덕여고에서는

〈그림 60〉 '히노마루 벤또'를 재현한 도시락(상)과 욱일기 모양

전교생에게 생활체육의 일환으로 근대 스포츠를 장려하여 체력을 향상하려고 했다. 그에 비해 수원고녀에서는 군사훈련에 버금가는 강도 높은 훈련을 실시해 강건한 '황국 여성'을 육성하려고 했다.[55]

'몸뻬' 차림으로 노동 동원

일제는 전시체제기에 학생의 노동력을 효율적으로 관리, 동원하기 위해 정규 교과목에 근로를 포함했다. 수원고녀에서처럼 심지어 수업을 제대로 한 기억이 없다고 할 정도로 많은 시간을 근로노동에 동원했다. 또 일제는 거의 매일 근로노동에 동원하기 위해 일하기 편한 옷을

입게 했다. 수원고녀 학생은 평상시에는 일본식 일바지인 몸뻬[56] 차림으로 등하교를 하고, 기념일이나 수요일 조회 시간에만 교복을 착용했다.[57]

수원고녀 학생이 가장 많이 동원된 것은 비행기 군수품인 운모를 납작한 칼을 이용해 얇은 조각으로 떼어내는 작업이었다. 조선인 학교인 동덕사립고등여학교 학생도 마찬가지였다. 그들은 수원시 영화동에 있던 운모공장에서 하루 종일 일했다.[58] 심지어 수원고녀생은 수원비행장에서 적으로부터 비행기를 은폐하는 데 필요한 '새끼 망'을 하루 종일 엮거나, 비행기 고사포 진지를 구축하는 작업 등 여학생이 감당하기 힘든 일에도 동원됐다.[59]

그 밖에 일본인 여학생은 미쓰비시三菱 공장 등에도 동원됐으며, 식량 증산과 소나무 가지 채취를 위한 봉사활동 등에도 동원됐다. 이러한 전시체제기의 여학생 동원에는 하급생이나 신입생도 마찬가지였다.[60]

전시체제기 고등여학교 여학생들이 몸뻬를 입고 등교하거나 노동에 동원됐을 뿐만 아니라, 고등여학교 자체에서도 몸뻬 제작 강습회를 열기까지 했다. 부산고등여학교에서 각 가정에 대한 방호防護사상과 실지훈련實地訓練을 철저히 하기 위해 일반 부인들을 대상으로 공습 대비 훈련 때 집에서 입을 몸뻬를 만드는 강습회를 개최한 것이 그에 해당한다. 부산고등여학교 여자 교사가 강사를 맡았다고 한다.[61]

간호 요원이 되기도

태평양전쟁에서 일본이 지고 있던 1944년 6월부터 일본인 고등여학교 학생은 일본적십자의 강습을 받았다. 오전에는 보통 수업을 받고 오후에는 간호학 수업을 받았다. 여름방학은 이름뿐, 거의 쉬는 날이 없었다. 2학기부터는 일본적십자병원에서 실습을 했다.

청진고등여학교 4학년생은 간호 학습과 병원 실습을 마친 후 을종 간호부 면허증을 받았다. 이들은 정규 간호부가 종군간호부로 전쟁터에 나가면 그 자리를 보충하는 요원이 됐다. 고등여학생에게 실시된 강습은 간호학 외에도 다양했다.[62]

소학교 학생의 '단련' 수업과 노동 동원

전시체제기에 일본인 소학교 학생은 일반 교과목을 공부했을 뿐만 아니라 '황민', 즉 일본 국민으로 길러내기 위한 각종 황민화 단련교육을 받았으며, 노동에도 동원됐다. 1944년 이후에는 소학교에서도 정규 수업은 거의 하지 않았고, '노동 동원으로 해가 뜨고 지는 날'이 연속됐다.

특별 수업

특별 수업으로는 황민화교육의 학습지도안에 포함됐던 '정좌 수행'을 들 수 있다. 정좌 수행은 '황도皇道'의 자세를 단련하기 위한 목적으로

〈그림 61〉 청엽소학교의 '행行' 수업(京城青葉會,《青葉》창간호, 1976; 차은정,《재조귀환자의 후루사토와 기억의 정치학: 패전 후 귀국 일본인에 대한 민족지적 연구》, 서울대 박사학위논문, 2014, 151쪽에서 재인용)

묵도黙禱, 정사靜思, 낭송朗誦을 실행하는 과목이었다. 남산소학교에서는 '작법作法'이라는 과목으로, 청엽소학교에서는 '행行'이라는 과목으로 실시된 정신 수양 수업이다.

청엽소학교의 '행' 수업은 교실 세 개의 칸막이를 철거해 만든 넓은 공간에서 매주 월요일 아침 교장이 앞장서서 몸과 마음을 닦는 이른바 '연성錬成'하는 시간이었다. 마룻바닥에 정좌한 채 낭송 등을 하면서 한 시간을 채워야 했던 학생은 다리 통증으로 상당히 괴로워했다.[63]

체력단련 수업

체력단련 수업에는 체조와 소풍이 포함됐다. 일제는 황민화교육을 실시하면서 소풍마저 체력단련을 목적으로 시행했다.

황국신민체조, 건국체조, 라디오체조

체조에는 황국신민체조와 건국체조가 있었는데 목검체조와 단체체조를 각각 가리킨다. 목검체조는 3학년 이상 고학년 남학생에게 실시했다. 목검의 길이는 2척 7촌에서 3척이었으며 무게는 90~100문匁[64]이었다.

1939년 4월부터는 수건으로 온몸을 문지르는 건포마찰乾布摩擦을 시작했다. 같은 해 9월부터는 전교생이 운동장에 모여 체조를 했는데, 이때 남학생은 상반신을 탈의했다. 그 후 맨발로 조선신궁까지 왕복하는 것을 매년 11월 중순까지 매일 실행했다.

또 체력단련을 목적으로 1939년 12월부터는 학교 내에서 학생의 실내화 착용을

〈그림 62〉 조선신궁까지 왕복 맨발 도보.
1940년경(차은정, 《재조귀환자의 후루사토와 기억의 정치학: 패전 후 귀국 일본인에 대한 민족지적 연구》, 서울대 박사학위논문, 2014, 152쪽)

금지했다. 학생은 등교하자마자 신발을 신발장에 넣고 운동장에서 일명 '라디오체조'를 한 후 교실로 들어갔다. 교내에서는 엄동설한을 제외하고 하루 종일 운동장이든 교실이든 맨발로 지내야 했다.[65]

행군 소풍

황민화교육 이후 소풍도 체력단련을 목적으로 시행됐다. 1940년 이후 남산소학교 학생은 봄부터 경성역 광장에 집합하여 4열 종대로 아스팔트길을 행군했다. 4학년은 소사까지(20킬로미터), 5학년은 부평까지(28킬로미터), 6학년은 인천까지(40킬로미터) 걸었다. 1941년부터 5학년은 인천까지로 행군 거리가 더욱 늘어났다. 1942년부터는 4학년중 희망자에 한해 인천까지 행군했다. 심지어 1942년 고학년은 경성제일고등여학교 '누나'들이 만들어준 모래주머니까지 지니고 걸었다.

청엽소학교의 경우 4학년은 인천까지, 5학년은 수원까지, 6학년은 개성까지 각각 행군했다. 한겨울에도 용산역에서 인천역까지 행군했다. 서대문소학교는 4학년 이상 남학생에게 소풍과 별도로 밤새 경성에서 인천까지 걷는 '야간 행군'을 실시하기도 했다.[66]

단련원족 소풍

부산제일소학교는 애국운동과 함께 단련원족鍛鍊遠足을 실시하기 시작했다. 오전 9시 학교에 모인 학생들은 일정한 대열로 정돈하지 않고 자유롭게 출발했다. 목적지는 해운대였다. 교사가 미리 1킬로미터

지점마다 나가 있었고, 12시 전후로 도착한 곳에서 학생은 도착 거리가 표시된 표를 받고 점심을 먹었다. 이날 학생이 먹을 수 있는 것은 히노마루 벤또뿐이었다. 과자나 과일 등은 금지됐다. 오후 1시에 다시 출발해 학교로 되돌아갔다. 학교는 학년마다 표를 모아서 가장 먼 거리를 걸은 학생과 학급별 평균 거리를 발표했다. 왕복 48킬로미터를 쉬지 않고 걸은 학생도 있었다.[67]

소풍이란 본래 학생에게 역사 유적 견학이나 자연 관찰, 운동 등을 겸하는 교육 활동을 제공하기 위해 교사와 함께 야외로 나가 하루 정도 시간을 보내는 정도를 말한다. 그러나 부산제일소학교에서 실시한 단련원족은 보편적인 소풍과는 거리가 먼, 그저 체력을 단련하기 위한 야외 훈련일 뿐이었다.

'노동 봉사'라는 명분의 노동 동원

소학교 학생은 교내에서 '교정을 식량 증산의 일환'으로 삼는다는 명분으로 각종 노동에 동원됐다. 그들은 굳은 땅을 파서 밭을 만들고, 땅을 갈고 감자, 토마토, 가지 등을 심었다. 그리고 군복에 단추 다는 일 등도 했다.

교외에서는 군수공장 파견, 우편국에서 스탬프 찍기, 신문사에서 신문 접기, 전매국 등에서 은사恩賜의 담뱃갑 채우기 등의 일에 동원됐다. 그 밖에도 교내와 부근 지역 방공호 건설 현장 투입, 학교 부근의 신사, 공원, 고적 등 청소, 지역의 도로 개수 공사, 전투모의 턱 끈

〈그림 63〉 운동장을 밭으로 일구는 노동 봉사. 1944(차은정, 《재조귀환자의 후루사토와 기억의
정치학: 패전 후 귀국 일본인에 대한 민족지적 연구》, 서울대 박사학위논문, 2014, 157쪽)

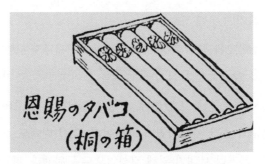

〈그림 64〉 은사의 담배(《61年前に消滅した朝鮮の殘像》, 2006년
4월; 차은정, 《재조귀환자의 후루사토와 기억의 정치학: 패전 후
귀국 일본인에 대한 민족지적 연구》, 서울대 박사학위논문, 2014,
157쪽에서 재인용)

〈그림 65〉 소학교 교원의 출정 기념, 1944년 경성신사(京城青葉会, 《青葉》 4호; 차은정, 《재조귀환자의 후루사토와 기억의 정치학: 패전 후 귀국 일본인에 대한 민족지적 연구》, 서울대 박사학위논문, 2014, 148쪽에서 재인용)

만들기 등 온갖 노동에 동원됐다.

　일본인 소학교에서는 '출정 병사 환송회'나 '전사자 고별식'을 위한 참배 행사가 일상적으로 실시됐다. 예를 들어 대륙으로 가던 일본군은 경성에서 하루를 묵고 갔는데, 경성은 일본에서 만주와 중국으로 가는 일본군의 중간 기착지였기 때문이다. 그런 때에도 소학생은 일본군을 맞이하거나 보내기 위해 경성역으로 동원됐다. 학교에 모이지 않고 각자의 집에서 바로 역으로 나갔으며, 병사를 보낼 때는 "반자이! 반자이!(만세! 만세!)" 하고 외쳤다.[68]

일본인 학생과
조선인 학생,
따로 또 같이

1
굴러온 돌이
박힌 돌을
밀치다

2
'공학', 함께
가르친다
했지만

I

굴러온 돌이
박힌 돌을
밀치다

일본의 교육제도로 조선 교육의 틀을 삼다

1911년 조선총독부는 〈조선교육령〉을 제정했다. 이른바 제1차 〈조선교육령〉(이하 교육령)이다. 식민지 교육정책의 기본 법령이었다. 교육령은 이후 세 차례 개정됐는데, 1922년 제2차 교육령, 1938년 제3차 교육령 그리고 1943년 제4차 교육령이다. 일제시기 교육제도의 주요 변화는 이 같은 교육령의 제정과 개정을 중심으로 전개됐다. 일제는 제4차 교육령 이후에도 또 한 번의 새로운 교육령을 실시했는데, 그것은 태평양전쟁 막바지였던 1945년 5월의 〈전시교육령〉[1]이었다.

제1차 〈조선교육령〉(1911)

제1차 교육령 시행기에는 조선인 학생과 재조선 일본인 학생을 따로 교육했다. 조선인 학교는 교육령으로, 일본인 학교는 1912년 3월 제정된 〈공립학교 관제와 법령〉 등으로 운영했다. 제1차 교육령 제1조에는 "조선에서 조선인의 교육은 본령本令에 의한다"[2]라고 명시돼 있다. 즉 제1차 교육령은 조선인을 대상으로 하는 것이었다.

재조선 일본인을 대상으로 한 교육제도인 〈공립학교 관제와 법령〉에는 〈조선공립소학교관제〉, 〈조선공립소학교규칙〉, 〈조선공립고등여학교관제〉, 〈조선공립고등여학교규칙〉, 〈조선공립실업전수학교관제〉, 〈조선공립실업전수학교 급 조선공립간이실업전수학교규칙〉 등이 있었다. 일제가 선택한 재조선 일본인 교육제도의 기본 방침은 '일본 내지와의 어떠한 차이 또는 차별도 없앤다'는 것이었다. 재조선 일본인을 위한 교육제도를 일본 내의 그것과 아무런 '차이' 없이 한다는 뜻이다.

따라서 〈공립학교 관제와 법령〉에 따라 재조선 일본인 학교의 교육 취지, 수업 연한, 교과 편제 등은 일본 내와 동일했다. 재조선 일본인 학생이나 졸업생이 일본의 학교로 전학 또는 입학하거나 직장 등 일본 사회로 진출하는 데 아무런 문제가 없도록 조치한 것이다. 일본인 자녀가 식민지 조선에서 취득한 교육과정이나 졸업 등이 일본 내에서도 그대로 인정된다는 것을 교육제도로 확신시켜주었다. 재조선 일본인이 조선에서 안정되게 생활할 수 있도록 터전을 마련해주기 위한 방안이었다.

이와 같이 제1차 교육령 시행기에 재조선 일본인과 조선인의 교육은 각각의 법령에 따라 따로 실시됐고, 이에 따라 학제學制도 다를 수밖에 없었지만, 재조선 일본인 대상의 교육제도와 일본 내 교육제도는 일본의 법령을 중심으로 상호 간의 '동일성' 또는 '연결선'을 강조하는 방향으로 나아갔다. 즉 제1차 교육령 시행기는 '일본 내지와 외지' 또는 '일본 본토와 식민지 조선'에 각각 거주하는 일본인 간의 '공학共學' 기반을 닦는 시기였다. 재조선 일본인 대상의 교육과 일본 내 교육 사이의 공학 관계를 제도로 확립한 때였다고도 할 수 있다.

제2차 〈조선교육령〉(1922)

제2차 교육령의 대상은 '조선인과 일본인' 모두였다. 제1차 교육령 때의 '조선인'에서 두 민족으로 확대됐다. 교육령 목적이 '조선인 교육'에서 '조선에서의 교육'으로 바뀐 것이다. 그리고 이때부터 조선인과 일본인 간에 차별 없는 교육을 실시한다는 공학제도가 도입됐다. 조선에 있는 모든 실업교육, 전문교육, 대학교육, 사범교육을 실시하는 학교는 일본 법령을 따라야 했다. 보통교육을 실시하는 학교[3]를 제외하고 조선 내 교육 또는 학교에서 일본 법령을 기준으로 한 조선인과 일본인의 공학[4]이 실시됐다. 제1차 교육령이 일본 정부의 간섭 없이 조선총독부가 제정한 것이라면, 제2차 교육령부터는 일본 정부에 의해 조정됐다.[5]

제3차 〈조선교육령〉(1938)

제3차 교육령에서는 일본의 교육 법령을 따르도록 하는 대상을 '보통교육을 실시하는 학교'로까지 확대했다. 이때부터 소학교에서 대학, 사범학교에 이르는 모든 교육과정과 학교는 조선인 또는 일본인에 상관없이 일본 법령을 기준으로 삼았다. 공학제도의 확대 실시였다. 일제는 공학제도를 내세우면서 결국 조선의 교육체제를 일본의 교육체제로 바꿔서 조선인과 일본인이 '함께 동등한' 교육을 받게 됐다고 주장했다.

이와 같이 제2차와 제3차 교육령으로 재조선 일본인 대상의 교육제도가 조선 교육제도의 방침이 됐다. 그런 상황에서 재조선 일본인이 조선인을 밀치고 조선 교육의 주인이 되는 것은 뻔했다. 그렇게 교육령을 통해 조선 본래의 교육제도는 일본인과 일본의 교육제도를 중심으로 전환됐다.

제4차 〈조선교육령〉(1943)과 〈전시교육령〉(1945)

일제는 이를 바탕으로 황국신민화교육을 좀 더 강화했는데, 특히 조선인 학생을 전쟁터에 투입하려고 제4차 교육령을 시행했다. 교육의 전시체제화가 목적이었다. 그리고 조선어 과목을 완전히 폐지하고 일본어 등 일본 관련 과목은 '국민과國民科'로 통일해 더욱 중시했다.[6]

제4차 교육령에 이어 1945년 5월 〈전시교육령〉과 함께 학생은 일제가 패망할 때까지 전쟁과 '전쟁을 위한 생산 현장'에 동원됐다.

일본어로 조선어를 밀치다

조선인의 '국어'로 들어앉은 일본어

제1차 교육령에서 '국어'는 제5조와 제8조에 서술됐다. 그 내용을 보면 다음과 같다.

> 제5조: 보통교육은 (…) 국민 된 성격을 함양하며 '국어'를 보급하는 것을 목적으로 한다.
>
> 제8조: 보통학교는 (…) '국어'를 가르쳐 덕육德育을 시행하고 국민 된 성격을 양성하여……[7]

일제는 조선인에 대한 교육 법령이라고 명시한 제1차 교육령에서부터 '국민' 된 성격을 함양하기 위해 '국어'를 가르치거나 보급해야 한다고 했다. 여기서 국어는 일본어를 가리킨다. 일본의 속국屬國 국민이 된 자에게 일본 국어인 일본어를 가르쳐야 한다는 것이다. 그들이 조선인에 대한 교육 법령이라고 했던 제1차 교육령에서부터 '조선어'는 존재하지 않았다. 국권피탈 후 일제가 조선을 그들의 영토로, 조선인을 그들의 국민, 즉 일본인으로 만들려고 한 동화정책이 그대로 드러났다.

보통학교 교육에서도 조선어는 더 이상 독립된 과목이 아니었다. 한문과 함께 묶어 만든 '조선어 및 한문' 과목에 포함됐다. 반면에 일본어는 수업 시간도 조선어 및 한문보다 두세 배 많았다. 조선어 및 한문 시간에서 한문 시간을 빼면 조선어 시간은 더욱 적어질 수밖에 없다. 결국 일본어 시간이 조선어 시간보다 적어도 세 배 이상 많았음을 의미한다. 그리고 그 격차는 갈수록 심하게 벌어졌다.

제3차 교육령에서 조선어 및 한문은 수의과목隨意科目, 즉 선택과목으로 바뀌었다. 보통교육에서부터 조선어 관련 과목이 사실상 폐지된 것이다. 제4차 교육령에서는 중등학교와 사범학교의 과목에서도 조선어라는 이름은 삭제되고 말았다. 1941년 3월 〈국민학교규정〉에 따라 선택과목으로나마 존재하던 조선어가 이제 교과과정에서 완전히 삭제됐다. 조선의 교육제도와 학교에서 일본어가 조선어를 밀치고 조선의 국어 자리를 꿰차고 들어앉은 것이다.[8]

〈그림 66〉은 일본이 식민지에서 일본어 사용을 선동하는 모습이 드러난 포스터다. "훌륭한 병사를 배출하기 위해 국어(일본어) 생활을 실행합시다"라고 쓰여 있다. 전쟁을 준비하는 일본이 식민지에서 황국신민화정책을 실시하려는 목적을 단적으로 나타내준다.[9] 일제는 1942년 징병제를 실시하면서 황군을 만들기 위해서는 일본어를 널리 배워 익혀야 한다는 일어전해운동日語全解運動을 더욱 확산시켰다.[10]

'국어를 상용하지 않는 자' 조선인

제2차 교육령을 실시하면서 조선 총독 사이토 마코토齋藤實는 조선과 일본에서 동일한 교육제도를 실시하게 됐음을 강조했다. 덧붙여 동

〈그림 66〉 일본어 사용을 강요하는 포스터(국사편찬위원회 소장)

일한 교육제도를 실시하는 것은 차별을 없애고자 하는 것이라고[11] 했다. 정무총감 미즈노 렌타로水野錬太郎도 일시동인一視同仁[12]의 취지에 따라 차별 철폐를 위해 일본과 동일한 제도를 채용하는 것이라고[13] 했다. 제2차 교육령을 실시하면서 '차별 철폐'와 '일본과 동일한 교육제도'를 특히 내세웠음을 알 수 있다.

제1조: 조선에서 교육은 이 법령에 의한다.

제2조: 국어를 상용常用하는 자의 보통교육은 〈소학교령〉, 〈중학교령〉 및 〈고등학교령〉에 의한다.

제3조: 국어를 상용하지 않는 자의 보통교육을 하는 학교는 보통학교, 고등보통학교 및 여자고등보통학교라고 한다.

제2차 교육령에서는 조선의 피교육 대상자를 '국어를 상용하는 자'와 '국어를 상용하지 않는 자'로 구분했음을 알 수 있다. 당시 국어는 일본어를 말한다. 따라서 국어를 상용하는 자는 일본어를 일상적으로 사용하는 사람이다. 반면에 국어를 상용하지 않는 자는 일본어를 일상적으로 사용하지 않는 사람에 해당했다. 일제시기 조선에서 일본어를 일상적으로 사용하는 사람은 당연히 일본인임을 부정할 수 없다. 일본어를 일상적으로 사용하지 않는 사람은 두말할 나위도 없이 조선인을 의미했다.

일제가 제2차 교육령에서 조선인을 '국어를 상용하지 않는 자로' 특정한 것은 무엇을 의미하는 것이었을까. 일제는 조선을 강점하여 조선의 주인을 '조선인'에서 '일본인'으로, 조선의 국어를 '조선어'에서 '일본어'로 밀쳐버렸다. 그에 이어 제2차 교육령을 통해서는 조선인이라는 민족 이름마저 '국어를 상용하지 않는 자'로 밀쳐버리려 했던 것이 아닐까. 당시 한 일본인 공직자는 '국어(일본어)를 철저하게 하면 내선일체를 통해 조선어가 폐지될 때가 올 것'이라고[14] 했다. 일제는 조선, 조선어, 조선인이라는 용어조차 사용하지 않음으로써 결국 한반도 반만년 역사의 주인인 조선 민족 자체를 그렇게 말살하려 했다.

조선인과 조선어를 일본의 국민과 국어로 밀치는 일제의 교활한 전략에 대해 당시《동아일보》는 사설 〈국민의 성격, 국어의 습득〉에서 다음과 같이 날카롭게 지적했다.

국어의 습득은 보통 생활에 필요한 지식과 기능을 부여하는 이외에 특별한 하나의 목적이 있다. 입법자의 의사는 조선인의 일상생활에 필요한 까닭이 아니라 조선 민족과 일본 민족을 융화하여, 즉 동화同化하여 혼연渾然한 한 민족을 이루어서 일본제국의 영원한 기초를 정하고자 함이다. (…)

강대국가가 약소민족을 통치하는 경우 가장 먼저 취하는 정책은 피치민족被治民族의 언어를 멸망 혹은 쇠잔하게 하고 그 통치 국가의 소위 '국어'를 비록 강력으로라도 가르침으로써 동화의 목적을 달성하고자 하는 것이다. 이는 물론 그 피치민족의 행복을 위하는 것이 아니라 그 행복을 위한다는 구실 아래 사실은 그 정치적 목적, 즉 통치 국가의 국가적 욕구를 달성하고자 함이다.

본 교육령의 입법자가 또한 이와 같은 심사로 이 법을 정한 것이 분명하니 이는 순연한 교육을 목적으로 한 것이 아니라 일종의 정치적 목적을 포함했으며, 정치적 목적을 포함하되 자유정치 달성상을 포함한 것이 아니라 특히 제국주의적 성상을 숨긴 것이다. 이와 같은 교육주의가 적게는 개인의 생장 발달을 저해하고, 크게는 세계 인류의 평화를 교란하는 일대요소一大要素가 되는 현대에서는 이미 만인이 숙지하는 바이니. (…)

국가제도와 정치 관계를 표준화하여 그에 적합한 성격을 아동에게 강제한

다 하면 그 사회와 그 제도가 절대로 이상적 경우 이외에 어찌 옳다고 하
리요.[15]

일제가 식민지 조선을 '완전히 그리고 영구히' 지배할 것을 천명한
것은 1910년 조선을 강점하면서부터였다. 그 방법은 바로 '조선의 일
본화'를 통해 홋카이도北海道나 오키나와沖繩처럼 일종의 한 지역으로
식민지 조선을 편입하는 것이었다.[16] 제2차 교육령부터는 피지배자가
교육을 받으면 받을수록 일본과 일본인에게 더 종속되도록 교육제도
를 엄격히 통제했다. '국어'로서의 일본어 교육은 학교 의식 등과 함
께 주로 그런 역할을 담당하는 것이었다.[17] 제2차 교육령은 그야말로
교묘하게 위장된 식민지 교육의 한 표본[18]이었다.

조선어 공부하다 '비국민' 질타받은 일본인 학생

조선어 금기의 대상은 조선인만이 아니었다. 일본인 학생에게도 마찬
가지였다. 당시 고등여학교에서 발생한 사례 두 가지를 들어보자. 오
늘날 북한 지역에 위치했던 청진고등여학교에 '적성어適性語'인 영어
를 배우는 것보다 자신이 살고 있는 조선의 말을 알아야겠다고 생각
한 일본인 여학생이 있었다. 적성어는 필수 언어 과목인 '일본어'를
제외한 선택 언어 과목 정도로 보면 된다. 그 여학생은 자기 자리에서
가까운 곳에 앉아 있는 조선인 동급생에게서 한글을 읽고 쓰기 위한
'초보서', 즉 오늘날 초급 교재에 해당하는 책을 받아 공부했다. 그녀

는 심지어 일본어 공부를 무시할 정도로 열심히 했다. 후에 이 사실을 알게 된 교사는 조선어를 공부하는 사람은 '비국민非國民'이라고까지 하며 그녀를 크게 꾸짖었다.[19]

다른 한 예 역시 오늘날 북한 지역에 위치했던 회령고등여학교에서 있었던 일이다. 한 일본인 여학생이 어쩌다 "아이고!" 하고 조선인이 쓰는 감탄사를 내뱉게 됐다. 이를 들은 교사가 "방금 '아이고'라고 말한 사람이 누구냐?"라고 지적했다. 그러고는 추운 겨울날 교정을 세 바퀴나 도는 벌을 내렸다. 그 여학생은 교정을 돌면서 '모국어를 금지당한 민족의 고통을 깊이 생각하게' 됐다고 했다.[20] 교사는 조선어 사용을 막기 위해 벌을 준 것이지만, 결과는 역설적 사건이었다.

이같이 일제는 조선어를 말하거나 익히려는 일본인 학생에게도 일본 국민으로서 본분과 의무를 지키지 않는 '국민답지 않은 사람', 즉 '비국민'이라며 모욕적으로 비난했다. 일제는 조선인에게 조선어와 조선 문화를 금지하는 것보다 조선에 사는 일본인 청소년이 조선의 언어와 문화를 익히고 조선 사람을 이해하게 될 것을 더 우려하고 경계했을 것이다. 일제에게 재조선 일본인 학생 또는 청소년은 조선을 강제로 점령한 '침략자이자 식민자인 일본과 일본인'의 뜻을 이어가야 할 후계자였기 때문이다. 청진고등여학교 학생이 자신이 살고 있는 조선의 언어를 배워야 한다고 생각한 것이나 회령고등여학교 학생이 모국어를 금지당한 민족의 고통을 생각하게 됐다는 것과 같은 일본인 학생 또는 청소년의 사고가, 바로 일제가 가장 염려하고 경계하는 것이었다.

필수 교과가 된 '창가'

일제는 제1차 교육령에 따라 '창가'를 필수 교과로 정했다. 당시 사립
학교를 중심으로 애국적 조선 지식인이 주도해 퍼뜨리던 '애국애족'
적 내용의 창가를 저지하고, 식민 지배에 순종하고 전쟁 행위를 찬양
하는 노래를 보급하기 위한 것이었다. 일제는 새로 편집한 《신편창가
집》을 국정 교과서로 삼고, 조선인이 만든 창가집은 압수하거나 인가
하지 않았다.

새 창가집에는 일제가 뜻한 대로 교육칙어에 충실한 일본의 국가
인 〈기미가요君が代〉를 비롯해 〈기겐세쓰紀元節〉, 〈조쿠고호토勅語奉
答〉, 〈히노마루노하타日の丸の旗〉, 〈국화〉 등 열한 곡이 실렸다. 이는 공
식 행사 때 부르는 노래로, 이른바 개인과 일제의 국체 관념을 완전히
일치시키는 것을 목적으로 했다. 일제가 일본과 그 황실을 상징하는
일장기, 벚꽃, 국화, 후지산, 학 등을 소재로 창가를 만들어 조선인 학
생에게 부르게 한 것은 일제에 충성하고 일본 황실을 칭송하는 식민
지 국민으로 길들이기 위한 방법 중 하나였다.

물론 새 창가집에는 아동의 심신 발달에 맞춰 이해하기 쉬운 내용
의 창가도 있었다. 그러나 그런 것도 대부분 일본 전래동화의 내용을
바탕으로 했다. 일제는 창가를 통해 일본 전래 문화와 정서를 조선인

학생에게 전달하려 했다. 또 새 창가집에서는 조선의 전통 음계를 전혀 쓰지 않았다. 일본의 요나누키四七拔き 음계로 작곡된 곡이 창가집 전체의 44퍼센트에 달했고, 그 밖에는 일본의 전통 음계와 서양의 장음계로 작곡됐다.

〈그림 67〉 조선총독부 편, 《신편창가집》(1923) 표지(독립기념관 소장)

조선인 학생은 어린 시절부터 우리 전통 음악에서 멀어져 일본식으로 해석된 서양 음악과 일본의 전통 음악을 가까이하게 됐다. 이렇게 일제는 일본의 창가를 통해 조선의 민족문화와 정서를 없애고 그 자리에 일본의 문화와 정서를 옮기기 시작했다.[21]

2

'공학', 함께
가르친다
했지만

결코 균등하지 않은 교육기회

일제는 제2차 교육령부터 공학제도를 내세우며 조선인과 일본인 간의 교육에서 차별을 없앤다고 주장했다. 공학제도로 조선인과 일본인에게 차별 없는 동등한 교육을 실시한다는 것은 가장 기본적으로 교육기회에서부터 차별을 없앤다는 것을 포함하는 것이다. 과연 그 실상은 어떠했을까?

먼저 두 민족의 실제 교육 상황을 알아보기 위해 인구 대비 학생 수를 비교해봤다. 취학률을 살펴보기 위해 민족별로 총인구 대비 학생 수와 인구 1만 명당 초등교육, 중등교육, 고등교육 학생 수를 〈표 19〉로 정리했다.

〈표 19〉 민족별 인구 대비 학생 수와 학교 급별 인구 1만 명당 학생 수 (1912~1942)

연도	민족별 총 학생 수 / 민족별 총인구 비율 (%)		학교 급별 인구 1만 명당 학생 수(명)					
			초등교육		중등교육		고등교육	
	조선	일본	조선	일본	조선	일본	조선	일본
1912	0.3	9.6	28.5	897.8	1.8	64.5	0.0	0.6
1913	0.3	9.9	31.3	917.4	2.1	70.6	0.1	1.0
1914	0.4	10.4	33.9	967.4	2.4	75.4	0.1	1.2
1915	0.4	11.2	38.0	1,029.3	2.8	88.2	0.1	0.4
1916	0.4	11.7	41.5	1,062.5	3.3	101.9	0.3	2.3
1917	0.5	12.1	45.5	1,088.4	3.7	115.3	0.3	3.8
1918	0.5	12.7	48.0	1,141.3	3.9	127.3	0.3	5.6
1919	0.5	13.5	48.0	1,195.8	3.0	141.9	0.2	7.4
1920	0.7	14.4	63.5	1,265.1	3.8	168.5	0.3	7.2
1921	1.0	14.8	93.4	1,286.1	5.8	184.7	0.3	9.8
1922	1.4	15.3	138.3	1,302.0	7.2	217.2	0.5	12.1
1923	1.8	15.7	175.6	1,307.3	8.9	252.8	0.5	14.0
1924	2.2	17.0	212.5	1,372.2	10.9	307.3	0.6	19.1
1925	2.3	16.7	219.8	1,320.9	11.0	328.4	0.6	21.7
1926	2.4	16.6	237.4	1,288.3	12.4	347.1	0.7	23.2
1927	2.5	16.8	243.6	1,299.0	13.8	360.6	0.7	25.1
1928	2.4	17.1	249.3	1,324.6	15.1	362.4	0.8	27.2
1929	2.6	17.2	252.4	1,329.9	15.5	361.6	0.8	31.8
1930	2.6	17.7	250.2	1,360.0	15.4	372.8	0.9	35.2
1931	2.6	18.1	254.7	1,397.5	16.2	377.3	0.9	35.4
1932	2.7	18.8	258.1	1,452.9	16.4	386.2	1.0	37.3
1933	2.9	19.0	279.6	1,461.9	17.0	394.2	1.2	43.5
1934	3.2	18.9	312.1	1,452.2	17.9	395.0	1.2	42.9
1935	3.5	18.9	339.2	1,446.5	18.5	399.4	1.4	41.8
1936	3.8	18.7	375.7	1,424.9	20.0	408.3	1.3	39.5

1937	4.2	19.0	415.6	1,426.7	21.0	432.1	1.3	37.8
1938	4.9	19.7	478.5	1,468.3	23.4	463.5	1.4	38.0
1939	5.6	20.0	550.0	1,479.1	26.0	485.5	1.6	39.6
1940	6.1	19.4	603.8	1,417.7	29.7	479.5	1.7	40.1
1941	6.7	18.2	657.4	1,385.1	31.8	492.7	1.7	43.6
1942	7.1	19.5	697.2	1,379.2	33.7	520.0	1.8	46.5

출전: 《조선총독부통계연보》 1932, 1933, 1938, 1942.

1912년 현재 조선인 인구수 대비 조선인 학생 총수 비율은 0.3퍼센트이며, 재조선 일본인 인구 대비 일본인 학생 총수 비율은 9.6퍼센트였다.[22] 전체 인구 대비 학생 비율에서 재조선 일본인 학생 비율이 조선인의 그것보다 32배나 높았음을 알 수 있다.

1942년 인구 총수는 조선인이 2636만 1401명이며, 재조선 일본인은 75만 2823명이었다. 총인구 규모로는 조선 인구가 재조선 일본인구의 35배나 됐다. 1942년 조선인 학생 총수 비율은 7.1퍼센트이며, 일본인 학생 총수 비율은 19.5퍼센트로 조선인 비율보다 2.7배나 된다.

해가 갈수록 총인구 대비 학생 비율에서 두 민족 간의 차이가 많이 줄었음을 알 수 있다. 그러나 일제시기 계속해서 조선인 취학자 수 비율이 재조선 일본인의 그것보다 낮았다. 이는 조선인의 취학 상황 또는 교육기회가 그만큼 취약했음을 의미한다. 반대로 재조선 일본인 취학률은 조선인과 비교할 수 없이 높았다. 공학제도를 실시한다 해서 조선인과 일본인이 교육기회를 함께 누린 것은 결코 아니었다.

그나마 나았던 초등교육 취학률

〈표 19〉에서 초등교육기관의 민족별 인구 1만 명당 학생 수를 그래프로 나타내면 〈그림 68〉과 같다. 조선인과 일본인의 취학률 차이를 좀더 쉽고 분명하게 파악할 수 있다.

조선인의 초등교육 취학률은 중등 이상 과정에 비교하면 그나마 훨씬 나은 편이었다. 초등교육의 학교 급별 인구 1만 명당 학생 수에서 두 민족 간의 차이는 해가 갈수록 줄어들기는 했다. 일제 말기로 갈수록 조선인의 초등교육 취학률이 팽창한 것이 주요 배경이었다. 그러나 두 민족 간의 축소된 격차가 양자 모두 '동등하게 함께' 누릴 정도까지는 결코 아니었다.

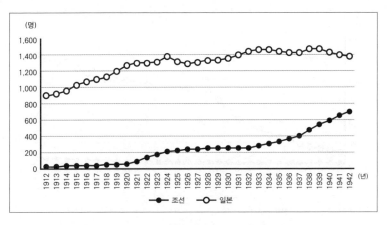

〈그림 68〉 초등교육기관의 민족별 인구 1만 명당 학생 수

즉, 조선인 학생 수가 최대였던 1942년 상황을 보면 학교 급별 인구 1만 명당 학생 수에서 초등교육기관에 취학한 조선인 학생은 697명 정도이며, 일본인 학생은 1379명 정도였다. 일본인 학생이 조선인 학생의 두 배였다. 1912년에 비하면 양자 간의 차이는 훨씬 줄어들었지만, 조선인 취학률은 계속해서 일본인 취학률보다 낮았다. 조선인의 취학 상황 또는 교육기회가 그만큼 취약했음을 의미한다. 다만 중등교육 이상의 상급 교육기관으로 갈수록 커지는 두 민족 간의 차이에 비해서는 그나마 훨씬 나은 정도라고 할 수 있겠다.

상급 학교로 갈수록 차이 나는 교육기회

⟨표 19⟩에서 중등교육기관의 민족별 인구 1만 명당 학생 수를 그래프로 나타내면 ⟨그림 69⟩와 같다.

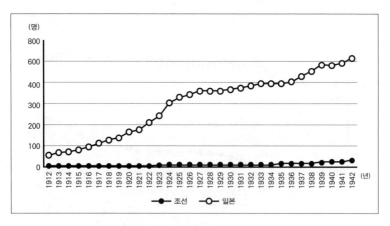

⟨그림 69⟩ 중등교육기관의 민족별 인구 1만 명당 학생 수

중등교육을 보면 1912년 조선인 학생 수는 약 1.8명이며, 일본인 학생은 약 65명이었다. 일본인 학생 수가 조선인 학생 수의 36배나 된다. 1942년에는 조선인 학생이 약 33.7명으로 증가하지만, 일본인 학생도 약 520명으로 증가해 여전히 약 15배나 많았다.

중등 이상 학교의 입학시험은 식민지의 '국어'가 된 일본어로 실시됐다. 일본의 다른 식민지인 타이완에서와 마찬가지로 조선에서도 중학교나 고등여학교에 입학하려는 사람은 일본인과 같이 일본어로 된 문제를 풀어야 했다. 물론 공학을 실시하기 전부터 조선인 고등보통학교나 사립여자고등보통학교에서조차 시험 문제는 일본어로 제출됐다.

일본인은 일본어가 모국어라는 사실만으로 우월적 지위를 확보하는 동시에 입학시험에서도 당연히 유리한 입장일 수밖에 없었다. 반면에 조선인은 일본어를 말하지 못하면 '무능하게' 또는 '비국민'으로 간주됐다. 이는 식민지 지배하에서 조선인은 학교라는 교육 현장에 진입하기 전부터 이미 불이익에 무방비상태로 노출됐음을 의미한다.[23] 두 민족 학생에게, 특히 조선인 학생에게 '차별 없는 경쟁'은 이미 학교 입학 때부터 거리가 먼 일이었다.

〈표 19〉에서 고등교육기관의 민족별 인구 1만 명당 학생 수를 그래프로 나타내면 〈그림 72〉와 같다. 일제시기 고등교육기관으로는 전문학교, 대학예과大學豫科, 대학 등이 있었다.

고등교육기관의 인구 1만 명당 학생 수를 보면 1912년 조선인 학

〈그림 70〉 1922년 경성제이보통고등학교 입학시험 문제

〈그림 71〉 1936년 이화여자고등보통학교 입학시험 문제

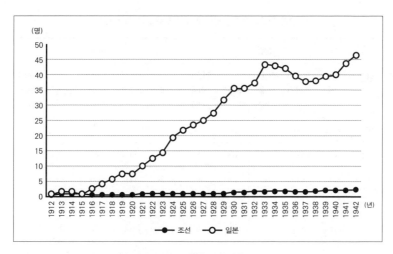

<그림 72> 고등교육기관의 민족별 인구 1만 명당 학생 수

생은 한 명도 없으며, 일본인 학생은 약 0.6명이었다. 1942년에는 조선인 학생이 약 1.8명이며, 일본인 학생은 약 46.5명으로 조선인 학생의 약 26배다. 상급 교육기관으로 갈수록 두 민족 간의 차이가 엄청나게 커졌음을 알 수 있다. 초등교육에서는 일본인 학생이 조선인 학생의 약 두 배, 중등교육에서는 약 15배 그리고 고등교육에서는 약 26배까지로 간격이 벌어졌다. 일본인의 취학 상황 또는 교육기회가 그만큼 높았던 반면, 조선인의 그것은 그만큼 취약했음을 의미한다. 〈표 20〉은 고등교육기관을 관립과 사립으로 나누어 민족별 재학생 수를 정리한 것이다.

고등교육기관이 관립 또는 사립이냐에 따라 민족별 재학생 수에서

<표 20> 고등교육기관 민족별 재학생 비율 (1916~1936)

연도	관립					사립				
	계	조선인	조선인 비율 (%)	일본인	일본인 비율 (%)	계	조선인	조선인 비율 (%)	일본인	일본인 비율 (%)
1916	412	362	88	50	12	–	–	–	–	–
1917	482	382	79	100	21	112	112	100	–	–
1920	506	336	66	170	34	118	118	100	–	–
1925	1,297	465	36	832	64	649	644	99	5	1
1930	2,026	622	31	1,404	69	1,721	1,334	78	387	22
1935	2,751	894	32	1,857	68	2,721	2,150	79	571	21
1937	2,839	961	34	1,878	66	2,390	1,886	79	504	21

출전: 김자중, 〈일제 식민지기 조선의 고등교육체제의 성격〉, 《한국교육사학》 38-3, 2016, 81쪽.
비고: 표 내용 일부를 변경하고 비율은 필자가 계산해 넣었다.

차이가 갈수록 뚜렷하게 나타남을 알 수 있다. 관립에서는 일본인 재학생 비율이 훨씬 높아졌으며, 사립에서는 조선인 비율이 높아졌다. 이는 재조선 일본인 학생에게만 혜택을 부여한 일제의 교육정책과도 무관하지 않았다. 예를 들어 일제는 조선에 있는 관립전문학교의 일본인에 한해 특별한 자격을 부여했다.[24] 전문학교가 조선에 있느냐, 일본에 있느냐에 따라서 그 졸업자에게 부여되던 자격의 차등에 대한 재조선 일본인의 반발을 우려해 이런 조치를 취한 것이다. 〈표 21〉을 보면 공립을 포함한 관·공립전문학교의 일본인 재학생 비율이 1933

〈표 21〉 고등교육기관 민족별 재학생 비율 (1933, 1943)

구분		1933년		1943년	
		조선인(%)	일본인(%)	조선인(%)	일본인(%)
전문학교	관·공립	32.2	67.8	26.5	73.5
	사립	72.1	27.9	80.8	19.2
	소계	54	46	57.5	42.5
대학예과		30.9	69.1	28.7	71.3
대학		33.2	66.8	43	57

출전: 강혜경, 〈일제강점기 여성의 고등교육과 숙명여자전문학교의 설립〉, 《숭실사학》 34, 2015, 191~192쪽.

년에는 조선인 재학생의 두 배를 조금 넘었으며, 1943년에는 그보다 더 증가했음을 알 수 있다. 대학예과의 재학생이 차지하는 비율도 일본인 학생 쪽이 더 높았다. 그 정도는 관·공립전문학교와 거의 비슷했다.

대학 재학생의 민족별 비율을 보면 1933년에는 일본인 학생이 조선인 학생의 두 배였으나, 1943년에는 5분의 3 정도로 낮아졌다. 대학의 경우 관·공립전문학교나 대학예과보다 조선인과 일본인 재학생 비율에서 그 차이가 조금 더 줄어들었음을 알 수 있다. 일본인 학생이 조선보다 일본에 있는 대학으로 더 많이 진학했기 때문이라고 볼 수 있다.

관·공립전문학교를 비롯한 전체 관·공립고등교육기관에서 일본인 학생이 차지하는 비중이 조선인 학생보다 월등하게 높아진 것은 일제가 실시한 관학 또는 관립 우위 정책의 역할도 컸다고 할 수 있다. 일제는 조선의 고등교육 체계에서 위계상 상위에 위치한, 특히 관립전문학교에 조선인보다 일본인을 더 많이 수용했다. 일제에 의해 여러 가지 조건을 갖추게 된 관립전문학교의 일본인 졸업생은 관리, 변호사, 의사, 중등교원 등과 같은 '엘리트 전문직'에 취업할 때 사립전문학교의 조선인 졸업생보다 훨씬 유리할 수밖에 없었다. 이는 결국 조선 내 관립전문학교를 대상으로 한 극심한 입학 경쟁과 일본으로의 유학 증가 등을 초래하기도[25] 했다.

교원양성소와 경성사범학교

일제시기 교원양성소로는 보통학교 교원을 양성하는 경성고등보통학교 부설 임시교원양성소, 경성여자고등보통학교[26] 부설 임시여자교원양성소와 소학교 교원을 양성하는 경성중학교 부설 임시소학교교원양성소 등이 있었다.[27] 경성고등보통학교는 1913년 4월 일본인 교원을 양성하는 2부(1년제)를 두었다가, 1914년부터는 아예 1부의 조선인 학생 모집을 중단했다. 1부가 3년제였기 때문에 1913년 1부에 입학했던 조선인 학생이 졸업한 1916년 이후 경성고등보통학교 부설 임시교원양성소의 학생은 모두 일본인이었다.[28]

경성중학교 부설 임시소학교교원양성소는 조선의 일본인 중학교를 졸업하거나 일본 내 중학교, 실업학교, 사범학교 출신자가 조선의 소학교 교원이 되기 위해 거치는 교원양성기관이었다. 뒤에 경성사범학교 연습과의 모태가 된다. 경성중학교 부설 임시소학교교원양성소 학생은 모두 일본인이었다. 경성고등보통학교 부설 임시교원양성소 학생 역시 경성사범학교에 편입될 당시 일본인뿐이었다.[29]

경성사범학교는 1921년 설립된 일제시기 최초의 관립사범학교였다. 초등교원 전문 양성기관으로서 수업 연한 5년의 보통과와 1년의 연습과를 두었다. 연습과는 1938년 이후 2년 연한으로 바뀌었다. 경성사범학교는 설립 후 임시교원양성소 학생을 본교의 연습과로 흡수했으며, 모집 관행에도 어느 정도 변화를 주었다. 흡수 이전에는 조선의 중학교 출신자 혹은 일본 내 각 현의 중학교, 실업학교, 사범학교 등에서 일본인만을 모집했다. 흡수 이후에는 조선인을 포함해서 조선의 고등보통학교 출신자에게도 지원 자격을 주었다.[30] 〈표 22〉는 경성사범학교의 민족별 학생 모집 현황이다.

물론 조선인을 뽑는 비율은 점차 높아졌지만, 두 민족 간의 격차는 여전해서 결국 중등과정의 교육기관 등과 다름이 없었다. 보통과를 거치지 않고 연습과에 바로 지원하는 학생의 경우 일본 내 중학교 출신자가 여전히 상당수를 차지했다. 그에 비하면 형편없이 낮은 수준이지만 조선인 합격생도 조금씩이나마 꾸준하게 증가했다. 1930년 사범학교 연습과에 지원한 일본인 지원자 1500여 명 중 일본 내 중학교 졸업자가 1450명에 달했다.

보통과는 처음부터 소학교와 보통학교 출신자를 대상으로 모집했

〈표 22〉경성사범학교 민족별 학생 모집 상황 (1921~1940)

(단위: 명)

연도	보통과				연습과			
	조선인		일본인		조선인		일본인	
	지원	합격	지원	합격	지원	합격	지원	합격
1921	326	8	236	78	–	–	523	103
1922	221	10	512	92	10	1	520	138
1923	796	17	694	83	5	1	540	141
1924	1,293	16	523	85	20	3	607	139
1925	1,154	17	521	81	80	10	768	136
1926	1,163	19	396	97	116	14	996	114
1927	1,060	19	412	81	157	12	1,144	83
1928	1,191	26	373	76	98	15	883	77
1929	1,361	18	425	81	196	14	1,049	62
1930	654	19	316	80	112	24	1,505	72
1931	418	20	246	79	127	22	1,361	79
1932	365	25	285	76	127	23	1,361	59
1933	509	19	341	73	74	38	448	136
1934	344	21	336	74	105	23	424	77
1935					81	25	422	76
1936					118	55	408	144
1937					150	72	657	224
1938					272	45	1,042	148
1939					109	47	626	126
1940					59	41	239	100

출전: 《경성사범학교총람》, 1934 ; 《경성사범학교일람》, 1943[31]

으며, 모집 요항에 두 민족 간의 비율 규정은 명시하지 않았다. 연습과에 비하여 두 민족 간의 합격자 차이는 좀 더 컸다. 100명 정원을 기준으로 조선인과 일본인 비율이 대략 1 대 4였다.

이상에서 살펴본 것처럼 두 민족 간의 학교 급별 학생 총수 비율에서 나타나는 차이는 해가 갈수록 줄어들기는 했지만, 일제 말기까지 계속 유지됐다. 두 민족 간의 불균형은 중등 및 고등교육기관으로 갈수록 심했고, 조선인에 대한 교육기회는 일본인에 비해 상대가 되지 않을 만큼 적었다. 일제는 재조선 일본인의 교육기회는 모든 단계에서 적극적으로 확대하고 보충했다.

반면 조선인에게는 중등 및 고등교육 기회를 봉쇄하고 그 팽창을 억제하는 우민화 방침으로 일관했다. 그 결과 규모 면에서 볼 때 조선에서 초등교육 대비 중등 및 고등교육의 구성은 기형적 모습을 띠게 됐다.[32]

재조선 일본인은 교육 분야에서도 지배적 지위를 차지하여 피라미드형 계층 구조의 상부에 위치했다. 조선인의 취학이나 교육기회는 일본인보다 엄청나게 취약했던 반면, 재조선 일본인의 취학 또는 교육기회는 조선인에 비해 그만큼 우위에 있었다. 이러한 불평등이 계속되자 일반 교육기관이 아닌 상업학교의 조선인 학생까지도 일제에 대항하여 들고일어났다. 예를 들어 1929년 목포상업학교[33] 학생은 동맹휴학을 맺고 일제에 항의했다.

《동아일보》는 1929년 6월 목포상업학교 학생이 공학제 실시로 조

〈그림 73〉 차별 철폐와 공학제 철폐(《동아일보》 1929년 6월 10일)

선인 학생이 일본인 학생보다 감소한 것 등에 항의하며 동맹휴학을
결행했음을 보도했다.

이는 조선인 학생에게 오랫동안 쌓여 있던 불만이 터진 것에 불과
했다. 목포상업학교 학생이 일제에 요구한 주요 조건은 조선인 학생
과 일본인 학생 간의 차별 철폐, 조선인과 일본인 간의 공학제 철폐,
직원회의에 학생 대표 참가, 교장 이하 네 명의 교유敎諭 배척, 보호자
회 철폐 등이었다.

학교 이름도 계속 각각

제3차 교육령이 실시되면서 제도상으로는 조선인과 일본인의 학교 급별 교육기관 이름이 하나로 통일됐다. 조선인의 보통학교와 일본인의 소학교는 '소학교'로, 조선인의 고등보통학교와 일본인의 중학교는 '중학교'로, 조선인의 여자고등보통학교와 일본인의 고등여학교는 '고등여학교'로 각각 한 가지 이름으로 바뀌었다.

그러나 실제로 관공서에서 발간하는 공공 자료나 《부산일보》 등 언론에 나타나는 조선인과 일본인의 학교 이름은 변함없이 따로따로였다. 특히 소학교의 경우 '원보통학교元普通學校'라고 하여 조선인 대상의 초등교육을 실시하던 '보통학교'였음을 그대로 나타냈다. 보통학교를 소학교로 바꾸었다 해도 '소학교 2부' 또는 '제2소학교'라고 했다. 심지어 〈국민학교령〉(1941) 이후에는 '국민학교 2부'라고까지 했다. 그에 반해 일본인 학교는 '소학교 1부', '제1소학교' 그리고 '국민학교 1부' 등으로 표현했다.

두 민족의 학교 이름이 결국 일제 말기까지 계속해서 민족별로 구분됐을 뿐 아니라, 심지어 그 이전보다 차별화 또는 서열화를 의미하는 표현을 덧붙인 상태로 뚜렷하게 유지됐음을 알 수 있다.

중학교와 고등여학교의 경우에도 조선인의 중학교는 '원고등보통학교'로, 고등여학교는 '원여자고등보통학교'로 불러 한동안 민족별로 구분했다.

<표 23> 제3차 교육령 전후 조선인과 일본인 학교 이름 제도와 실제 비교

구분		제3차 교육령 시행 이전	제3차 교육령 시행 이후		
			제도	실제	
				조선인	일본인
초등		조선인	보통학교	소학교	원보통학교, 소학교 2부, 제2소학교, 국민학교 2부	소학교, 소학교 1부, 제1소학교, 국민학교 1부
		일본인	소학교		
중등	남	조선인	고등보통학교	중학교	원고등보통학교	중학교
		일본인	중학교		
	여	조선인	여자고등보통학교	고등여학교	원여자고등보통학교	고등여학교
		일본인	고등여학교		

14. 神社・敎育

219	神社神職及神祠	254
220	内地人學齡兒童	254
221	官立小學校狀況	255
222	官立小學校狀況(元普通學校)	255
223	公立小學校狀況	256
224	公立小學校生兒勵	256
225	公立小學校生徒日日出席缺席平均	259
226	公立小學校資産	259
227	公立小學校敎員資格及俸給	260
228	公立小學校狀況(元普通學校)	260
229	公立小學校生徒兒勵(元普通學校)	262
230	公立小學校生徒日日出席缺席平均(元普通學校)	263
231	公立小學校敎員資格及俸給(元普通學校)	264
232	公立小學校資産(元普通學校)	266
233	私立小學校狀況(元普通學校)	266
234	公立小學校附設簡易學校狀況	267
235	公立小學校附設簡易學校資産	267

14. 神社・敎育

186	神社神職及神祠	198
187	内地人學齡兒童	198
188	官立國民學校狀況(一部)	199
189	官立國民學校狀況(二部)	199
190	公立國民學校狀況(一部)	200
191	公立國民學校生徒兒勵(一部)	200
192	公立國民學校資産(一部)	202
193	公立國民學校敎員資格及俸給(一部)	202
194	公立國民學校資産(二部)	202
195	公立國民學校生徒兒勵(二部)	204
196	公立國民學校敎員資格及俸給(二部)	206
197	公立國民學校資産(二部)	206
198	適如事鄂定事校(二部)	208
199	公立國民學校附設簡易學校狀況	208
200	公立國民學校附設簡易學校資産	209
201	公立中學校狀況	210

<그림 74> 《조선총독부통계연보》1938년도(좌)와 1942년도 목차에 서술된 민족별 학교 구분 사례

비고: 1. 1938년도 자료에서 목차 번호 223번과 228번의 제목은 모두 '공립소학교상황'이다. 다만 228번 제목 옆에 '元普通學校(원보통학교)'를 병기했다. 223번은 일본인 소학교, 228번은 조선인 소학교에 대한 상황을 의미한다. 이와 같이 조선인 학교 항목 옆에는 '元普通學校(원보통학교)'를 병기하여 일본인 소학교와 뚜렷하게 분리했던 것이다.
2. 1942년도 자료에서는 제목 옆에 '一部(1부)'와 '二部(2부)'를 각각 병기하여 일본인 학교와 조선인 학교로 구분했다.

조선인 보통학교 교사도 대부분 일본인

일제는 을사늑약(1905) 직후 다수의 일본인 교사를 조선의 보통학교에 배치했다. 이후 그 비중을 점차 늘려가면서 친일 교육에 앞장서게 했다. 1910년 관·공립보통학교의 일본인 교사는 105명이었다.

제2차 교육령 실시 후 4년이 지난 1926년 공립보통학교 교장의 민족별 구성을 보면 일본인 1400명, 조선인 43명이었다. 일본인 교사는 2156명으로 공립보통학교 전체 교사 수의 28퍼센트를 차지했다. 반면 일본인 소학교에 조선인 교사는 한 명도 없었다. 당시 조선인과 일본인 재학생 수와 비교할 때 매우 차별적인 조치였다. 이런 사정은 1930년대에도 마찬가지였다.[34] 1940년대 초에는 제일고등여학교에

〈표 24〉 수원공립고등여학교의 조행 및 체위 성적 반영 후 석차 변동

석차(등위) 변화		-34	-16	-13	-9	-7	-6	-5	-4	-3	-2	-1	0	+1	+2	+3	+4	+5	+6	+8	+10	+12	+15
조선인 학생	인원 수	-	2	1	-	2	-	3	2	1	3	2	1	3	1	1	1	-	-	-	2	1	-
	소계	16											1	9									
일본인 학생	인원 수	1	-	1	1	-	1	1	1	1	-	2	4	1	2	2	3	1	2	1	-	1	1
	소계	9											4	14									

출전: 수원공립고등여학교 제1회 졸업생 성적, 1943(김명숙, 〈1943~1945년 수원공립고등여학교 학적부 분석-일제강점기 한일공학의 특징을 중심으로〉, 《한국 사상과 문화》 73, 2014, 177쪽에서 재인용).

비고: 인용한 표에서 한국 학생으로 표기된 것을 '조선인 학생'으로, 일본 학생을 '일본인 학생'으로 바꾸었으며, 표 모양에서는 '인원수'와 '소계' 표기를 써넣는 등 일부 변경했다.

조선인 교사가 한 명 있었다고[35] 한다.

조선 내 학교에 일본인 교사가 많다는 것은 성적 평가 등 학교생활의 여러 면에서 일본인 학생보다 조선인 학생에게 불리했음을 짐작할 수 있다. 일제는 학교 성적을 평가할 때 학과목 외에 추가로 평가한 점수도 포함했는데, 그것은 담임교사의 주관적 평가가 가능한 '조행操行', 즉 품행과 체위體位(체력)[36] 등을 점수화하여 종합 성적에 반영하는 것이었다. '조행'과 '체위' 점수가 반영된 뒤 종합 석차에 변동이 생기는 사례는 수원공립고등여학교 학생의 성적을 분석한 〈표 24〉에서 볼 수 있다.[37]

'-'는 조행 및 체위 성적 반영 후 석차가 떨어진 정도를, '0'은 석차에 변화가 없음을, +는 석차가 올라간 정도를 나타낸다. 조행 및 체위 성적 반영 후 석차가 올라간 경우를 보면 조선인은 9명, 일본인은 14명으로 일본인이 많다. 반면에 석차가 떨어진 경우는 조선인이 16명이고, 일본인은 9명으로 조선인이 많음을 알 수 있다. 조행과 체위 점수를 반영한 결과 종합 성적 우수상을 받은 일본인 학생이 조선인 학생보다 두 배나 많았을 정도로 성적 평가 체제는 조선인 학생에게 불리했다.[38]

3

학교조합과
학교비,
늘 따로

일본인 '학교조합'에 대응하는 조선인 '학교비'

일제시기 학교조합은 일본인 학교의 운영을 담당한 공공단체이고, 학
교비學校費는 교육재정을 중심으로 한 조선인 학교의 운영을 담당하
는 단체였다. 학교조합에 대해서는 앞에서 서술했으므로 여기서는 조
선인 학교비에 대해 좀 더 자세히 설명하면서 일본인 학교조합과의
대응 관계 또는 차별성을 살펴보려 한다.

조선인 학교비

조선인 학교비는 〈공립보통학교비용령〉과 〈조선학교비령〉을 중심으
로 정리할 수 있다. 〈공립보통학교비용령〉(이하 〈학교비용령〉)은 조선인

공립보통학교 운영에 필요한 비용 조달과 관련된 법령으로, 조선총독부가 1911년 10월 제정하고 11월부터 시행했다.[39] 이 법령은 학교를 설립하는 구역 내에 사는 조선인에게 경비를 부담하도록 하는 것을 원칙으로 했다. 공립보통학교 운영 경비를 국고에서 지출하는 것이 아니라, 부府·군郡·도島에서 자체적으로 확보하도록 한 것이다.

일제시기 부·군·도는 행정구역 중 13도道에 소속되며, 도島는 제주도와 울릉도를 일컫는다. 〈학교비용령〉에 따라 1910년대 공립보통학교의 주요 재원은 보조금이나 '은사금', 향교 재산 수입 등이었다.[40]

조선총독부는 조선인의 높아지는 교육 열기에 편승하여 1910년대 말부터 조선인 보통학교를 늘려 나가는 정책을 취했다. 1920년 7월 〈조선학교비령〉(이하 〈학교비령〉)을 발포하고 〈학교비용령〉을 폐지했다.[41] 〈학교비령〉에서도 교육에 대한 공공투자를 제한하고 학교 설립과 운영에 관한 비용을 조선인이 자체 부담하도록 하는 '교육 수익자 부담 원칙'을 일관되게 고수했다.[42] 다만 부·군·도에 '보통학교, 기타 조선인 교육'에 대한 비용을 충당하기 위한 학교비를 설치하도록 했다. 표면적으로는 일본인 학교조합에 대응하는 교육 단체가 조선인 학교비였다.

학교비는 조선인 교육 중에서도 공립보통학교의 설립과 운영을 위한 재원 조달을 주목적으로 했다. 〈학교비령〉 이후 공립보통학교 신설 비용과 운영 비용의 대부분은 이 학교비를 통해 조달됐다.[43] 학교조합에서 담당했던 학교도 일부 유치원, 고등여학교, 상업전수학교 등을 제외하면 대부분 소학교였다. 일본인 학교조합과 조선인 학교비가 관여한 학교 대부분이 오늘날 초등학교였다.

〈그림 75〉 1944년 납세고지서
(국사편찬위원회 소장)
오른쪽에서 네 번째 칸에 납세 항목 '호별세부가금 학교비'와 금액 90원이 기록되어 있다.

학교비의 핵심 재원은 교육목적세라는 명목으로 조선인에게서 거두어들인 '학교비부과금'이었다. 학교비부과금은 주로 호세戶稅, 가옥세, 지세地稅에 부가하는 방식으로 부과했다. 호세와 가옥세에 부가하는 호세부가금과 가옥세부가금, 지세를 거둘 때 부가하는 지세부가금 등이었다.[44] 호세 계통의 부가금은 재산 정도에 따라 누진하여 부과했다.

〈그림 75〉의 납세고지서는 1944년 6월 15일 경상북도 봉화군 상운면祥雲面 면장이 이케다池田季鳳(창씨명)라는 납세자 앞으로 발행한 것이다. 납세 기한이 7월 15일까지로 돼 있다. 학교비는 각종 부가금 외에도 수업료와 국고 및 지방비 보조금도 수입원으로 삼았다. 하지만 국고보조금은 조선 학교비 전체 세입에서 차지하는 비중이 1퍼센트도 되지 않았기 때문에 큰 의미는 없었다.[45]

〈학교비령〉에 따른 학교 재원 마련 방식은 1910년대의 〈학교비용령〉과 확실히 달랐으며,[46] 조선인이 감당해야 할 학교비 부담은 급증했다. 조선인의 부담이 급증한 이유는 조선인의 보통학교 증설 요구에 대응하여 일제가 학교는 증설했지만, 그와 관련된 경제적 부담의 대부분을 조선인에게 부과하는 학교비로 충당했기 때문이다.[47]

학교평의회: 학교비의 자문기관

일제는 학교비 내에 자문기관으로 학교평의회를 설치했다. 학교평의회는 부윤·군수·도사島司(도의 최고 행정관직) 및 학교평의회원으로 조직됐으며, 의장은 부윤·군수·도사가 각각 맡았다.[48] 〈학교비용령〉에서는 재정 등 공립보통학교 운영과 관련된 사항을 부윤과 군수 또는 도사가 주관했다. 그러나 〈학교비령〉을 통해서 이들은 대외적으로는 학교비를 대표하는 위치에 있었지만, 학교평의회의 자문을 얻어서 예산 등을 편성해야 했다.[49]

학교평의회 의원 중에는 조선인도 있었다. 따라서 학교평의회가 설치됨으로써 제한적이나마 조선인이 교육에 참여하는 길이 허용된 셈이다. 학교평의회는 일제하라는 본질적인 여러 한계에도 1920년대 말 의무교육제 실시를 요구하는 데까지 나아갔다.

물론 일제는 학교평의회를 어디까지나 늘어나는 교육비 부담에 대한 조선인의 불만을 발산, 해소하는 집합체로 활용하고자 했다. 또 학교평의회를 통해 자신들이 지향하는 정책의 방향을 조선인에게 제시하고, 이를 밀어붙이는 데 주력했던 것으로 보인다. 이런 상황에 대하여 당시 조선인은 일제가 의결 기능이 전혀 없는 학교평의회라는 '기괴한 기관'을 설치하고, 조선인에게 학교 운영에 관한 권리는 주지 않으면서 돈만 거두어간다고 비판했다.[50]

법인으로 인정된 학교조합과 인정되지 않은 학교비

학교조합과 학교비는 '학교 교육의 운영을 담당한다'는 표면적인 면에서는 서로 비슷한 성격을 지닌 단체 또는 조직이었다. 그러나 단체의 운영 방법이나 본질적인 성격은 달랐다. 학교조합은 〈학교조합령〉에서 법인으로 인정된[51] 공공조합이었다. 그러나 학교비는 법인으로 인정되지 않은 지역 단체 수준의 특수 단체 정도였다.

그렇다면 학교비는 왜 법인이 되지 못한 것일까? 일제가 학교비를 법인으로 인정할 경우 조선인 민족주의자를 중심으로 학교비에 의결기관 설치를 요구하고, 나아가 학교비를 민족운동의 발판으로 삼게 될 것 등을 우려하거나[52] 결코 바라지 않았기 때문이 아닌가 생각한다.

1931년 학교조합은 제1부특별경제로, 학교비는 제2부특별경제로

일제는 1931년 조선의 지방제도를 대폭 개편하면서 학교조합과 학교비 제도도 개정했다. 부府 행정 중에서 교육 부문만이 '학교조합과 학교비'로 분리돼 있었는데, 이것을 이른바 '자치'를 확대한다는 미명 아래 부에 통합하여[53] 특별경제로 변경하고 교육부회를 설치한 것이다. 물론 학교조합은 학교비와 달리 원래부터 어느 정도 자치 체계를 갖추고 운영됐다. 부 소속 학교비 내의 자문기관이었던 교육평의

회도 이때 없어진다. 특별경제는 교육을 목적으로 하는 비용을 일반
경제에서 분리한 것이다.[54] 그렇지만 필요하면 조선 총독이 정하는
바에 따라 특별경제에 속하는 비용 중 일부를 일반경제(일반회계)에서
지불할 수도 있었다. 교육부회는 특별경제에 대한 사항을 의결하는
기관이었다.

1931년 제도 개정 이후 부의 학교조합이 했던 일은 제1부특별경제
와 제1교육부회에서, 학교비가 했던 일은 제2부특별경제와 제2교육
부회에서 각각 처리했다. 결국 지방제도 개편 이후 교육과 학교에 대
하여 재조선 일본인은 부의 제1부특별경제와 군郡·도島의 학교조합
으로 지원하고, 조선인은 제2부특별경제와 군·도의 학교비로 지원하
는 '체제 재편'에 지나지 않았다.

사실상 특별경제와 교육부회는 학교조합과 학교비의 후신이었다.
조선인과 일본인 간의 교육 조직과 행정을 여전히 분리한 상태로 운
영했음을 의미하기도 한다. 그러한 '분리'에 대하여 일제는 '아직은
조선인과 일본인의 학교를 완전히 단일화할 수 있는 시기에 도달하지
않았기 때문'이라고 했다.

학교조합과 학교비 소멸

일제는 1922년의 제2차와 1938년의 제3차 교육령을 통해 조선의 교
육제도를 일본 내 교육제도를 기준으로 재편했다. 제2차 교육령부터
실시한 '조일공학제도朝日共學制度'도 제3차 교육령부터 모든 교육과

정에 적용했다. 그러나 조선인과 일본인을 같은 제도 아래 함께 교육한다는 공학제 실시 이후에도 제1부특별경제와 제1교육부회, 제2부특별경제와 제2교육부회, 학교조합과 학교비 등을 계속 유지했다.

일제가 조선인과 일본인에게 진정으로 동등한 교육을 실시하려고 했다면 공학제 실시와 더불어 적어도 특별경제를 제1부와 제2부로 구분한다거나 학교조합과 학교비로 구분하는 것을 중단해야 했다. 두 민족 간의 교육적 차별성을 폐지하고 같은 기구나 조직을 통해 동등하게 지원하는 교육체제로 바꾸는 것이 마땅했다.

그러나 일제가 내세운 공학제도는 사실 조선 또는 조선인 자체의 교육제도를 없애고 일본 또는 일본인 중심 교육제도로 통합하는 의미에 지나지 않았다. 조선의 교육제도를 일본 내의 교육제도로 통일하되, 그 안에서 다시 조선인과 일본인을 차별하는 제도를 유지하는, 그야말로 모순되고 이상한 공학제도였다.

일제가 공학을 실시한다면서 학교조합을 폐지한다면 그에 대응하는 조선인의 학교비도 함께 폐지해야 했다. 그렇게 되면 두 민족 사이에 존재했던 교육재정상 차별도 폐지되거나 줄어들 수밖에 없으며, 나아가 교육기회 등의 차이도 줄어들 수밖에 없다. 일제가 공학제 실시 이후에도 특별경제를 제1부와 제2부로 구분하고 학교조합과 학교비를 폐지하지 않은 이유 또는 배경이 거기에 있었다. 공학제 실시 이후 학교조합에 오히려 훨씬 많은 재정이 지원됐다.

그렇다면 교육에서 조선인과 일본인 간의 구분 또는 차별성이 없어진 것은 언제일까? 다음은 《매일신보》 1945년 9월 20일 자에 실린 기사 〈학무국장, 일본인 국민학교 개방에 대해 각 도지사에게 긴급 통첩〉의 주요 내용이다.

24일 국민학교 개학을 앞두고 군정청 학무국장은 20일 북위 38도 이남 각 도지사에게 다음과 같은 긴급 통첩을 발했다.

① 부府 제1부특별경제 소속의 전 재산과 학교는 제2부특별경제로 전부 이관할 것

② 군郡의 학교조합 소속 전 재산도 군 학교비에 이관할 것

③ 8월 15일 이후의 학교 재산과 시설 중에 변동이 있으면 반드시 8월 15일 이전의 현상으로 조금도 틀림없이 복구해놓을 것

④ 일본인 교직원은 각 도 학무 당국에서 임명한 조선인 교직원에게 사무 인계를 빠짐없이 완료한 후에 이직離職할 것

이상 네 항목인데, 특히 만약 그 학교 시설, 즉 재산 목록에 있는 온갖 물건, 비품, 집기, 도서 등 어느 한 가지라도 8월 15일 이전과 다른 점이 생겼고 혹은 팔거나 양도한 것이 있으면 책임자를 엄벌하기로 됐다. 그러므로 이전에 주의하여서 즉시 복구해놓을 것이며 또는 각종 단체가 사용 중에 있는 학교 교사와 그 시설을 20일 자정까지 반드시 반환하도록 되어 있다.[55]

이 기사에 나타난 바와 같이 제1부특별경제와 학교조합이 없어진 것은 해방 이후였다. 1945년 9월 20일 미군정청이 제1부특별경제 소속 재산과 학교를 모두 제2부특별경제로 이관하도록 하면서 폐지된 것이다. 이때 학교조합의 전 재산도 학교비에 이관하도록 했다.

교육 여건에서도 드러나는 차이

조선인과 재조선 일본인의 교육 여건 또는 환경 차이는 어떠했을까? '학생 한 명당 소요되는 연평균 예산' '학생 한 명당 경비와 자산, '한 학교당 학급 수, 한 학급당 학생 수, 교사 1인당 학생 수' 그리고 학교 건물 등에 대한 비교를 통해 살펴보자.

학생 한 명당 소요되는 연평균 예산

학교조합과 학교비 소속 학생 한 명당 소요되는 연평균 예산을 파악하기 위해 1920년부터 1940년까지 이들의 연도별 총 세입 예산 규모를 각각의 소속 학교 학생 총수로 나누어보았다. 그 결과 학교조합에서 운영하는 학교[56] 학생 한 명당 소요되는 연평균 예산은 학교비 소속 보통학교(또는 소학교)의 그것보다 두 배 이상이었다. 일본인 학교의 교육 여건 또는 환경이 조선인의 그것보다 두 배 이상이나 나았음을 의미한다.

예산과는 반대로 두 조직의 세입에서 차지하는 수업료 비중을 보면 학교조합이 학교비의 2분의 1 정도밖에 되지 않았다. 이것은 조선인 학생의 학부모 부담이 두 배 이상이나 컸음을 뜻한다.

학생 한 명당 경비와 자산

공립소학교와 공립보통학교의 학생 한 명당 경비와 자산은 〈표 25〉를 참조하면 된다.

1921년 학생 한 명당 경비는 공립소학교가 65.5원이고 공립보통학교는 57.9원이었다. 학생 한 명당 학교 자산액은 공립소학교가 106.7원이고 공립보통학교는 59.8원이었다. 일본인 공립소학교가 학교 경비에서는 약 1.1배, 학교 자산에서는 약 1.8배 컸다. 일제시기 초부터 양자 간의 교육 여건이 공평하지 못했음을 알 수 있다.

공립소학교와 공립보통학교의 경비와 자산액 차이는 일제시기 후반으로 갈수록 심화됐다. 공립소학교의 경우 1930년대에 일시적으로 줄어들기는 했지만 1940년대가 되면 다시 급증했다. 공립보통학교의 경우 학생 한 명당 경비는 해가 갈수록 줄어들었다. 특히 학생 한 명

〈표 25〉 공립소학교와 공립보통학교 학생 한 명당 경비와 자산

연도	학생 한 명당 경비(원)		학생 한 명당 자산(원)	
	공립보통학교	공립소학교	공립보통학교	공립소학교
1921	57.9	65.5	59.8	106.7
1931	29.1	54.2	82.4	140.7
1941	30.8	82.1	69.3	240.8

출전: 오성철, 《식민지 초등교육의 형성》, 교육과학사, 2000, 130쪽.[57]

당 학교 자산액의 차이는 더욱 현저했다. 1941년 공립소학교는 240.8 원인데 공립보통학교는 69.3원이었다. 공립소학교의 한 명당 자산이 약 3.5배나 컸다. 이렇듯 조선인 아동의 교육 여건은 일본인 아동에 비해 매우 좋지 못했다.[58]

한 학교당 학급 수, 한 학급당 학생 수, 교사 1인당 학생 수

오늘날 공립초등학교에 해당하는 일본인 공립소학교와 조선인 공립 보통학교를 대상으로 한 학교당 학급 수, 한 학급당 학생 수, 교사 1인 당 학생 수 등을 비교해보자.

〈표 26〉을 보면 1910년대에는 공립보통학교와 공립소학교의 '한 학급당 학생 수'와 '교사 1인당 학생 수'의 차이가 그렇게 크지 않았 음을 알 수 있다. 그러나 일제시기 전체의 평균을 보면 공립소학교의 한 학급당 학생 수는 39명, 교사 1인당 학생 수는 33명 정도로 계속 유지된 반면, 공립보통학교의 한 학급당 학생 수와 교사 1인당 학생

〈표 26〉 공립보통학교와 공립소학교의 한 학교당 학급 수, 한 학급당 학생 수,
교사 1인당 학생 수

연도	한 학교당 학급 수		한 학급당 학생 수		교사 1인당 학생 수	
	공립보통학교	공립소학교	공립보통학교	공립소학교	공립보통학교	공립소학교
1912	3.2	2.9	37.4	37.5	27.9	31.7
1913	3.3	2.7	38.2	36.4	29.4	30.2

1914	3.4	2.7	38.1	37	29.5	29.6
1915	3.4	2.7	41.1	37.9	31.5	30.2
1916	3.6	2.7	41.9	38.3	33.1	29.7
1917	3.9	2.7	42.4	37.3	33.8	29.3
1918	3.9	2.8	41.3	37.2	33.9	29.4
1919	3.8	2.8	37.7	37.7	30.8	30.5
1920	3.7	2.9	41.9	37.1	32.4	30.3
1921	4	2.9	49.4	38.8	39.8	31.5
1922	4.5	3.1	55.9	37.9	49.1	31.1
1923	5	3.1	55.8	38.6	50.3	30.9
1924	5.6	3.2	58.8	40	55.8	32.34
1925	5.8	3.2	56.8	38.6	54.4	32.48
1926	5.8	3.3	56.7	38.5	54.3	32.06
1927	5.7	3.3	55.8	38.6	53.3	31.27
1928	5.4	3.4	56.4	39.5	52.7	32.93
1929	5.3	3.5	55.8	39.4	52.5	33.41
1930	5	3.6	55.9	40.3	52.8	34.25
1931	4.8	3.7	55.1	41.3	52.1	35.76
1932	4.7	3.8	55	42.1	52.2	36.08
1933	4.5	3.9	58	42.6	55.1	36.8
1934	4.4	3.9	63.9	42	59.5	35.69
1935	4.4	4	67.4	42.4	63.6	36.73
1936	4.5	4.1	70.5	41.8	66.2	36.0
1937	4.7	4.3	72.1	41.5	68.5	36.02
1938	5.2	4.4	73.5	41.3	70.2	36.36
1939	5.7	4.5	73.4	41.2	71.7	35.37
1940	6.3	4.6	73.3	40.5	73.5	35.33
1941	6.9	4.8	73.1	39	73.1	34.92
1942	7.4	4.9	73.5	40	74.8	35.86

출전: 오성철,《식민지 초등교육의 형성》, 교육과학사, 2000, 125쪽.[59]

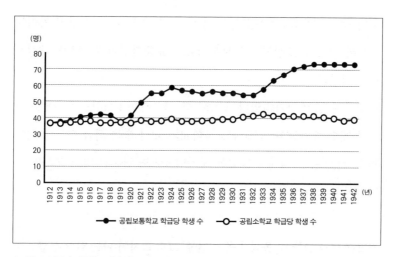

〈그림 76〉 공립보통학교와 공립소학교의 한 학급당 학생 수

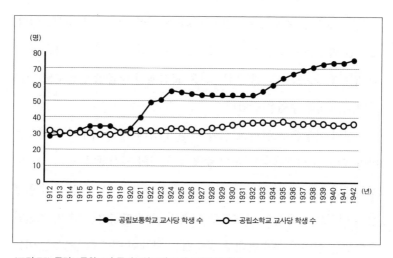

〈그림 77〉 공립보통학교와 공립소학교의 교사 1인당 학생 수

수는 해가 갈수록 증가했다. 특히 1920년 이후 두 민족 간의 차이는 갈수록 커졌다. 조선인 공립보통학교의 교육환경이 점차 열악해졌음을 의미한다.

교사 수도 마찬가지였다. 공립소학교의 경우 1940년 이후에도 교사가 계속 증가한 반면, 공립보통학교의 교사 수는 학급 수보다 적어진다. 전쟁 동원 체제로 돌입한 시기였음에도 일본인 학교 교사만 증가했던 것이다.

견고한 벽돌 건물 대 옹색한 목조 건물, 그리고 차이 나는 입학 경쟁

일제시기 조선인과 일본인의 학교 또는 교육의 차별성은 쉽게 간파할 수 없는 교묘한 차원에서뿐만 아니라, 노골적으로 드러나기도 했다. 조선인 학생은 옹색한 목조 건물 교실에서 만원 상태로 수업을 했지만, 일본인 학생은 견고한 벽돌 건물 교실에서 학급당 인원수도 적은 상태로 쾌적한 수업을 받았다.

조선인 아동은 보통학교 입학 경쟁이 심해 매년 다수가 탈락하는 반면, 일본인 학생은 소학교에 순조롭게 거의 진학했다. 입시 경쟁이 치열했던 중·고등교육기관 입학생 선발 과정에서도 일본인 수험생은 상대적으로 수준이 낮더라도 어렵지 않게 합격하는 반면, 조선인 수험생은 실력이 우수한데도 탈락하는 학생이 무수히 많았다. 이는 재조선 일본인이 조선인보다 유리한 생활환경을 갖게 되는 삶의 과정 중 하나였다.

4

조선인
학교에 간
일본인 학생

조선인 보통교육기관의 일본인 학생

공학제도가 실시되기 전까지 과연 조선인 학교에는 100퍼센트 조선인만 다녔으며, 일본인 학교에는 한 명의 예외도 없이 일본인뿐이었을까? 그렇지 않았다. 제3차 교육령이 실시되기 전에도 적은 수나마 조선인 학교에 다니는 일본인 학생이 있었으며, 일본인 학교에도 조선인 학생이 다녔다. 여기서는 보통교육을 실시하는 학교를 중심으로 하여 조선인 학교에 간 일본인 학생의 규모와 그들이 조선인 학교에 다닌 이유 또는 배경을 살펴보려고 한다.

　조선인 보통교육기관에 재학했던 일본인 학생 수와 학교 급별 전년도 대비 증가하거나 감소한 일본인 학생 수를 〈표 27〉로 정리했다.

그리고 연도별 증감 수 추이를 좀 더 쉽게 이해할 수 있도록 그래프로
도 나타냈다.

〈표 27〉을 보면 조선인 보통교육기관에 다니는 일본인 학생 수가 계
속 증가했음을 알 수 있다. 그러나 조선인 보통교육을 실시하는 학교

〈표 27〉 조선인 보통교육기관에 재학했던 일본인 학생 수(1919~1935)

| 연도 | 보통학교 | | 고등보통학교 | | 여자고등보통학교 | | 계 |
	일본인 학생 수	전년도 비 증감 수	일본인 학생 수	전년도 비 증감 수	일본인 학생 수	전년도 비 증감 수	
1919	80						80
1920	78	-2					78
1921	76	-2					76
1922	133	57	13		36		182
1923	141	8	36	23	45	9	222
1924	227	86	59	23	37	-8	323
1925	246	19	78	19	1	-36	325
1926	276	30	106	28		-1	382
1927	321	45	136	30	1	1	458
1928	407	86	142	6	1	0	550
1929	446	39	131	-11	2	1	579
1930	486	40	125	-6			611
1931	550	64	99	-26			649
1932	581	31	83	-16			664
1933	627	46	83	0			710
1934	613	-14	119	36			732
1935	676	63	141	22			817

출전: 大野謙一, 《朝鮮敎育問題管見》, 朝鮮敎育會, 京城, 1936, 380~381쪽.[60]

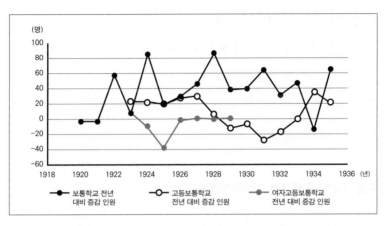

<그림 78> 조선인 보통교육기관에 재학했던 일본인 학생의 전년도 대비 증감 수 추이도

의 전체 규모로 볼 때 일본인 학생이 차지했던 비중은 매우 적었다. 조선인 학교에 입학하거나 다녔던 일본인 학생 수가 적은 것은 어찌 보면 자연스러운 일이었다. 일본인 아동 또는 학생은 언어의 불편함이나 문화 차이를 무릅쓰고 구태여 조선인 학교에 가야 할 필요가 없었다.[61] 특히 조선을 침략한 식민 지배자의 자녀인 그들에게 조선인 학교에 입학하거나 다닌다는 것이 결코 선호할 수 없는 것임은 명확했다.

〈표 27〉에서 보듯 세 종류의 조선인 학교 중 일본인 학생 비율이 가장 높은 것은 오늘날 초등학교에 해당하는 보통학교였다. 그다음은 오늘날 남자 중등교육기관인 고등보통학교였는데, 1928년부터 일본인 학생 수가 크게 줄어들기 시작하더니 1929~1932년에는 매년 전년도 인원에도 미치지 못했다. 그리고 1933년 전년도와 같은 수로 회

복되면서 다시 증가하기 시작했다.

오늘날 여자 중등교육기관에 해당하는 조선인 여자고등보통학교의 일본인 여학생 수를 보면 1922년부터 1924년까지 3년을 제외하고는 매년 한두 명뿐이었다. 1926년과 1930년 이후에는 아예 한 명의 여학생도 없었다.

조선인 공립초등교육기관의 일본인 학생

〈표 28〉은 오늘날 공립초등교육기관인 조선인 공립보통학교에 다니는 일본인 학생 수와 비율을 나타낸 것이다. 조선인과 기타 외국인 비율도 비교할 수 있다.

〈표 28〉의 비율을 보면 조선인의 공립보통학교에 다니는 일본인 학생 비율이 0.1퍼센트라도 넘은 경우는 1931년부터 1934년까지밖에 없다. 1938년 제2차 공학제도가 실시됐지만 일본인 학생 비율이 높아진 것은 그해뿐이었다. 1938년도에만 0.07퍼센트로 전년도에 비해 0.01퍼센트 올라갔으며, 그 이후부터는 0.06에서 0.05퍼센트로 점차 줄어들었다.

일본인 학생이 조선인 학교에 다닌 이유: 청주고등보통학교 사례

'일본인 학생은 왜 조선인 학교에 다닌 것일까?' 아니, 이 질문은 '조

〈표 28〉 공립보통학교 재학 일본인, 조선인, 외국인 학생 수와 비율

연도	학생 수(명)				비율(%)		
	일본인	조선인	외국인	합계	일본인	조선인	외국인
1923	–	224,737	133	224,870	–	99.9	0.1
1926	259	419,574	–	419,833	0.06	99.9	–
1929	446	448,215	1	448,662	0.09	99.9	0.0
1931	550	474,891	–	475,441	0.15	99.9	–
1932	586	488,477	–	489,063	0.11	99.9	–
1933	627	533,957	1	534,585	0.11	99.9	0.0
1934	613	605,795	9	606,417	0.10	99.9	0.0
1936	615	762,479	1	763,095	0.08	99.9	0.0
1937	516	858,416	9	858,941	0.06	99.9	0.0
1938	751	1,001,566	10	1,002,327	0.07	99.9	0.0
1940	886	1,322,901	17	1,323,804	0.06	99.9	0.0
1941	905	1,502,906	7	1,503,818	0.06	99.9	0.0
1942	1,040	1,683,894	11	1,684,945	0.06	99.9	0.0
1943	993	1,927,789	2	1,928,784	0.05	99.9	0.0

출전: 조선총독부 학무국 편, 《조선제학교일람》, 조선총독부 학무국, 1923~1944.
비고: 1926년과 1932년의 일본인 학생 통계가 앞의 〈표 27〉의 통계와 조금 다르다. 출전 자료 《조선교육문제관견》과 《조선제학교일람》에서 각각 다르게 정리돼 있기 때문이다.

선인 학교에 그들이 다녀야만 했던 이유는 무엇이었을까?'라고 바꿔야 더 마땅할 수도 있겠다. 가장 중요한 이유 또는 배경은 일본인 학생이 살던 지역에 그들만의 또는 그들을 중심으로 한 학교가 없었기 때문이다. 청주고등보통학교에 다녔던 일본인 학생이 그런 경우였다.

조선인 남자 중등교육기관이었던 청주고등보통학교는 1924년 설립됐다. 그러나 당시 청주에 일본인 남자 중등교육기관인 중학교는 아직 없었다. 그 때문에 일본인 학생 중에는 청주고등보통학교에 진학하는 예도 있었다. 이 학교에 일본인 학생이 처음으로 재학한 것은 1926년에 입학한 열한 명이었다.

그 후 1929년 40명, 1931년 34명, 1938년 64명으로 조금씩 증가했다. 하지만 1939년 청주에 일본인 중학교가 설립되면서 그 수는 차츰 줄어들었고, 1943년에는 다섯 명 정도에 지나지 않았다. 그래도 이 학교에는 다른 고등보통학교에 비해 상대적으로 일본인 학생이 많았으며, 그들 중 다수가 청주에서 가까운 지역에서 왔다.[62]

〈표 29〉 청주고등보통학교 학생의 출신 성분

졸업 연도	조선인(명)				일본인(명)			
	양반	상민	미기재	계	사족士族	평민	미기재	계
1931	45	6	4	55	0	3	2	5
1932	30	2	3	35	1	9	1	11
1935	72	4	1	77		5	1	6
1937	67	2	3	72		6	1	7
계 총 인원	214	14	11	239	1	23	5	29
계 비율(%)	89.5	5.9	4.6	100	3.5	79.3	17.2	100

출전: 청주고등보통학교 학적부; 김동환, 〈일제강점기 충북 고등교육의 사례 연구: 청주고등보통학교의 학생과 교사의 사회적 배경 및 진로를 중심으로〉, 《한국교육사학》 31, 2009, 35쪽에서 재인용.
비고: 김동환 논문의 〈표 7〉 청주고등보통학교 조선인 학생의 전통적 신분(1931, 1932, 1935, 1937)에서 제목과 표를 재구성했다. 조선인 학생의 신분은 전통적 신분에 따른 것이다. '미기재'는 출신 성분 항목에 아무것도 기록되지 않았음을 뜻한다.

조선인 학교에 다닌 일본인 학생의 사회적 배경

조선인 학교에 다녔던 일본인 학생의 사회적 배경을 청주고등보통학교를 예로 들어 살펴보자. 이 학교의 학적부 기록 내용 중에는 '족적族籍'이라는 게 있다. 호적부에 기록했던 양반, 평민, 천민 등의 신분 호칭인 '족칭族稱'을 학적부에도 의무적으로 써놓았던 것이다. 청주고등보통학교에 다녔던 일본인 학생의 출신 성분을 조선인 학생 출신 성분과 함께 〈표 29〉로 정리했다.

청주고등보통학교의 1931, 1932, 1935, 1937년 전체 통계에서 일본인 학생 29명 중 23명이 평민 출신으로 79.3퍼센트를 차지했다. 즉 이 시기 청주고등보통학교의 일본인 학생의 신분은 5분의 4가 평민이었다고 할 수 있다. 경제적으로는 유산층도 많았지만, 그렇지 못한 학생도 다수 있었다.[63]

같은 시기 청주고등보통학교의 조선인 학생 신분은 총 239명 가운데 214명이 양반으로 89.5퍼센트를 차지했다. 조선에서는 갑오개혁 때 신분제도가 철폐됐기 때문에 조선인 학생의 경우는 관습적으로 남아 있던 전통적 신분을 의미한다. 당시 청주고등보통학교 학생의 출신 성분 비율과 관련하여 조선인 학생은 양반에 대한 귀속의식을, 일본인 학생은 평민에 대한 귀속의식을 각각 가지고 있었다고[64] 분석할 수도 있다.

맺음말

일제시기 일본인은 조선인과 함께 한반도에 거주한 주요 구성원이었다. 물론 새삼 두말할 나위도 없이 그들의 삶의 성격은 완전히 대치됐다. 일본인은 국권을 침탈한 침략자이자 지배자로 조선인은 국권을 상실한 피지배자로 살았던 것이다. 그 시기 일제 또는 일본인에게 조선은 더 이상 '외국'이 아닌 그들의 식민지였다. 일제는 재조선 일본인이 식민지의 새로운 주인으로서 조선에 '계속 영주永住하는 지배자'가 될 것을 갈망했다. 따라서 일제나 재조선 일본인에게 재조선 일본인 학생은 '영주하는 지배자'로 키워야 할 주요 대상이었다. 이 책에서는 재조선 일본인 학교와 학생에 대하여 일본인 학생들의 부모가 조선에 정착하면서 설립하기 시작한 학교, 일본정부에 의한 일본인 교육제도 정비 과정, 그리고 교육환경과 학교풍경 등을 살펴보았다.

물론 이들을 이해하는 데 도움이 되도록 재조선 일본인 학생의 모집 단인 재조선 일본인의 조선 정착 과정과 그 규모 등도 서론 부분에서 다루었다. 맺음말에서는 재조선 일본인 학교와 학생 관련 내용을 중심으로 정리해보았다.

첫째, 조선에서 일본인 학교 역사는 어떻게 출발했으며, 어느 정도의 규모로 확산됐을까? 거류 일본인은 정착과 더불어 가장 먼저 자녀를 위한 교육시설부터 마련했다. 일본인 교육시설 또는 교육기관의 역사는 1877년 부산에서 시작된다. 그리고 일본인을 위한 정식 학교 교육이 실시된 것은 1888년 부산과 원산에서였다. 1909년 〈학교조합령〉을 기반으로 일본인 학교는 크게 늘기 시작했다. 학교조합은 일본인 학생에게 '조선인과 차별화된 교육'을 실시하고 식민지 조선에서 최대한의 교육기회를 부여하고자 조직된 공공단체였다.

학교조합에서 운영한 학교는 유치원과 소학교를 비롯해서 다양하다. 그중에서도 소학교가 대부분이었다. 학교조합 설립과 함께 빨리 증가한 소학교는 일제시기 일본인 학교의 대부분을 차지했다. 소학교는 오늘날 초등학교에 해당한다. 일제는 초등교육 의무교육제도를 일본 내지에서는 실시했으나 조선에서는 실시하지 않았다. 그럼에도 1920년대 초부터 조선에 사는 일본인 학령 아동은 대부분 취학하게 된다. 재조선 일본인 교육 현장에서는 의무교육이 실현된 것이다. 그리고 그것을 가능하게 한 배경에 바로 학교조합이 있었다. 1910년 경성중학교가 조선의 궁궐을 차지한 것은 일제가 조선의 심장부를 파헤

처 일본인 학교를 건설했다는 상징적 의미를 포함한다.

둘째, 일본인 학생은 조선에서 조선인 학생과는 비교도 안 될 만큼 높은 취학률과 좋은 환경에서 교육을 받았다. 그것은 일제가 조선으로 이주한 일본인이 자녀 교육 문제로 다시 일본으로 귀환하지 않도록 하기 위해 실시한 식민정책의 성과이기도 했다. 즉, 일제는 조선을 영원한 식민지로 만들고 재조선 일본인 학생을 식민지의 영원한 지배자로 만들기 위해서 일본인과 그들의 자녀가 조선에서 잘 정착하도록 도모했다. 그리고 그를 위해 우선적이고도 필수적인 과제가 교육시설과 환경이었으며, 일제는 재조선 일본인 교육에 그만큼 노력을 기울일 수밖에 없었다. 그 결과 일본에서보다 더 완성도 높은 성과를 거두었던 것이다.

그럼에도 조선에 사는 일본인 학생이 최고로 생각하는 교육과정의 최종 목적지는 일본 내 대학에 진학하는 것이었다. 식민지에서 자란 일본인 학생이 '식민지의 내지 또는 본토'를 열망하고 그곳으로 진출하려는 꿈을 꾸는 것은 당연했다. 그러나 재조선 일본인 학생이 일본 내 대학을 목적으로 삼아야 했던 좀 더 근본적인 배경은 따로 있었다. 일제는 조선의 교육을 일본과 동일하게 차별 없는 수준으로 '발전'시키겠다고 끊임없이 내세웠지만, 일제 말까지 고등교육기관 중 대학교는 거의 없었다. 조선에 대학교가 많이 설립됨으로써 조선인 학생까지 높은 단계의 교육기회를 갖게 되는 상황을 일제는 결코 원하지 않았기 때문이다.

재조선 일본인 여학생들을 위한 중등교육기관은 일본인 남학생들의 그것보다 더 빨리 더 많이 설립됐다. 일본인 부모는 딸을 조선에서 멀리 일본으로 유학 보내는 것을 꺼려했다. 한편 일제는 재조선 일본인 여학생을 '미래에 조선에서 일본인의 후세를 낳아야 할 여성'으로 생각했다. 때문에 재조선 일본인 여학생을 위한 중등교육기관을 부족하지 않게 그리고 신속하게 정비했다. 일제가 그들을 조선에서 교육하며 안정적으로 정착시키고자 했던 것이다. 재조선 일본인 여학생들은 그와 같은 교육기회에서뿐만 아니라 사회진출 면에서도 일본 내지보다 더 나은 기회를 갖고 있었다. 그리고 결혼을 해도 조선인 여성을 오늘날 가사도우미에 해당하는 '식모'로 고용해서 편하게 사는 등 일본 내 여성보다 여유로운 삶을 누릴 수 있었다.

한편 재조선 일본인 여학생들의 그러한 풍요로움은 의외로 그들에게 부정적인 문제를 야기하기도 했다. 조선에서 자라고 교육받은 여성에게는 일본 내 여성과 비교해서 게으르고 낭비가 심하며 조국인 일본에 대한 애국심도 부족하다는 등의 좋지 않은 평가가 적지 않게 있었다고 한다. 그 결과 재조선 일본인 남성이나 일본 내 남성의 결혼 대상에서 재조선 일본인 여학교 출신의 일본인 여성은 기피되는 존재이기도 했다.

셋째, 재조선 일본인 학교의 교정 안팎 풍경과 관련해서 먼저 입시 경쟁과 서열화를 꼽을 수 있다. 일본에서 근대 교육제도를 도입한 뒤에 시작된 입시 경쟁과 서열화는 일본 근대 교육이 갖는 공통된 특징이라고 할 수 있다. 근대 일본 사회의 특수한 주변부인 '외지' 조선에서도 입신출세를 위한 경쟁의 장이 형성됐다. 일제시기 재조선 일본인 학교는 대부분 공립이었지만, 전국적으로 또는 지역별로 '공인된' 학교 서열이 있었다. 재조선 일본인 사회가 내적으로도 위계화되어 있고 차별이 엄연했던 까닭에 좀 더 나은 위치로 나아가기 위한 출세 경쟁이 치열했고, 출세를 뒷받침하는 역할을 했던 입시 경쟁 역시 상당히 치열했다.

다음은 교정 또는 학교생활에 파고든 군사문화로, 1930년대 이후 학생의 생활은 군사교련뿐만 아니라 전쟁과 직접 연결되는 일들이 갈수록 늘어갔다. 1937년 중일전쟁 이후에는 출정 병사의 환송식, 전사자 고별식, 방공훈련 등이 일상사가 됐다. 소학교에서는 정기적인 신사 참배 외에도 '출정 병사 환송회'나 '전사자 고별식'을 위한 참배가 일상적으로 행해졌다. 소학교 수업에서도 일반 교과목 외에도 소국민(천황의 신민)으로 길러내기 위한 각종 특별 수업 과목이 신설됐고, 체력단련, 군사훈련, 노동봉임勞動奉任 등도 실시됐다. 재조선 일본인 여학생도 그와 같은 상황에서 제외되지 않았다.

넷째, 일제는 공학제도를 실시해 일본인 학생과 조선인 학생에게 동등한 교육을 실시한다고 선전했다. 그러나 실상은 달랐다. 일제는 교육령을 통해 조선의 교육제도를 일본의 교육제도로 전환하고, 일본의 교육제도로 조선 교육의 근간을 삼게 했다. 그들이 내세운 '공학'은 조선인 학생과 일본인 학생이 동일한 수준의 공간에서 또한 그와 같은 수준의 교육기회를 갖고 함께 교육받는 그런 것이 아니었다. 조선인 본연의 교육제도와 조선인으로서의 주체성을 없애고 일본인 교육제도에 기반을 두어 일본인화하려는 공학이었다. '조선인 학생과 일본인 학생이 공존 또는 병존하는 공학', 즉 '진정한 공학'이 결코 아니었다.

교육령 개정과 공학제도는 일제가 조선에서 실시한 정책 중 '표면적이고 형식적인 동화'와 '내면적이고 실제적인 차별'이 공존하는 모순을 가장 잘 보여주는 역사적 사실 중 하나였다. 조선인에게 이러한 공학제도는 결국 일제가 조선과 조선인 본위의 것을 일본과 일본인 본위의 것으로 전환해 황민화정책을 실현하고자 하는, 즉 식민지 교육정책을 실현하기 위한 것에 지나지 않았다.

일제는 공학제도 실시에도 불구하고 일본인 교육기관을 설립·운영하는 학교조합을 1945년 그들이 패망할 때까지 계속 설립했다. 일본인 교육기관을 조선인 교육기관과 계속 분리하여 관리했음을 의미한다. 이는 당연히 조선인의 지도자가 될 일본인을 피지배자인 조선인과 함께 교육할 수 없다는 일제의 기본 방침에 따른 것이었다.

재조선 일본인의 취학률은 사실상 100퍼센트에 달했기 때문에 조선인 취학률과는 결코 비교될 수 없었다. 일제시기 내내 가장 기초적인 단계에서부터 조선인의 교육기회가 일본인보다 그만큼 취약했던 것이다. 그리고 그와 같은 두 민족 간의 차별이 유지될 수 있었던 배경에는 학교조합이 있었다. 조선을 식민지로 만들기 이전부터 재조선 일본인 학교 설립과 운영을 위해 조직됐던 학교조합은, 일제가 두 민족 간의 차별적 교육정책을 실시하는 데 활용한 핵심 기구로, 일제시기가 끝날 때까지 계속 존재했다.

　재조선 일본인 학생과 조선인 학생 간의 교육적 불균형은 중등 및 고등교육기관으로 갈수록 심했다. 일본인 학생에게 부여된 교육기회는 조선인 학생에 비해 상대가 되지 않을 만큼 많았다. 일제는 재조선 일본인에 대해서는 모든 과정에서 교육기회를 적극적으로 확대하고 보충한 반면 조선인에게는 중등 및 고등교육 기회를 봉쇄하고 그 팽창을 억제하는 우민화 방침으로 일관했기 때문이다.

주

머리말

1 2016년 7월 법무부에서 발표한 한국 거주 외국인 중 3위까지만을 나열함.

2 이 글에서는 개항 이후부터 일제강점기까지 한국의 국호나 민족을 특별한 경우를 제외하고 '조선'과 '조선인'으로 통일해 서술한다.

3 '재조선 일본인' 용어를 둘러싼 더 자세한 내용은 이동훈, 〈'재조일본인' 사회의 형성에 관한 고찰: 인구 통계 분석과 시기 구분을 통해〉, 《일본연구》 29, 2018, 232~235쪽 참조.

4 결국 재조선 일본인은 식민 통치에 일본 정부와 함께한 동반자였다. 즉 재조선 일본인이 일본 정부와 함께 식민 통치 또는 조선 침략에 대한 책임 분담자였음을 의미한다. 다카사키 소지 저, 이규수 역, 《식민지 조선의 일본인들》, 역사비평사, 2006, 3~4쪽.

5 《조선총독부통계연보》 1914, 1925, 1934, 1942; 조미은, 《일제강점기 재조선 일본인 학교와 학교조합 연구》, 성균관대 박사학위논문, 2010. 1944년 조선총독부 마지막 통계에 따르면 일본인 인구는 약 71만 명으로 다시 감소했다. 그러나 여기에 조선에 주둔하던 일본군 약 23만 명을 포함하면 이해에도 총 94만여 명의 일본인이 한반도에 체류하고 있었던 것으로 보인다. 더욱이 당시 밀항자까지 포함하면 실제 한반도 체류 일본인은 그보다 많은 100만 명 내외였을 것으로 추정된다(이동훈, 〈'재조일본인' 사회의 형성에 관한 고찰: 인구 통계 분석과 시기 구분을 통해〉, 《일본연구》 29, 2018,

237~238쪽).

6　오카모토 마키코, 〈조선총독부 관료의 민족 구성에 관한 기초적 연구: 민족 문제와 민
　　족 격차의 내포〉, 한일역사공동연구위원회 제3분과 《제2기 한일역사공동연구보고서》
　　4권, 2010, 161쪽 자료 1 '조선총독부 및 소속 관서 직원 수(국비지변직원)'. 조선총독
　　부 관리는 임용 형식에 따라 크게 고등관과 판임관, 대우관으로 분류된다. 고등관은
　　일왕이 직접 임명하는 관리로, 전체 9등급으로 나뉜다. 1~2등관을 칙임관이라 했는
　　데, 이 중에서도 일왕이 직접 임명장을 수여하는 친임식으로 임명되는 관리를 친임관
　　親任官이라 했다(국사편찬위원회 같은 자료).

7　高吉嬉, 《旗田巍における'植民意識克服'と'アイデンティティ'統合 − 植民地朝鮮
　　と前後日本を生きた一知識人の思想形成の研究》, 東京大学大学院教育学研究科
　　博士論文, 2001, 36쪽.

8　소학교는 오늘날 초등학교 급에 해당한다.

9　일제강점기 이후 일본은 식민지 조선과 구분하여 '내지內地', '본토', '본국' 등으로도
　　표현됐다. 이 책에서는 필요한 경우 외에는 '일본', '일본 내' 등으로 서술한다.

10　조미은, 《일제강점기 재조선 일본인 학교와 학교조합 연구》, 성균관대 박사학위논문,
　　2010, 256~258쪽.

11　이형식, 〈재조일본인 연구의 현황과 과제〉, 《일본학》 37, 2013, 246쪽.

1. 조선으로 건너온(渡韓) 일본인

1　오늘날 부산광역시 동구에 있던 조선시대의 포구. 부산포의 한자 표기는 조선 전기
　　에는 '富山浦'였으며, 이후 '釜山浦'로 바뀌었다. 두 종류의 표기가 혼용되기도 했다.
　　'부산'이라는 지명의 유래가 되는 곳이다. 이 책에서 오늘날 지명 또는 주소는 2014년
　　1월부터 실시된 도로명 주소 이전의 지명으로 서술한다. 그리고 이하 주에서 '오늘날'
　　은 가능한 한 생략한다.

2　웅천熊川은 진해 지역의 옛 지명이고, 내이포乃而浦는 경상남도 창원시 진해구 동쪽

부근의 항구다.

3 서울시 중구 인현동.

4 《해동제국기》가 처음 제작된 것은 1471년이며, 그 책에 〈동래부산포지도〉가 삽입된 것은 1474년이다. 《해동제국기》의 '기'에 대한 한자가 '記'로 표기되기도 한다.

5 이상 왜관 관련 주요 내용은 다음을 참조하면 된다. 양흥숙, 〈지역사의 관점에서 보는 왜관〉, 《지역과 역사》 39, 2016, 378쪽; 김강일, 《조선 후기 왜관의 운영실태에 관한 연구》, 강원대 박사학위논문, 2012, 국문 초록.

6 그 밖에 왜관이 설치된 곳으로 염포鹽浦(울산), 가배량加背梁(경상남도 거제시 동부면 가배리에 있는 만), 절영도가 있다.

7 국사편찬위원회〉우리역사넷〉신편한국사〉왜관 침탈과 조일관계의 변질(http://db.history.go.kr/item/level.do?setId=1&itemId=nh&synonym=off&chinessChar=on&page=1&pre_page=1&brokerPagingInfo=&position=0&levelId=nh_032_0060_0020_0050_0020, 2018년 3월 13일 현재).

8 일본 메이지明治 초기의 최고국가기관인 태정관太政官이 공포했던 법령이다.

9 부산광역시〉부산스토리텔링 원형〉역사와 문화유산〉근대도시로의 변화, 부산 개항과 부산세관(http://story.busan.go.kr/board/view.busan?boardId=BUSAN_STORY&menuCd=DOM_000000106002000000&orderBy=register_dt%20desc&startPage=1&categoryCode1=STORY01&dataSid=3584&tabNum=1&searchOption=null&mystoryOption=null, 2018년 3월 13일 현재)

10 오늘날 종로구 낙원동 271~283번지 일대

11 손정목, 《(한국 개항기)도시변화과정연구》, 일지사, 1994, 238~240쪽.

12 조미은, 〈일제강점기 일본인 학교조합 설립 규모〉, 《사림》 22, 2004, 5쪽.

13 강창일, 《근대 일본의 조선침략과 대아시아주의》, 역사비평사, 2003, 61쪽.

14 당시 일본에 대한 호칭으로는 내지, 본토, 본국 등이 있다.

15 천지명, 〈일제의 한국 강점과 재한일본인 거류민단의 재편〉, 《역사연구》 26, 2014, 148쪽; 천지명, 〈일제의 '거류민단법' 제정과 그 성격〉, 《한국독립운동사연구》 50, 2015, 322쪽.

16 홍순권, 〈일제강점기 '부제'의 실시와 지방제도 개정의 추이: 부산부 일본인 사회의 자치제 실시 논의를 중심으로〉, 《지역과 역사》 14, 2004, 247쪽.

2. '국권피탈' 이전부터 설립된 일본인 학교

1   1906년 8월 일본인 거류민이 한성 내에 조직한 자치조직 단체(http://thesaurus. history.go.kr, 2018년 3월 13일 현재). 일본인은 1910년 국권피탈 이전부터 조선의 수도 한성을 '경성'이라고 하거나 한성을 근거지로 하여 만든 일본인의 조직, 단체 또는 학교 이름에도 '경성'을 붙여 사용하기도 했다.

2   이동훈, 〈'경성'의 일본인 사회와 자녀교육: 통감부 시기와 1910년대를 중심으로〉, 《서울학연구》 45, 2011, 124~125쪽.

3   조선총독부 학무국 편, 《조선교육요람》, 조선총독부, 1915, 87쪽.

4   김대래·김호범, 〈부산일본거류민단 재정 연구, 1907~1914: 부산부 재정의 성립과 관련하여〉, 《지방정부연구》 10-2, 2006, 184쪽.

5   손정목, 《(한국 개항기)도시변화과정연구》, 일지사, 1994, 94~96쪽; 홍순권, 〈일제강점기 '부제'의 실시와 지방제도 개정의 추이: 부산부 일본인 사회의 자치제 실시 논의를 중심으로〉, 《지역과 역사》 14, 2004, 243쪽.

6   부산시 중구 일대.

7   신관神官. 신사神社의 신관 또는 그 우두머리. 신직神職이라고도 한다.

8   '데라코야'라는 명칭은 에도시대 이전 중세에 주로 사원寺院에서 서민 자녀의 교육을 담당했고, 그곳에서 공부하던 아이를 '데라코寺院'라고 부른 데서 비롯됐다는 것이 통설이라고 한다. 신성목, 〈에도시대 서민들을 위한 실용교육의 산실 '데라코야')〉 (http://pub.chosun.com/client/news/viw.asp?cate=C03&mcate=m1004&nNewsNumb=20161222517&nidx=22603, 2018년 2월 19일 현재).

9   이동훈, 〈'경성'의 일본인 사회와 자녀교육: 통감부 시기와 1910년대를 중심으로〉, 《서울학연구》 45, 2011, 109~110쪽.

10 稻葉繼雄, 〈釜山第一小學校について: 在朝鮮'內地人'學校の事例研究〉, 《國際教育文化研究》4, 2004, 2쪽.

11 부산 개항 이후 처음으로 설치된 일본의 종교 시설이자 불교 사찰. 법회, 교육 활동, 화장장 사업, 자선사업 등 거류민 사회에서 필요로 하는 다양한 분야에서 활동했다. 교육 활동으로는 거류민에게 조선어를 교습하는 1878년의 한어학사韓語學舍를 비롯해서 아동교육시설, 여아학교, 유치원 등을 운영했다. 김윤환, 〈개항기 해항도시 부산의 동본원사 별원과 일본인 지역사회: 공생과 갈등을 중심으로〉, 《해항도시문화교섭학》6, 2012, 17, 22~23쪽; 부산역사문화대전〉정토진종 대곡파 본원사 부산 별원(http://busan.grandculture.net/Contents?local=busan&dataType=01&contents_id=GC04206549, 2018년 4월 21일 현재).

12 稻葉繼雄, 〈釜山第一小學校について: 在朝鮮'內地人'學校の事例研究〉, 《國際教育文化研究》4, 2004, 2쪽.

13 한국민족문화대백과사전〉연대청(http://encykorea.aks.ac.kr/Contents/Index?contents_id=E0072465); 김동철, 〈왜관이야기〉4, 지역사, 교류사로서의 왜관(http://blog.daum.net/dkfemsea/839, 2018년 3월 13일 현재).

14 교대로 근무하는 직책이나 임무. 본원사 등 조선에 있던 일본 사원에도 교대로 근무하는 '윤번'이 많았다.

15 稻葉繼雄, 〈釜山第一小學校について: 在朝鮮'內地人'學校の事例研究〉, 《國際教育文化研究》4, 2004, 2쪽.

16 부산시 중구 신창동 일대.

17 부산상업회의소, 《부산요람》, 1912, 46~47쪽; 稻葉繼雄, 〈釜山第一小學校について: 在朝鮮'內地人'學校の事例研究〉, 《國際教育文化研究》4, 2004, 3쪽.

18 부산시 중구 대청동.

19 부산공립소학교는 부산공립심상소학교釜山公立尋常小學校(1906) → 부산거류민단립 부산심상소학교釜山居留民團立釜山尋常小學校(1910) → 부산제일공립심상소학교釜山第一公立尋常小學校(1912)의 순으로 이름을 바꾸었다. 해방 후 1946년 남일국민학교로 이어졌으며, 1998년 동광초등학교와 통합하여 광일초등학교가 됐다. 부산역사

문화대전〉부산제일공립심상소학교(http://busan.grandculture.net/Contents?local=busan&dataType=01&contents_id=GC04207090, 2018년 3월 13일 현재).

20 일본인은 바닷가의 용미산을 기준으로 남쪽의 자갈치 지역을 남빈, 북쪽을 북빈이라 불렀다. 남빈은 오늘날 남포동, 북빈은 중앙동이다. 한국향토문화전자대전〉중앙동 1·2·3·4·5·6·7가(http://terms.naver.com/entry.nhn?docId=2821470&cid=55787&categoryId=56675, 2018년 2월 20일 현재).

21 최한수,《한국 유치원교육의 변천 과정에 관한 고찰: 1885~1945》, 중앙대 석사학위 논문, 1983.

22 김윤환, 〈개항기 해항도시 부산의 동본원사 별원과 일본인 지역사회: 공생과 갈등을 중심으로〉,《해항도시문화교섭학》6, 2012, 17쪽, 24쪽.

23 독일의 교육가이자 유치원 창설자인 프뢰벨Friedrich Wilhelm August Fröbel (1782~1852)은 초등학교 입학 전 아이의 교육에 대해 연구했으며, 아이의 자가 활동적 놀이와 그 매체인 놀이도구의 중요성을 주장했다.

24 김윤환, 〈개항기 해항도시 부산의 동본원사 별원과 일본인 지역사회: 공생과 갈등을 중심으로〉,《해항도시문화교섭학》6, 2012, 25~26쪽. 표 모양을 일부 변경했다.

25 인천부청 편,《인천부사》, 인천부, 1933, 1275~1276쪽; 조선총독부 학무국 편,《조선교육요람》, 조선총독부, 1919, 124쪽.

26 인천시 중구 관동 1가 8번지.

27 요시히토는 1912년 메이지의 뒤를 이어 즉위한 다이쇼大正의 본명이다.

28 김옥련《유아교육사》, 정민사, 2000, 252쪽; 이시자, 〈해방 전 유치원 교육: 인천 지역을 중심으로〉,《인천학연구》2-2, 2003, 185쪽에서 재인용.

29 총대역장은 1930년대 중반 당시 덕수 3번지에 있는 요정 '요시노ょしの' 자리에 있었다.

30 일본인 경성상업회의소는 1897년 야나기다케柳武貞, 나카무라中村再造 등의 건의로 창립됐다. 국사편찬위원회 한국사데이터베이스, 〈재경성 일본인 상업회의소의 연혁·조직·감독 등에 대한 경성 영사의 보고〉,《한국근대사자료집성》7권 한일경제관계 2(http://db.history.go.kr/id/hk_007_0240_0030, 2018년 3월 13일 현재).

31 국사편찬위원회 한국사데이터베이스〉한국근현대인물자료〉中村再造.

32 경성부 편,《경성부사》2, 경성부, 1936, 603쪽.

33 稻葉繼雄,〈京城日出小學校について: 在朝鮮'內地人'學校の事例研究〉,《九州大學大學院敎育學硏究紀要》2, 2002, 106쪽.

34 서울시 중구 충무로 2가.

35 稻葉繼雄,〈京城日出小學校について: 在朝鮮'內地人'學校の事例研究〉,《九州大學大學院敎育學硏究紀要》2, 2002, 106쪽.

36 경성부 편,《경성부사》2, 경성부, 1936, 612쪽; 국사편찬위원회 한국사데이터베이스〉한국근현대인물자료〉橘圓壽(http://db.history.go.kr/item/level.do?levelId=im_215_20579, 2018년 3월 13일 현재).

37 경성부 편,《경성부사》2, 경성부, 1936, 606쪽, 612쪽; 稻葉繼雄,〈京城日出小學校について: 在朝鮮'內地人'學校の事例研究〉,《九州大學大學院敎育學硏究紀要》2, 2002, 106쪽.

38 대표를 의미한다.

39 이동훈,〈'경성'의 일본인 사회와 자녀교육: 통감부 시기와 1910년대를 중심으로〉,《서울학연구》45, 2011, 110쪽.

40 서울시 중구 남산동 2가. 뒤에 남산공립소학교가 이곳에 자리를 잡았다.

41 학부협판 김춘희, 외부협판 윤치호, 한성부관찰사 김경하가 참석했다. 이때 특히 윤치호는 축하 연설을 일본어로 했다고 한다. 이동훈,〈'경성'의 일본인 사회와 자녀교육: 통감부 시기와 1910년대를 중심으로〉,《서울학연구》45, 2011, 110쪽.

42 이동훈,〈'경성'의 일본인 사회와 자녀교육: 통감부 시기와 1910년대를 중심으로〉,《서울학연구》45, 2011, 110쪽; 경성부 편,《경성부사》2, 경성부, 1936, 637쪽.

43 경성부 편,《경성부사》2, 경성부, 1936, 637쪽.

44 일본인이 한성 내에 설치한 거류민 단체. 1906년 경성거류민단으로 이름이 바뀐다. 천지명,〈일제의 '거류민단법' 제정과 그 성격〉,《한국독립운동사연구》50, 2015, 299쪽.

45 이동훈,〈'재조일본인' 사회의 형성에 관한 고찰: 인구 통계 분석과 시기 구분을 통

해〉,《일본연구》 29, 2018, 257쪽. 1905년과 1906년 거류민단 예산은 약 13만 엔.

46 서울시 중구 필동.

47 경성거류민단립제일심상고등소학교 또는 경성제일심상고등소학교로도 표기된다.

48 일본 이름은 '히노데소학교'다.

49 경성부 편,《경성부사》 2, 경성부, 1936, 796쪽, 819쪽.

50 서울시 중구 충무로.

51 일출국민학교와 같이 일제강점기에는 일본인 학교였으나 1945년 8·15 이후 다시 개
교하는 경우는 모두 우리나라 학생이 다니는 학교로 개교했음을 의미한다.

52 《동아일보》 1946년 3월 31일.

53 박준형,〈용산 지역 일본인 사회의 형성과 변천(1882~1945)〉,《서울과 역사》 98,
2018, 285쪽.

54 서울시 용산구 원효로 2가.

55 경성부 편,《경성부사》 2, 경성부, 1936, 1023·1044~1045쪽.

56 이 책에서는 용산소학교가 경성거류민단 소속으로 바뀌고 난 뒤부터는 학교 이름에
'경성'을 병기 서술했다.

57 《조선총독부관보》 378호, 1913년 11월 3일.

58 《조선총독부관보》 395호, 1913년 11월 22일.

59 《조선총독부관보》 704호, 1929년 5월 10일;《조선총독부관보》 1942호, 1933년 7월
1일.

60 문배산이라고도 한다.

61 경성부 편,《경성부사》 2, 경성부, 1936, 854쪽, 917~918쪽;《매일신보》 1912년 2월
1일,〈용산소학교 낙성식〉. 내용에는 용산원정소학교로 서술되어 있다:《조선총독부
관보》 395호, 1913년 11월 22일.《조선총독부관보》에 따르면 '1913년 10월 29일 경
성용산공립심상고등소학교의 고등소학교 교과를 폐지하고, 경성원정공립심상소학교
에 고등소학교 교과 설치를 인가'했다(《조선총독부관보》 378호, 1913년 11월 3일). 경성
원정공립심상고등소학교는 일제강점기 말〈국민학교령〉에 따라 원정국민학교로 고
친다. 해방 후 학교 이름이 계속 유지되다가 서울시에서 일본 색채를 지닌 초등학교

이름을 크게 변경하면서 남정국민학교가 됐다. 오늘날 용산구 원효로 2가의 서울남정 초등학교다(《조선총독부관보》 1941년 3월 31일; 《동아일보》 1946년 3월 31일). 신문에는 '남정南汀'이 '남강南江'으로 잘못 표기됐다. 1912년 3월 현재 민단립원정民團立元町 소학교와 경성민단립民團立용산소학교는 각각 다른 학교로 정리되어 있다(《매일신보》 1912년 3월 24일, 〈경평각학교의 졸업식〉).

62　《부산일보》 1918년 12월 6일, 〈용산소학교 소실〉; 《매일신보》 1918년 12월 6일, 〈용 산소학교 소실〉.

63　《조선왕조실록》 순종실록부록 9권 순종 11년 12월 17일(양력).

64　서울영등포초등학교〉학교 연혁(http://www.ydp.es.kr/80876/subMenu.do/2018년 3월 13일 현재).

65　서울시 중구 서소문동.

66　서울시 중구 남대문로 4가.

67　경성부 편, 《경성부사》 2, 경성부, 1936, 795~796쪽.

68　통감부, 《제3차 통감부통계연보》, 155쪽. 경성제이심상고등소학교 설립 당시 경성부 에는 '심상고등소학교'로 이미 경성심상고등소학교가 있었기 때문에 이 두 학교를 구 분하기 위해 기존의 경성심상고등소학교는 '경성제일심상고등소학교'로, 그리고 새로 설립한 심상고등소학교는 경성제이심상고등소학교로 불렀다.

69　경성부 편, 《경성부사》 2, 경성부, 1936, 819쪽; 《조선총독부관보》 1911년 12월 29일.

70　《경향신문》 1979년 2월 24일; 《동아일보》 1978년 10월 10일.

71　서울시 중구 인현동 2가.

72　경성부 편, 《경성부사》 2, 경성부, 1936, 818쪽.

73　《동아일보》 1946년 3월 31일; 서울영희초등학교〉학교 연혁(http://www.younghee. es.kr/71592/subMenu.do, 2018년 3월 13일 현재); 덕수중학교〉학교 연혁(http://www. ducksu.ms.kr/10261/subMenu.do, 2018년 3월 13일 현재).

74　라동羅洞(서울시 중구 남산동)에 있던 경성심상고등소학교 부근.

75　경자기념경성공립유치원후원회 편, 《(경자기념경성공립유치원) 창립40주년기념지》, 경 자기념경성공립유치원후원회, 1940, 21쪽; 《황성신문》 1900년 10월 29일.

76 경자기념경성공립유치원후원회 편,《(경자기념경성공립유치원) 창립40주년기념지》, 경
    자기념경성공립유치원후원회, 1940, 22쪽.

77 통감부,《재한국본방인학사개황》, 1909; 통감부,《제3차 통감부통계연보》, 1910년
    3월, 160쪽; 경성부 편,《경성부사》 2, 경성부, 1936, 835~836쪽. 대평정大平町은
    오늘날 서울시 남대문로 일대를 말한다.

78 경성부 편,《경성부사》 2, 경성부, 1936, 836쪽. 이와 관련하여 1911년 4월 "경성유
    치원이 남대문유치원을 병합했다"라고 서술하기도 했다(경자기념경성공립유치원후원
    회 편,《(경자기념경성공립유치원) 창립40주년기념지》, 경자기념경성공립유치원후원회, 1940,
    22쪽).

79 서울시 중구 회현동 1가.

80 조선총독부 학무국 편,《조선교육요람》, 조선총독부, 1915, 97쪽.

81 조선총독부 학무국 편,《조선교육요람》, 조선총독부, 1919, 125~126쪽.

82 또는 민단역소.

83 진남포신보편집부 편,《진남포안내기》, 진남포신보사, 1910, 90쪽.

84 평양상업회의소 편,《평양안내》, 평양상업회의소, 1920, 56~57쪽.

85 조선총독부 학무국 편,《조선교육요람》, 조선총독부, 1915, 97쪽.

86 조선총독부에서 펴낸《학사통계》(1911)에는 개성심상고등소학교 설립 일자가 1903년
    9월로 되어 있다.

87 岡本喜一,《開城案內記》, 開城新報社, 1911, 52쪽; 조선총독부 학무국 편,《조선교
    육요람》, 조선총독부, 1919, 125~126쪽.

88 서울시 종로구 경운동.

89 쓰지모토 마사시·오키타 유쿠지 외 저, 이기원·오성철 역,《일본 교육의 사회사》, 경
    인문화사, 2012, 517쪽.

90 小林善帆,〈植民地朝鮮の女学校·高等女学校といけ花·茶の湯·礼儀作法〉,《日本
    研究》47, 2013, 207쪽.

91 부산고등여학교 편,《부산공립고등여학교자료》, 1936, 46~47쪽.

92 권숙인,〈식민지배기 조선 내 일본인학교: 회고록을 통해 본 소·중학교 경험을 중심

으로〉, 《사회와 역사》 77, 2008, 59쪽.

93 이동훈, 〈'경성'의 일본인 사회와 자녀교육: 통감부 시기와 1910년대를 중심으로〉, 《서울학연구》 45, 2011, 119쪽.

94 小林善帆, 〈植民地朝鮮の女学校・高等女学校といけ花・茶の湯・礼儀作法〉, 《日本研究》 47, 2013, 208쪽.

95 부산여자고등학교〉학교연혁(http://busan-gh.hs.kr/, 2018년 6월 26일 현재)

96 한국향토문화전자대전〉부산공립고등여학교(http://www.grandculture.net/ko/Contents/Index, 2018년 3월 13일 현재).

97 서울시 중구 태평로.

98 《대한매일신보》 1908년 4월 1일; 경성부 편, 《경성부사》 2, 경성부, 1936, 794~795쪽.

99 이동훈, 〈'경성'의 일본인 사회와 자녀교육: 통감부 시기와 1910년대를 중심으로〉, 《서울학연구》 45, 2011, 119~121쪽.

100 경성부 편, 《경성부사》 2, 경성부, 1936, 795쪽, 836쪽.

101 조미은, 《일제강점기 재조선 일본인 학교와 학교조합 연구》, 성균관대 박사학위논문, 2010, 85~86쪽.

102 《동아일보》 1922년 5월 16일; 경기여자고등학교〉학교 연혁(http://www.kgg.hs.kr/19083/subMenu.do, 2018년 3월 26일 현재).

103 《매일신보》 1918년 11월 12일.

104 경성여학교를 '경성여학회'라고 서술한 자료도 있다. 특히 《경성발달사》에서는 경성여학회가 '경성공립제일고등여학교의 전신'이라고 볼 수 있다고 했다(서울시사편찬위원회, 《경성부사 2》(번역본), 2013, 660쪽: 서울역사편찬원, 《국역 경성발달사》, 2016, 207쪽).

105 조선에 거류하는 일본인 부인들은 1893년 부산부인회 등과 같이 지역별로 부인회를 설립했다. 경성부인회도 1897년 한성에 거류하는 일본인 부인들이 설립한 일본부인회를 의미하는 것으로 보인다. 이들 부인회는 여성 교육사업을 계획하거나 여학교를 건설하는 등의 활동을 펼쳤다(국사편찬위원회 한국사데이터베이스 〉 주한일본공사관기

록&통감부문서 〉 주한일본공사관기록 12권).

106 이동훈, 〈'경성'의 일본인 사회와 자녀교육: 통감부 시기와 1910년대를 중심으로〉, 《서울학연구》 45, 2011, 119쪽.

107 조선총독부 학무국 편, 《조선교육요람》, 조선총독부, 1915, 106~107쪽.

108 경성교육회가 1906년 5월 남산정에 중학 과정으로 '경성야학교'를 설립했으나 얼마 후 폐지했는데, 고자키가 이때 '사립경성야학교'로 다시 개교한 것으로 보인다.

109 서울시 중구 남창동.

110 조선총독부, 《학사통계》, 1911, 26쪽; 조선총독부, 《1912 조선총독부경기도통계연보》 77쪽.

111 경성부 편, 《경성부사》 3, 경성부, 1941, 215쪽, 373쪽.

112 도덕을 숭상하고 국가의 기초를 공고히 한다는 명분으로 유교, 철학, 종교 등을 종합하여 창립된 단체.

113 정혜중·김영숙, 《(역주) 한국이대항실세》, 인천광역시 역사자료관 역사문화연구실, 2006, 214쪽.

114 재부산일본총영사관 편, 《경상도사정》, 1904, 158~160쪽, 167~169쪽.

115 부산시 중구 광복동.

116 홍순민, 《우리 궁궐 이야기》, 청년사, 1999, 217쪽.

117 은정태, 〈고종시대의 경희궁: 훼철과 활용을 중심으로〉, 《서울학연구》 34, 2009, 116쪽.

118 《경성신보》 1909년 3월 7일, 〈중학교안가결〉.

119 민회民會는 조선에 거류하는 일본인 자치단체에서 운영하던 의결기구다. 천지명, 〈통감부의 재한일본인 정책과 거류민단의 변화〉, 《한국민족운동사연구》 79, 14쪽.

120 이동훈, 〈'경성'의 일본인 사회와 자녀교육: 통감부 시기와 1910년대를 중심으로〉, 《서울학연구》 45, 2011, 121쪽.

121 경성부 편, 《경성부사》 2, 경성부, 1936, 805쪽; 조선총독부 학무국 편, 《조선교육요람》, 조선총독부, 1915, 105쪽; 教育史編纂會 編, 《(明治以降) 教育制度發達史》 10, 文部省, 1938, 28~29쪽.

122 은정태, 〈고종시대의 경희궁: 훼철과 활용을 중심으로〉, 《서울학연구》 34, 2009, 117쪽.

123 국사편찬위원회 한국역사용어 시소러스(http://thesaurus.history.go.kr, 2018년 4월 4일 현재).

124 山口正之, 《慶熙史林》, 京城公立中學校, 1940, 10쪽, 24~26쪽. 한성중학교는 일진회가 경성중학교와 거의 같은 시기에 설립한다. 조선인이 다니는 작은 규모의 학교였다. 1910년 4월 광무중학교로 변경했다.

125 한성중학교는 일진회가 경성중학교와 거의 같은 시기에 설립했다. 조선인이 다니는 작은 규모의 학교였으며, 1910년 4월 광무중학교光武中學校로 변경됐다(山口正之, 《慶熙史林》, 京城公立中學校, 1940, 10쪽, 24~26쪽).

126 山口正之, 《慶熙史林》, 京城公立中學校, 1940, 26쪽.

127 이동훈, 〈'경성'의 일본인 사회와 자녀교육: 통감부 시기와 1910년대를 중심으로〉, 《서울학연구》 45, 2011, 122쪽.

128 경성부 편, 《경성부사》 2, 경성부, 1936, 805쪽; 조선총독부 학무국 편, 《조선교육요람》, 조선총독부, 1915, 105쪽; 教育史編纂會 編, 《(明治以降) 教育制度發達史》 10, 文部省, 1938, 28~29쪽.

129 山口正之, 《慶熙史林》, 京城公立中學校, 1940, 24~26쪽.

130 《중앙신문》 1946년 2월 27일.

131 서울고등학교〉학교 연혁(http://www.seoul.hs.kr/77696/subMenu.do, 2018년 2월 15일 현재).

132 은정태, 〈고종시대의 경희궁: 훼철과 활용을 중심으로〉, 《서울학연구》 34, 2009, 114~115쪽.

133 홍순민, 《우리 궁궐 이야기》, 청년사, 1999, 217쪽.

134 홍순민, 《우리 궁궐 이야기》, 청년사, 1999, 218쪽.

135 은정태, 〈고종시대의 경희궁: 훼철과 활용을 중심으로〉, 《서울학연구》 34, 2009, 117쪽.

136 홍순민, 《우리 궁궐 이야기》, 청년사, 1999, 219쪽.

137 서울시 중구 필동 3가.

138 박성진·우동선, 〈일제강점기 경희궁 전각의 훼철과 변화〉,《대한건축학회 학술발표
   대회 논문집 – 계획계》 26-1, 2006, 498쪽; 문화재청〉경희궁 숭정전(http://www.heri
   tage.go.kr/heri/cul/culSelectDetail.do?pageNo=5_2_1_0&ccbaCpno=2111100200000,
   2018년 2월 26일 현재).

139 山口正之,《慶熙史林》, 京城公立中學校, 1940.

140 박성진·우동선, 〈일제강점기 경희궁 전각의 훼철과 변화〉,《대한건축학회 학술발표
   대회 논문집 – 계획계》 26-1, 2006, 498~499쪽.

141 홍순민,《우리 궁궐 이야기》, 청년사, 1999, 219쪽.

142 서울시 중구 장충동 2가 일대.

143 山口正之,《慶熙史林》, 京城公立中學校, 1940.

144 홍정당과 흥화문 내용은 박성진·우동선, 〈일제강점기 경희궁 전각의 훼철과 변화〉,
   《대한건축학회 학술발표대회 논문집 – 계획계》 26-1, 2006, 499쪽 참조.

3. 일본인 교육제도 구축

1　조선총독부 학무국 편,《내지인의 교육현황》, 1920, 30~32쪽. 이 책 제3부의 1장
　〈'재외지정학교제도' 실시〉와 2장 〈'소학교규칙' 실시〉는 조미은, 〈재조선 일본인의
　재외지정학교제도와 '소학교규칙'〉,《한국민족운동사연구》 71, 2012를 중심으로 서
　술했다.

2　조선총독부 학무국 편,《조선교육요람》, 조선총독부, 1915, 114쪽.

3　藤田知治,《現行法規大全》 4, 法令 第64號, 巖松堂書店, 1917, 60~61쪽.

4　일본 메이지 정부에 의해 확립된 지방자치제도에 따라서 시市, 정町, 촌村은 기초자
　치단체이며, 부府, 현縣은 광역자치단체다.

5　關東局官房文書課 編,《關東局要覽》, 關東局官房文書課, 1939, 102쪽.

6　敎育史編纂會 編,《(明治以降) 敎育制度發達史》 10, 文部省, 1938, 15~21쪽.

7   伊藤正懿,《恩給大鑑》, 巖松堂書店, 1915, 323~327쪽.

8   통감관방 편,《한국시정연보》, 통감관방, 1908, 393~394쪽. 1908년 2월 말일 현재
     지정 학교는 중등학교 두 개, 소학교 열두 개다.

9   홍순권,〈일제강점기 '부제'의 실시와 지방제도 개정의 추이: 부산부 일본인 사회의
     자치제 실시 논의를 중심으로〉,《지역과 역사》14, 2004, 247쪽; 경성부 편,《경성부
     사》2, 경성부, 1936, 370쪽.

10   일본〈소학교령〉은 1886년 제정됐다.

11   심상소학교는 일본〈소학교령〉에 따라 설치하는 오늘날 초등학교급 교육기관으로,
     '심상尋常'은 '보통'이라는 뜻이다.

12   교사를 각종 자료에는 '교원' 또는 '교사'로 표현했으나, 이 책에서는 필요한 경우를
     제외하고 '교사'로 서술한다.

13   조선총독부 학무국 편,《조선교육요람》, 조선총독부, 1915, 93~94쪽.

14   조선총독부 학무국 편,《조선교육요람》, 조선총독부, 1926, 30쪽.

15   조미은,〈재조선 일본인의 재외지정학교제도와 '소학교규칙'〉,《한국민족운동사연구》
     71, 2012, 152쪽.

16   海後宗臣 監修,《日本近代教育史事典》, 平凡社, 1971, 89쪽.

17   일본의 시, 정, 촌은 메이지 정부가 근대적 지방자체제도로 시정촌제를 시행하면서
     지방행정제도로 자리 잡았다(채정민·김동국,〈일본 지방자치제도의 개선 방향〉,《지역사회
     개발연구》3, 1994, 8쪽).

18   日本近代教育史事典編纂委員會 編,《日本近代教育史事典》, 平凡社, 1971, 36쪽;
     教育史編纂會 編,《(明治以降) 教育制度發達史》10, 文部省, 1938, 175쪽.

19   성매매가 공인된 지역 혹은 공인 성매매 업소. 유승희는 '유곽'이라는 글자 그대로
     '노는 울타리', '유녀遊女의 구역'을 의미하는 것으로, '성적 유흥 공간'이라는 장소
     성을 가진다고 했다. 유승희,〈근대 경성 내 유곽 지대의 형성과 동부지역 도시화:
     1904~1945년을 중심으로〉,《역사와 경제》82, 2012, 138쪽.

20   〈집창촌에 포위된 신성한 '현충원'〉,《한겨레21》전우용의 서울탐史, 2012. 10. 16
     (http://h21.hani.co.kr/arti/culture/culture_general/33115.html, 2018년 3월 13일 현재).

21 유승희, 〈근대 경성 내 유곽 지대의 형성과 동부지역 도시화: 1904~1945년을 중심으로〉, 《역사와 경제》 82, 2012, 143쪽.

22 박현, 〈일제강점기 경성의 창기업 번성과 조선인 유곽 건설〉, 《도시연구》 14, 2015, 165쪽.

23 〈집창촌에 포위된 신성한 '현충원'〉(http://h21.hani.co.kr/arti/culture/culture_general/33115.html, 2018년 3월 13일 현재); 유승희, 〈근대 경성 내 유곽 지대의 형성과 동부지역 도시화: 1904~1945년을 중심으로〉, 《역사와 경제》 82, 2012, 144쪽.

24 조선총독부 편, 《조선총독부시정연보》, 조선총독부, 1909, 262쪽.

25 《(구한국) 관보》, 의정부; 《공보》, 통감부; 《조선총독부관보》, 조선총독부.

26 북한의 황해남도 신원군 소속.

27 《조선총독부관보》 1944. 6. 3.

28 박은식 저, 김도형 역, 《한국독립운동지혈사》, 소명출판, 2008, 131쪽.

29 이때 전국은 13도, 12부, 220군, 2522면으로 재편되고 도道, 부府, 군郡의 명칭, 위치, 관할 구역도 새로 개편된다. 12부는 경남 부산부, 마산부, 경북 대구부, 전남 목포부, 전북 군산부, 평남 평양부, 진남포부, 평북 의주부, 함남 원산부, 함북 청진부 등이다. 종래의 대구, 평양, 부령의 3군이 부로(부령군은 청진부로 바뀜), 성진, 경흥, 용천의 3부가 군으로 각각 변경됐다(손정목, 《한국지방제도·자치사연구》 상, 일지사, 1992, 117쪽). 전국 13도 가운데 강원도, 충청남북도, 황해도에는 부가 설치되지 않았음을 알 수 있다.

30 기무라 겐지, 〈식민지하 조선 재류 일본인의 특징: 비교사적 시점에서〉, 《지역과 역사》 15, 2004, 253쪽.

31 《공보》 1909년 12월 27일. 〈학교조합령〉 제정령은 모두 7개조로 구성됐다.

32 김대래·김호범, 〈부산일본거류민단 재정 연구, 1907~1914: 부산부 재정의 성립과 관련하여〉, 《지방정부연구》 10-2, 2006, 190쪽.

33 도수장屠獸場, 도장屠場 등이라고도 했다.

34 개항기부터 전염병 환자를 격리하여 치료하던 기관으로 설치됐다.

35 '백정' 신분은 제도적으로는 폐지됐으나 그 이후에도 사회·관습적으로 여전히 존재

했다. 조선형평사는 과거 백정이었던 사람들('옛 백정')을 중심으로 제도에서뿐만 아니라 실제적인 신분 해방을 목적으로 조직됐다(조미은, 《조선형평사의 경제적 활동》, 성신여대 석사학위논문, 17~26쪽, 31~46쪽).

36 조미은, 〈일제강점기 재조선 일본인 학교조합제도의 변천과 성격: '학교조합령' 제정과 개정 내용을 중심으로〉, 《사림》 41, 2012, 10쪽.

37 땅의 면적을 측량하는 단위. 1910년부터 미터법이 전면 시행된 1960년대 초까지 사용됐다. 1정보는 9917.4제곱미터(3000평)에 해당한다.

38 강정원, 〈일제강점기 임야대부 실태조사〉, 친일반민족행위자재산조사위원회, 《일제강점기 임대대부 실태조사 최종보고서》, 2007, 4~5쪽.

4. 풍요로운 교육환경, 그래도 '내지'를 동경하는 일본인 학생

1 일제강점기 교육의 종류는 크게 보통교육, 실업교육, 전문교육, 사범교육으로 구분할 수 있다. '보통교육을 하는 학교'에 해당하는 학교는 소학교, 중학교, 고등여학교 그리고 제3차 〈교육령〉 전까지 조선인 교육기관이었던 보통학교, 고등보통학교, 여자고등보통학교가 있다.

2 조미은, 《일제강점기 재조선 일본인 학교와 학교조합 연구》, 성균관대 박사학위논문, 2010, 188쪽.

3 1938년 이후 자료상 '소학교 1', '제1소학교', '국민학교 1부'로 구분된 학교는 '소학교'에 포함된다.

4 이동훈, 〈'재조일본인' 사회의 형성에 관한 고찰: 인구 통계 분석과 시기 구분을 통해〉, 《일본연구》 29, 2018, 236쪽.

5 첫째, 소학교 연도별 비율은 1921년을 기준으로 한 '연도별 통계 값/1921년 통계 값'이다. 둘째, 학교별과 학교 전체 합계는 필자가 계산한 것으로, 자료의 통계와 약간의 차이가 있을 수 있다. 셋째, 1914년도 '각종 학교'의 통계는 통계 연보의 일본인 연도별 각 교육기관 통계인 '내지인 교육기관' 통계에는 여덟 개로 되어 있으나, 같은 자

료 '각종 학교 상황' 통계에는 일곱 개로 되어 있다.

6 山根倬三, 《(支那滿洲朝鮮案內) 亞東指要》, 東洋協會, 1925, 92~93쪽. 일본은 1920년 이미 "경비기관과 신식 의료기관 그리고 소학교 3자는 일본인 이주에서 하루도 없어서는 안 될 최소한도의 필요 시설로, 이들 3자를 공히 지금에 이르러 대체적으로 보급하기에 이르렀다는 것은 국가의 위대한 쾌거인 바이다"라고 했다.

7 일제강점기 '조선교육회'는 학무국 내에 조직된 조선총독부 관변 교육 단체와 1923년 민립대학 설립을 목적으로 조직된 민족교육운동 단체의 명칭이다. 성격이 다른 두 교육 단체의 이름이 같았던 것이다. 이 글에 서술된 조선교육회는 앞의 것에 해당한다. 즉 1902년 결성된 경성교육회를 모체로 1910년 12월 조선교육회로 설립됐으며, 1915년 조선교육연구회로 축소, 개편되고, 1923년 5월 다시 조선교육회로 확대, 개편됐다. 이 조선교육회는 공립초등교육기관 교원의 총독부 관변 단체로 활동했다. 김광식, 〈식민지 시기의 조선교육회(조선교육연구회) 기관지에 대한 서지 연구〉, 《근대서지》 8, 2013, 727쪽.

8 阿部辰之助, 《現朝鮮之研究》, 大陸調査會, 1922, 101~103쪽, 110쪽.

9 阿部辰之助, 《現朝鮮之研究》, 大陸調査會, 1922, 110쪽. 1922년경 상황이다.

10 조미은, 《일제강점기 재조선 일본인 학교와 학교조합 연구》, 성균관대 박사학위논문, 2010, 73쪽.

11 教育史編纂會 編, 《(明治以降) 教育制度發達史》 10, 文部省, 1938, 204~209·213~215쪽.

12 이상 교원양성소 관련은 조선총독부 학무국 편, 《조선교육요람》, 조선총독부, 1915, 94쪽 참조.

13 조선총독부 편, 《조선총독부시정연보》, 조선총독부, 1918·1919·1920, 129쪽.

14 조선총독부 편, 《조선총독부시정연보》, 조선총독부, 1921, 163~164쪽.

15 조미은, 《일제강점기 재조선 일본인 학교와 학교조합 연구》, 성균관대 박사학위논문, 2010, 61~62쪽.

16 稻葉繼雄, 《舊韓國~朝鮮の'內地人'教育》, 九州大學出版會, 2005, 46쪽.

17 《朝鮮》 1921년 4월, 91쪽; 稻葉繼雄, 《舊韓國~朝鮮の'內地人'教育》, 九州大學出

版會, 2005, 74~75쪽에서 재인용.

18 稻葉繼雄, 《舊韓國~朝鮮の'內地人'敎育》, 九州大學出版會, 2005, 46쪽.

19 稻葉繼雄, 《舊韓國~朝鮮の'內地人'敎育》, 九州大學出版會, 2005, 46~47쪽.

20 〈표 11〉 재조선 일본인 소학교, 중학교, 고등여학교 설립 통계에 정리된 것과 같이
1942년까지 사립과 관립을 제외한 모든 소학교가 '공립'이다. 특히 1914년 부제 실시
이후 공립소학교는 모두 학교조합 소속이었다.

21 조미은, 〈일제강점기 재조선 일본인 학교조합제도의 변천과 성격: '학교조합령' 제정
과 개정 내용을 중심으로〉, 《사림》 41, 2012, 2쪽.

22 稻葉繼雄, 《舊韓國~朝鮮の'內地人'敎育》, 九州大學出版會, 2005, 74쪽.

23 《경성신보》 1908년 4월 12일; 이동훈, 〈'경성'의 일본인 사회와 자녀교육: 통감부 시
기와 1910년대를 중심으로〉, 《서울학연구》 45, 2011, 119쪽에서 재인용.

24 이동훈, 〈'경성'의 일본인 사회와 자녀교육: 통감부 시기와 1910년대를 중심으로〉,
《서울학연구》 45, 2011, 120쪽.

25 실업학교에는 상업학교, 공업학교, 농업학교, 수산학교, 직업학교 등이 있다. 간단한
직업교육을 하는 실업보습학교도 있었다.

26 다바타 가야, 《식민지 조선에 살았던 일본 여성들의 삶과 식민주의 경험에 관한 연
구》, 이화여대 석사학위논문, 1996, 18쪽.

27 권숙인, 〈식민지배기 조선 내 일본인 학교: 회고록을 통해 본 소·중학교 경험을 중심
으로〉, 《사회와 역사》 77, 2008, 80쪽.

28 권숙인, 〈식민지배기 조선 내 일본인 학교: 회고록을 통해 본 소·중학교 경험을 중심
으로〉, 《사회와 역사》 77, 2008, 78~82쪽.

29 靑葉小學校, 일본어로는 '아오바소학교'라고 한다.

30 차은정, 《재조귀환자의 후루사토와 기억의 정치학: 패전 후 귀국 일본인에 대한 민족
지적 연구》, 서울대 박사학위논문, 2014, 183~184쪽.

31 차은정, 《재조귀환자의 후루사토와 기억의 정치학: 패전 후 귀국 일본인에 대한 민족
지적 연구》, 서울대 박사학위논문, 2014, 184쪽.

32 사와이 리에 저, 김행원 역, 《엄마의 게이죠 나의 서울》, 신서원, 2000, 121쪽.

33 《매일신보》1925년 4월 9일.

34 권숙인, 〈식민지배기 조선 내 일본인 학교: 회고록을 통해 본 소·중학교 경험을 중심
    으로〉,《사회와 역사》77, 2008, 80~81쪽.

5. 일본인 교정 안팎의 풍경

I   幣原坦,《朝鮮教育論》,六盟館, 1919, 302쪽; 이동훈, 〈'경성'의 일본인 사회와 자녀
    교육: 통감부 시기와 1910년대를 중심으로〉,《서울학연구》45, 2011, 125쪽에서 재
    인용. '모국 일본'에서 멀어지는 일본인 학생의 마음'의 인용문과 주요 내용은 이동훈
    의 논문을 참조하여 서술했다.

2   권숙인, 〈식민지배기 조선 내 일본인 학교: 회고록을 통해 본 소·중학교 경험을 중심
    으로〉,《사회와 역사》77, 2008, 82쪽.

3   권숙인, 〈'일본 밖 일본': 식민지기 재한在韓 일본인 커뮤니티〉, 한국연구재단 선도연
    구자지원 2005년 선정 연구 결과물, 16~17쪽.

4   농사에 대한 재조선 일본인 학생의 경험과 인식이 모두 같았다고 볼 수는 없다. 학생
    이 다닌 학교나 시기에 따라 차이가 있었을 것이다. 재조선 일본인이 다닌 '3대 명문
    소학교'의 하나인 대구 봉산정소학교의 경우를 보면 1930년부터 근로교육을 중시하
    여 학생에게 양잠을 교육했다. 남학생은 뽕잎을 모으고 여학생이 누에를 길렀다고 한
    다(稻葉繼雄, 〈大邱鳳山町小學校について: 在朝鮮'內地人'學校の事例研究〉,《國際教育文
    化研究》10, 2010, 1~4쪽). 따라서 이들의 농사일에 대한 경험은 '일본인과 전혀 관련
    없는 일' 정도까지는 아니었으며, 그에 대한 인식 또한 그렇지 않았을까.

5   일본 주코쿠中國 지방에 있는 현.

6   廣瀨玲子, 〈朝鮮における女性植民者二世: 京城第一公立高等女學校生の經驗〉,
    《이화사학연구》53, 2016, 50쪽.

7   권숙인, 〈식민지배기 조선 내 일본인 학교: 회고록을 통해 본 소·중학교 경험을 중심
    으로〉,《사회와 역사》77, 2008.

8   권숙인, 〈'일본 밖 일본': 식민지기 재한在韓 일본인 커뮤니티〉, 한국연구재단 선도연구자지원 2005년 선정 연구 결과물, 13·15쪽.

9   오성철, 《식민지 초등교육의 형성》, 교육과학사, 2000, 37쪽.

10 권숙인, 〈식민지배기 조선 내 일본인 학교: 회고록을 통해 본 소·중학교 경험을 중심으로〉, 《사회와 역사》 77, 2008, 64쪽.

11 최인택, 〈일제강점기 부산지역 일본인 사회의 생활사: 경험과 기억의 사례연구〉, 《역사와 경계》 52, 2004, 132쪽.

12 권숙인, 〈'일본 밖 일본': 식민지기 재한在韓 일본인 커뮤니티〉, 한국연구재단 선도연구자지원 2005년 선정 연구 결과물, 15쪽; 최인택, 〈일제강점기 부산지역 일본인 사회의 생활사: 경험과 기억의 사례연구〉, 《역사와 경계》 52, 2004, 121쪽.

13 최인택, 〈일제강점기 부산지역 일본인 사회의 생활사: 경험과 기억의 사례연구〉, 《역사와 경계》 52, 2004, 140쪽.

14 최인택, 〈일제강점기 부산지역 일본인 사회의 생활사: 경험과 기억의 사례연구〉, 《역사와 경계》 52, 2004, 132쪽.

15 권숙인, 〈'일본 밖 일본': 식민지기 재한在韓 일본인 커뮤니티〉, 한국연구재단 선도연구자지원 2005년 선정 연구 결과물, 15쪽.

16 권숙인, 〈식민지배기 조선 내 일본인 학교: 회고록을 통해 본 소·중학교 경험을 중심으로〉, 《사회와 역사》 77, 2008, 66쪽에서 재인용.

17 稻葉繼雄, 〈大邱鳳山町小學校について: 在朝鮮'內地人'學校の事例研究〉, 《國際教育文化研究》 10, 2010, 15쪽; 《부산일보》 1936년 12월 19일 조간, 〈준비교육 폐지로 가정교사를 둬〉.

18 권숙인, 〈식민지배기 조선 내 일본인 학교: 회고록을 통해 본 소·중학교 경험을 중심으로〉, 《사회와 역사》 77, 2008, 65쪽에서 재인용. 경성일출회는 경성일출공립심상소학교 졸업생의 단체.

19 권숙인, 〈식민지배기 조선 내 일본인 학교: 회고록을 통해 본 소·중학교 경험을 중심으로〉, 《사회와 역사》 77, 2008, 67쪽.

20 권숙인, 〈식민지배기 조선 내 일본인 학교: 회고록을 통해 본 소·중학교 경험을 중심

으로〉,《사회와 역사》 77, 2008, 65쪽.

21 京喜會,《仁旺ヶ丘: 京城中學校卒業伍十周年記念誌》, 1982, 356쪽; 권숙인, 〈식
민지배기 조선 내 일본인 학교: 회고록을 통해 본 소·중학교 경험을 중심으로〉,《사
회와 역사》 77, 2008, 66~67쪽.

22 권숙인, 〈'일본 밖 일본': 식민지기 재한 일본인 커뮤니티〉, 한국연구재단 선도연구자
지원 2005년 선정 연구 결과물, 16쪽.

23 이송희, 〈일제하 부산지역 일본인 사회의 교육 1: 일본인 학교 설립을 중심으로〉,《한
일관계사연구》 23, 2005, 225쪽.

24 김도연,《경성중학교의 만주 수학여행》, 한국교원대학교 석사학위논문, 2017, 7쪽.

25 차은정,《재조귀환자의 후루사토와 기억의 정치학: 패전 후 귀국 일본인에 대한 민족
지적 연구》, 서울대 박사학위논문, 2014, 238쪽.

26 《매일신보》 1920년 4월 3일.

27 최인택, 〈일제강점기 부산지역 일본인 사회의 생활사: 경험과 기억의 사례연구〉,《역
사와 경계》 52, 2004, 121쪽.

28 권숙인, 〈식민지배기 조선 내 일본인 학교: 회고록을 통해 본 소·중학교 경험을 중심
으로〉,《사회와 역사》 77, 2008, 68쪽.

29 이정훈, 〈개교 100년 경기고 신화〉,《신동아》 2000년 8월호, 290~313쪽.

30 권숙인, 〈식민지배기 조선 내 일본인 학교: 회고록을 통해 본 소·중학교 경험을 중심
으로〉,《사회와 역사》 77, 2008, 68~69쪽.

31 권희주, 〈제국 일본과 식민지 조선의 수학여행: 그 혼종의 공간과 교차되는 식민지의
시선〉,《한일군사문화연구》 15, 2013, 285~286쪽.

32 조성윤, 〈1920년대 수학여행의 실태와 사회적 인식〉,《한국독립운동사연구》 42,
2012, 349쪽.

33 권희주, 〈제국 일본과 식민지 조선의 수학여행: 그 혼종의 공간과 교차되는 식민지의
시선〉,《한일군사문화연구》 15, 2013, 285~286쪽.

34 稲葉繼雄, 〈清津高等女學校について: 在朝鮮'內地人'學校の事例研究〉,《國際教
育文化研究》 11, 2011, 9·16쪽.

35 稲葉繼雄, 〈清津高等女學校について: 在朝鮮'內地人'學校の事例研究〉, 《國際教育文化研究》11, 2011, 6쪽.

36 김도연, 《경성중학교의 만주 수학여행》, 한국교원대 석사학위논문, 2017, 14~15쪽.

37 차은정, 《재조귀환자의 후루사토와 기억의 정치학: 패전 후 귀국 일본인에 대한 민족지적 연구》, 서울대 박사학위논문, 2014, 257쪽.

38 《매일신보》1932년 5월 12일.

39 稲葉繼雄, 〈清津高等女學校について: 在朝鮮'內地人'學校の事例研究〉, 《國際教育文化研究》11, 2011, 9·16쪽.

40 방지선, 〈1920~30년대 조선인 중등학교의 일본·만주 수학여행〉, 《석당논총》44, 2009, 176쪽.

41 김도연, 《경성중학교의 만주 수학여행》, 한국교원대 석사학위논문, 2017, 12~13쪽.

42 《매일신보》1924년 5월 19일.

43 차은정, 《재조귀환자의 후루사토와 기억의 정치학: 패전 후 귀국 일본인에 대한 민족지적 연구》, 서울대 박사학위논문, 2014, 258쪽.

44 권숙인, 〈'일본 밖 일본': 식민지기 재한 일본인 커뮤니티〉, 한국연구재단 선도연구자지원 2005년 선정 연구 결과물, 8~9쪽에서 재인용.

45 사와이 리에 저, 김행원 역, 《엄마의 게이죠, 나의 서울》, 신서원, 2000.

46 《동아일보》1929년 12월 2일, 〈군사 교련 중 실탄에 명중〉.

47 한국의 대령에 해당한다.

48 1936년 학교조합에서 일본인 중등교육을 목적으로 3년제의 수원공립가정여학교로 설립됐다. 1941년 4년제의 수원공립고등여학교로 승격됐다. 그러나 일제의 공학 정책으로 설립 초부터 조선인과 일본인 공학으로 운영됐다(김명숙, 〈일제강점기 조선인 여학교와 재조선 일본인 여학교의 특성 비교 연구: 동덕·수원고녀 학적부를 중심으로〉, 《한국사상과 문화》 76, 2015, 107쪽). 김명숙은 이 논문에서 조선인 동덕사립고등여학교와 수원고녀의 특성을 비교, 분석했다. 일제가 공학을 실시했지만 이 두 학교 사례를 통해 조선인 학교와 일본인 학교로서의 뚜렷한 차별성을 규명했다. 〈전시체제기 고등여학교와 일본인 여학생〉에서 수원고녀와 관련된 내용은 김명숙의 논문을 중심으

로 정리했다.

49 박환, 〈수원의 근대 학교 풍경〉, 《수원의 종교와 교육: 수원시사 10》, 수원시사편찬위원회, 2014, 318쪽; 김명숙, 〈일제강점기 조선인 여학교와 재조선 일본인 여학교의 특성 비교 연구: 동덕·수원고녀 학적부를 중심으로〉, 《한국사상과 문화》 76, 2015, 115쪽에서 재인용.

50 《수원여고 50년사》, 수원여자고등학교, 1986, 69쪽; 김명숙, 〈일제강점기 조선인 여학교와 재조선 일본인 여학교의 특성 비교 연구: 동덕·수원고녀 학적부를 중심으로〉, 《한국사상과 문화》 76, 2015, 115쪽에서 재인용.

51 《수원여고 50년사》, 수원여자고등학교, 1986; 이창식, 《(일제강점기 민생실록) 수원 사람들은 어떻게 살았을까》, 수원문화원, 2003, 297쪽; 김명숙, 〈일제강점기 조선인 여학교와 재조선 일본인 여학교의 특성 비교 연구: 동덕·수원고녀 학적부를 중심으로〉, 《한국사상과 문화》 76, 2015, 115쪽에서 재인용.

52 일본어로는 'ひのまるべんとう'라고 표기한다.

53 일본어로 '우메보시梅幹し'를 말한다.

54 《중앙일보》 2013년 3월 3일, 〈전쟁에 미친 일제의 마지막 발악, '히노마루벤토'〉.

55 김명숙, 〈일제강점기 조선인 여학교와 재조선 일본인 여학교의 특성 비교 연구: 동덕·수원고녀 학적부를 중심으로〉, 《한국사상과 문화》 76, 2015, 104·115쪽.

56 여성이 쉽게 통으로 입을 수 있는 고무줄바지.

57 《수원여고 50년사》, 수원여자고등학교, 1986, 70쪽; 김명숙, 〈일제강점기 조선인 여학교와 재조선 일본인 여학교의 특성 비교 연구: 동덕·수원고녀 학적부를 중심으로〉, 《한국사상과 문화》 76, 2015, 113쪽에서 재인용.

58 이창식, 《(일제강점기 민생실록) 수원 사람들은 어떻게 살았을까》, 수원문화원, 2003, 296쪽; 김명숙, 〈일제강점기 조선인 여학교와 재조선 일본인 여학교의 특성 비교 연구: 동덕·수원고녀 학적부를 중심으로〉, 《한국사상과 문화》 76, 2015, 113쪽에서 재인용.

59 《수원여고 50년사》, 수원여자고등학교, 1986, 71쪽; 김명숙, 〈일제강점기 조선인 여학교와 재조선 일본인 여학교의 특성 비교 연구: 동덕·수원고녀 학적부를 중심으

로〉, 《한국사상과 문화》 76, 2015, 114쪽에서 재인용.

60 稻葉繼雄, 〈淸津高等女學校について: 在朝鮮'內地人'學校の事例研究〉, 《國際教育文化硏究》 11, 2011, 7~8쪽, 15쪽.

61 《부산일보》 1939년 8월 24일 〈'몸빼' 제작 강습회를 열다/ 곧 부산고등여학교에서〉.

62 稻葉繼雄, 〈淸津高等女學校について: 在朝鮮'內地人'學校の事例研究〉, 《國際教育文化硏究》 11, 2011, 7~8쪽, 15쪽.

63 '특별수업'은 차은정, 《재조귀환자의 후루사토와 기억의 정치학: 패전 후 귀국 일본인에 대한 민족지적 연구》, 서울대 박사학위논문, 2014, 150~151쪽을 중심으로 서술했다.

64 1척은 약 30센티미터이므로 목검의 길이는 약 80~90센티미터다. 1문있은 3.75그램이므로 목검의 무게는 약 337.5~375그램이다.

65 차은정, 《재조귀환자의 후루사토와 기억의 정치학: 패전 후 귀국 일본인에 대한 민족지적 연구》, 서울대 박사학위논문, 2014, 152쪽.

66 차은정, 《재조귀환자의 후루사토와 기억의 정치학: 패전 후 귀국 일본인에 대한 민족지적 연구》, 서울대 박사학위논문, 2014, 152~153쪽.

67 稻葉繼雄, 〈釜山第一小學校について: 在朝鮮'內地人'學校の事例研究〉, 《國際教育文化硏究》 4, 2004, 13쪽.

68 〈'노동 봉사'라는 명분의 노동 동원〉은 차은정, 《재조귀환자의 후루사토와 기억의 정치학: 패전 후 귀국 일본인에 대한 민족지적 연구》, 서울대 박사학위논문, 2014, 147쪽, 155~157쪽을 중심으로 정리했다.

6. 일본인 학생과 조선인 학생, 따로 또 같이

1 일제는 전시체제 동원을 목적으로 〈전시교육령〉을 제정하고 결전태세決戰態勢 확립을 부르짖었다. 같은 해 7월에는 〈전시교육령〉 시행령까지 실시하고, 조선에서는 총독부 명령으로 학교마다 '학도대學徒隊'를 결성하여 학생을 군대 조직화함으로써 전

쟁터로 몰아넣었다.

2 《조선총독부관보》304호, 1911년 9월 1일, 칙령 제229호〈조선교육령〉. 1922년 2월 조선총독부 정무총감 미즈노 렌타로水野錬太郎도 제2차〈교육령〉이 공포된 것을 치켜세우면서 "옛 법령(제1차 교육령)은 오로지 조선인에 대한 학제였으나……"라고 했다.《매일신보》1922년 2월 7일,〈교육령 발포에 취하야〉.

3 일제강점기 교육의 종류는 크게 보통교육, 실업교육, 전문교육, 사범교육으로 구분됐다. 보통교육을 실시하는 학교의 경우 일본인 학교는 소학교, 중학교, 고등여학교가 그에 해당하며, 조선인 학교는 보통학교, 고등보통학교, 여자고등보통학교였다(〈조선교육령〉제정령 및 개정령 참조).

4 당시에는 일선공학日鮮共學 또는 내선공학內鮮共學이라고 했다. 안홍선,〈일제강점기 중등실업학교의 민족공학제 연구〉,《교육사학연구》25-1, 2015.

5 쓰지모토 마사시·오키타 유쿠지 외 저, 이기원·오성철 역,《일본 교육의 사회사》, 경인문화사, 2012, 517쪽.

6 국사편찬위원회〉우리역사넷〉교양 우리 역사〉신편한국사〉근대〉50권 전시체제와 민족운동〉Ⅰ. 전시체제와 민족말살정책〉2. 국가총동원체제와 민족말살정책〉교육정책.

7 《조선총독부관보》304호, 1911년 9월 1일, 칙령 제229호〈조선교육령〉.

8 김성준,〈일제강점하 조선어말살정책연구: 조선교육령을 중심으로〉,《국사관논총》105, 2004. 김성준은 "일본어는 지배자의 언어로서 '일본어＝내지어＝국어'로 상승하고, 조선어는 피지배자의 언어로서 '조선어＝외지어＝반도어＝언문(방언)'이라는 등식으로 고착되기에 이른다"라고도 했다(5쪽).

9 http://contents.history.go.kr/front/ti/view.do?treeId=06027&levelId=ti_027_0290(2018년 3월 8일 현재).

10 김성준,〈일제강점하 조선어말살정책연구: 조선교육령을 중심으로〉,《국사관논총》105, 2004, 36쪽.

11 강명숙,〈일제시대 학교제도의 체계화: 제2차 조선교육령 개정을 중심으로〉,《한국교육사학》32-1, 2010, 1쪽.

12 모든 사람을 하나로 평등하게 보아 똑같이 사랑한다는 뜻. 당송팔대가의 한 사람인

한유韓愈가 쓴 시에 나오는 말이지만, 1919년 8월 제3대 총독에 부임한 사이토의 시정 방침으로 선전했다. 국사편찬위원회 한국역사용어 시소로스(http://thesaurus. history.go.kr, 2018년 3월 8일 현재).

13 《매일신보》1922년 2월 7일, 〈교육령 발포에 취하야〉.

14 동선희, 《일제하 조선인 도평의회·도회의원 연구》, 한국학중앙연구원 박사학위논문, 2006, 260쪽.

15 《동아일보》1922년 2월 10일.

16 〈병합의 조서〉(1910년 8월 29일)에서 "영구히 한국을 제국에 병합한다"라고 천명했다. 〈한국 병합에 관한 조약〉(1910년 8월 29일) 제1조에도, "한국 황제 폐하는 한국 정부에 관한 일체의 통치권을 완전히 그리고 영구히 일본국 황제 폐하에게 양여한다"라고 되어 있다. 강창일, 〈일제 초기 식민통치의 전략과 내용〉, 한국정신문화연구원 편, 《일제 식민통치 연구》1, 백산서당, 1999, 82~83쪽.

17 쓰지모토 마사시·오키타 유쿠지 외 저, 이기원·오성철 역, 《일본 교육의 사회사》, 경인문화사, 2012, 533쪽.

18 김성준, 〈일제강점하 조선어말살정책연구: 조선교육령을 중심으로〉, 《국사관논총》105, 2004, 18쪽.

19 稻葉繼雄, 〈清津高等女學校について: 在朝鮮'內地人'學校の事例研究〉, 《國際教育文化研究》11, 2011, 20쪽.

20 稻葉繼雄, 〈會寧高等女學校について: 在朝鮮'內地人'學校の事例研究〉, 《國際教育文化研究》8, 2008, 13쪽.

21 김태웅, 《우리 학생들이 나아가누나》, 서해문집, 2006, 142~146쪽.

22 오성철, 《식민지 초등교육의 형성》, 교육과학사, 2000, 125~130쪽.

23 쓰지모토 마사시·오키타 유쿠지 외 저, 이기원·오성철 역, 《일본 교육의 사회사》, 경인문화사, 2012, 526쪽, 535~537쪽.

24 김자중, 〈일제 식민지기 조선의 고등교육체제의 성격〉, 《한국교육사학》38-3, 2016, 64쪽.

25 김자중, 〈일제 식민지기 조선의 고등교육체제의 성격〉, 《한국교육사학》38-3, 2016,

59 · 83쪽.

26 1921년 4월 이후 경성제일고등보통학교로 교명을 변경했다.

27 김광규, 〈1910년대 재조선 일본인 교원의 양성과 인사〉,《한국교육사학》39-3, 2017.

28 稲葉繼雄, 〈京城師範學校'演習科'第一期生について〉,《九州大學大學院硏究紀
    要》9, 2006, 39~52쪽; 차은정,《재조귀환자의 후루사토와 기억의 정치학: 패전 후
    귀국 일본인에 대한 민족지적 연구》, 서울대 박사학위논문, 2014, 184쪽에서 재인용.

29 차은정,《재조귀환자의 후루사토와 기억의 정치학: 패전 후 귀국 일본인에 대한 민족
    지적 연구》, 서울대 박사학위논문, 2014, 184쪽.

30 차은정,《재조귀환자의 후루사토와 기억의 정치학: 패전 후 귀국 일본인에 대한 민족
    지적 연구》, 서울대 박사학위논문, 2014, 184~185쪽.

31 차은정,《재조귀환자의 후루사토와 기억의 정치학: 패전 후 귀국 일본인에 대한 민족
    지적 연구》, 서울대 박사학위논문, 2014, 185쪽에서 재인용.

32 오성철,《식민지 초등교육의 형성》, 교육과학사, 2000, 126~129쪽.

33 목포상업학교는 1922년 목포상업전수학교로 설립됐으며, 1922년 목포공립상업학교
    로 개편됐다. 오늘날 전라남도 목포시에 있는 목상고등학교의 전신이다.

34 김태웅,《우리 학생들이 나아가누나》, 서해문집, 2006, 125쪽.

35 사와이 리에 저, 김행원 역,《엄마의 게이죠, 나의 서울》, 신서원, 2000, 137쪽.

36 '체위'는 나중에 근로 점수로 변경됐다.

37 김명숙, 〈1943~1945년 수원공립고등여학교 학적부 분석: 일제강점기 한일공학의
    특징을 중심으로〉,《한국 사상과 문화》73, 2014, 165 · 177쪽.

38 김명숙, 〈1943~1945년 수원공립고등여학교 학적부 분석: 일제강점기 한일공학의
    특징을 중심으로〉,《한국 사상과 문화》73, 2014, 177쪽.

39 《조선총독부관보》호외 1911년 10월 28일, (조선역문)〈공립보통학교비용령〉.

40 윤현상, 〈1920년대 총독부 교육재정 정책의 변화와 공립보통학교 설립 열의 확산〉,
    《역사문제연구》35, 2016, 362쪽; 최병택, 〈1920년대 부 학교평의회의 구성과 학교
    비 논란: 경성부 학교평의회의 사례를 중심으로〉,《한국문화》77, 2017, 152쪽.

41 《조선총독부관보》2392호, 1920년 7월 31일, (조선역문)〈조선학교비령〉(제령 제14호).

42 최병택, 〈1920년대 부 학교평의회의 구성과 학교비 논란: 경성부 학교평의회의 사례를 중심으로〉,《한국문화》77, 2017, 151쪽.

43 최병택, 〈일제하 학교비 재정 운영의 성격: 호별할戶別割과 기부금 문제를 중심으로〉,《역사와 현실》90, 2013, 268쪽.

44 최병택, 〈1920년대 부 학교평의회의 구성과 학교비 논란: 경성부 학교평의회의 사례를 중심으로〉,《한국문화》77, 2017, 153쪽.

45 최병택, 〈1920년대 부 학교평의회의 구성과 학교비 논란: 경성부 학교평의회의 사례를 중심으로〉,《한국문화》77, 2017, 153쪽.

46 윤현상, 〈1920년대 총독부 교육재정 정책의 변화와 공립보통학교 설립 열의 확산〉,《역사문제연구》35, 2016, 362쪽.

47 최병택, 〈1920년대 부 학교평의회의 구성과 학교비 논란: 경성부 학교평의회의 사례를 중심으로〉,《한국문화》77, 2017, 154쪽.

48 《조선총독부관보》2392호, 1920년 7월 31일, (조선역문)〈조선학교비령〉(제령 제14호).

49 최병택, 〈1920년대 부 학교평의회의 구성과 학교비 논란: 경성부 학교평의회의 사례를 중심으로〉,《한국문화》77, 2017, 152쪽.

50 최병택, 〈1920년대 부 학교평의회의 구성과 학교비 논란: 경성부 학교평의회의 사례를 중심으로〉,《한국문화》77, 2017, 149·158·189쪽.

51 《공보》1909년 12월 27일, 〈학교조합령〉.

52 박노보, 〈일본 통치시대의 '조선 학교비'에 대한 고찰: 행재적 분석〉,《일본학연보》5, 1993, 87쪽.

53 조선총독부 편,《조선총독부시정연보》, 조선총독부, 1930, 441~442쪽.

54 차전독,《조선행정법론》하, 조선법제연구회, 1935, 273~274쪽.

55 《매일신보》1945년 9월 20일, 〈학무국장, 일본인 초등학교 개방에 대해 각 도지사에게 긴급 통첩〉.

56 현재까지 파악한 학교조합 예산 자료에서는 학교 급별 예산으로까지 세분화되어 있지 않다. 그러나 학교조합에서 운영하는 학교의 95퍼센트 이상이 소학교라는 점에서 학교조합에서 운영하는 전체 학교 학생 수를 기준으로 하여 학교비의 보통학교 학생

수와 비교했다.

57 출전의 표 〈공립초등학교 조선인·일본인 교육 조건 비교: 1921, 1931, 1941〉에서 내
    용과 표 제목을 재편집했다.

58 오성철,《식민지 초등교육의 형성》, 교육과학사, 2000, 129~130쪽.

59 출전 자료의 표 〈공립보통학교 학교, 학급, 교사, 성별 학생 수: 1912~1942〉를 일부
    재편집했다.

60 김한종, 〈제2차 조선교육령 시기 일선공학 정책과 조선인의 반응〉, 《호서사학》 48,
    2007, 261~262쪽. 이 논문에는 일본인 학교에 다녔던 조선인 규모에 대한 내용도
    있다.

61 김한종, 〈제2차 조선교육령 시기 일선공학 정책과 조선인의 반응〉, 《호서사학》 48,
    2007, 261쪽에서 재인용. 김한종 논문에 있는 표 〈다른 계통의 학교에 다니는 조선인
    과 일본인 학생의 수〉에서 '한국계 학교에 다니는 일본인 수' 부분을 정리했다.

62 김동환, 〈일제강점기 충북 고등교육의 사례 연구: 청주고등보통학교의 학생과 교사
    의 사회적 배경 및 진로를 중심으로〉, 《한국교육사학》 31, 2009, 25·28쪽.

63 김동환, 〈일제강점기 충북 고등교육의 사례 연구: 청주고등보통학교의 학생과 교사
    의 사회적 배경 및 진로를 중심으로〉, 《한국교육사학》 31, 2009, 25쪽.

64 김동환, 〈일제강점기 충북 고등교육의 사례 연구: 청주고등보통학교의 학생과 교사
    의 사회적 배경 및 진로를 중심으로〉, 《한국교육사학》 31, 2009, 34~35쪽.

참고문헌

자료

신문과 잡지

《경성신보》《국제신문》《대한매일신보》《동아일보》《매일신보》《부산일보》《신동아》《조선교육연구회잡지》《조선일보》《중앙신문》《중앙일보》

관찬 자료

강원도교육회, 《강원도교육요강》, 1935

경성부, 《경성부교육개황》, 1938

경성부, 《경성부학사일람》, 1924

경성부 편, 《경성부사》 1~3, 1934~1941

關東局官房文書課 編, 《關東局要覽》, 關東局官房文書課, 1939

敎育史編纂會 編, 《(明治以降) 敎育制度發達史》 1~13, 文部省, 1938~1939(1월 4권은 1938년, 나머지는 1939년)

相澤斗郎, 《京城府之卷》

인천부청 편, 《인천부사》, 인천부, 1933

재부산일본총영사관 편, 《경상도사정》, 1904

조선총독부 편, 《朝鮮に於ける內地人》, 조선총독부, 1924

조선총독부 편, 《조선총독부시정연보》, 조선총독부, 각 연도판

조선총독부 편, 《조선총독부통계요람》, 조선총독부, 1935

조선총독부 편, 《최근조선사정요람》, 조선총독부, 각 연도판

조선총독부 내무국 편, 《조선지방재정요람》, 조선총독부 내무국

조선총독부 재무국 편, 《조선지방재정추세조: 지방비, 부, 면, 학교비, 학교조합예산의 부》,
        1924

조선총독부 학무국 편, 《내지인의 교육현황》, 조선총독부 학무국, 1920

조선총독부 학무국 편, 《朝鮮に於ける敎育の槪況》, 조선총독부 학무국, 1941

조선총독부 학무국 편, 《조선교육요람》, 조선총독부, 각 연도판

조선총독부 학무국 편, 《조선제학교일견》, 조선총독부 학무국, 1933

조선총독부 학무국 편, 《조선제학교일람》, 조선총독부 학무국, 각 연도판

조선총독부 학무국 학무과 편, 《朝鮮に於ける敎育革新の全貌》, 조선총독부 학무국 학무
        과, 1938

조선총독부 학무국 학무과 편, 《국민학교관계법령집》, 조선총독부 학무국 학무과, 1942

조선총독부 학무국 학무과 편, 《학사참고자료》, 조선총독부 학무국 학무과, 1937

조선통감부 총무부 편, 《재한본방인상황일람표》, 1907

통감관방 편, 《한국시정연보》, 통감관방, 1908

통감부 지방부, 《거류민단사정요람》, 1909

통감부 편, 《재한국본방인학사개황: 명치사십삼년사월조》, 통감부, 1910

통감부 편, 《在韓諸國民に対する行政》, 통감부, 1906

통감부 편, 《통감부통계연보》 제1차~제3차, 통감부, 1907~1910

통감부 학부 편, 《한국교육》, 통감부 학부, 1906

통감부 학부 편, 《한국교육》, 통감부 학부, 1909

통감부 총무부 내사과 편, 《한국사정요람》, 통감부 총무부 내사과, 1906

기타 자료

경자기념경성공립유치원후원회 편, 《(경자기념경성공립유치원) 창립40주년기념지》, 경자기
        념경성공립유치원후원회, 1940

단국대학교 부설 동양학연구소 편,《개화기 재한일본인잡지자료집: 조선 1~9》, 단국대학
    교 부설 동양학연구소, 2004

단국대학교 부설 동양학연구소 편,《개화기 재한일본인잡지자료집: 조선지실업》전 4권,
    국학자료원, 2003

부산고등여학교 편,《부산공립고등여학교자료》, 1936

서울특별시사편찬위원회,《서울 옛 지명 되찾기 사업 자료집》, 2003

수원여자고등학교,《수원여고 50년사》, 1986

신주백,《조선총독부교육정책사자료집》, 선인, 2002

이길상·오만석 공편,《한국교육사료집성》1~4, 선인, 1997

장신 편,《조선총독부교과서총서》1~7, 청운, 2006

정혜중·김영숙,《(역주) 한국이대항실세》, 인천광역시 역사자료관 역사문화연구실, 2006

조선교육도서출판부 편,《(조선)교육연감》, 조선교육도서출판부, 1936

조선교육연구회 편,《조선교육자필휴: 조선교육연구회잡지임시증간》, 조선교육연구회,
    1918

진남포신보편집부 편,《진남포안내기》, 진남포신보사, 1910

평양상업회의소 편,《평양안내》, 평양상업회의소, 1920

岡本喜一,《開城案內記》, 開城新報社, 1911

高橋濱吉,《朝鮮敎育史考》, 1927

弓削幸太郎,《朝鮮の敎育》, 自由討究社, 1923

稲葉繼雄,《舊韓國~朝鮮の'內地人'敎育》, 九州大學出版會, 2005

大槻式也,《(在鮮內地人朝鮮人) 發育ニ關スル硏究》, 1936

大野謙一,《朝鮮敎育問題管見》, 朝鮮敎育會, 1936

藤田知治,《現行法規大全》4, 巖松堂書店, 1917

渡部學·阿部洋 共編,《日本 植民地敎育政策 史料集成 (朝鮮篇)》53~62卷, 龍溪書
    舍, 1990

山口正之,《慶熙史林》, 京城公立中學校, 1940

山根倬三,《(支那滿洲朝鮮案內) 亞東指要》, 東洋協會, 1925

小田省吾,《朝鮮教育制度史》, 朝鮮史學會, 1923

水野直樹,《(戰時期) 植民地統治資料》1～7, 柏書房, 1998

阿部辰之助,《現朝鮮之研究》, 大陸調查會, 1922

安田保則,《(朝鮮) 教育に安住して》, 大阪屋號, 1927

伊藤光三郎,《群山案內》, 1926

伊藤正懿,《恩給大鑑》, 巖松堂書店, 1915

朝鮮教育圖書出版部 編,《朝鮮教育年鑑》, 1936

川端源太郎,《京城と內地人》2, 1910

阪本一郎,《國民學校法規解說》, 明治圖書株式會社, 1941

幣原坦,《植民地教育》, 同文館藏版, 1912

幣原坦,《朝鮮教育論》, 六盟館, 1919

경기여자고등학교 '학교 연혁', http://www.kgg.hs.kr/19083/subMenu.do

구한말외국인공간: 정동 '프랑스공사관', http://culturecontent.com/content/
    contentView.do?search_div=CP_AGE&search_div_id=CP_
    AGE005&cp_code=cp0710&index_id=cp07100179&content_
    id=cp071001790001&search_left_menu=3

국사편찬위원회, http://www.history.go.kr

국제신문 '이용득의 부산항 이야기 47 – 부산항 파노라마 사진'(2016. 9. 26.), http://
    www.kookje.co.kr/news2011/asp/newsbody.asp?code=0300&k
    ey=20160926.22018202156

부산스토리텔링 원형 – 근대도시로의 변화, 부산 개항과 부산세관, http://story.busan.
    go.kr/board/view.do?boardId=BUSAN_STORY&menuCd=DOM_0000001
    06002000000&orderBy=register_dt%20desc&startPage=1&categoryCode
    1=STORY01&dataSid=3584&tabNum=1

부산역사문화대전, http://busan.grandculture.net/?local=busan

서울고등학교 '학교 연혁', http://www.seoul.hs.kr/77696/subMenu.do

서울영등포초등학교 '학교 연혁', http://www.ydp.es.kr/80876/subMenu.do

전우용, 〈집창촌에 포위된 신성한 '현충원'〉, 《한겨레21》 932호(2012. 10. 22.), http://h21.
　　　hani.co.kr/arti/culture/culture_general/33115.html

한국역사정보통합시스템, http://www.koreanhistory.or.kr

한국향토문화전자대전, http://www.grandculture.net

단행본

강구웅, 《조선교육행정》, 제국지방행정학회조선본부, 1940

강창일, 《근대 일본의 조선침략과 대아시아주의》, 역사비평사, 2003

김동현, 《서울의 궁궐 건축》, 시공사, 2002

김옥련 《유아교육사》, 정민사, 2000

김태웅, 《우리 학생들이 나아가누나》, 서해문집, 2006

다카사키 소지 저, 이규수 역, 《식민지 조선의 일본인들》, 역사비평사, 2006

박은식 저, 김도형 역, 《한국독립운동지혈사》, 소명출판, 2008

변은진, 《파시즘적 근대 체험과 조선민중의 현실 인식》, 선인, 2013

사와이 리에 저, 김행원 역, 《엄마의 게이죠, 나의 서울》, 신서원, 2000

손정목, 《(한국 개항기)도시변화과정연구》, 일지사, 1994

손정목, 《한국지방제도·자치사연구》 상, 일지사, 1992

쓰지모토 마사시·오키타 유쿠지 외 저, 이기원·오성철 역, 《일본 교육의 사회사》, 경인문
　　　화사, 2012

오성철, 《식민지 초등교육의 형성》, 교육과학사, 2000

이창식, 《(일제강점기 민생실록) 수원 사람들은 어떻게 살았을까》, 수원문화원, 2003

조성윤, 《식민지 근대 관광과 일본 시찰》, 경인문화사, 2011

차전독, 《조선행정법론》 하, 조선법제연구회, 1935

한국정신문화연구원 편,《일제 식민통치 연구》1, 백산서당, 1999

홍순민,《우리 궁궐 이야기》, 청년사, 1999

京喜會,《仁旺ヶ丘: 京城中學校卒業五十周年記念誌》, 1982

高吉嬉,《旗田巍における'植民意識克服'と'アイデンティティ'統合 – 植民地朝鮮と前後日本を生きた一知識人の思想形成の研究》, 東京大學大學院教育學研究科博士論文, 2001

海後宗臣 監修,《日本近代教育史事典》, 平凡社, 1971

논문

강명숙,〈일제시대 학교제도의 체계화: 제2차 조선교육령 개정을 중심으로〉,《한국교육사학》32-1, 2010

강정원,〈일제강점기 임야 대부 실태조사〉, 친일반민족행위자재산조사위원회,《일제강점기 임대 대부 실태조사 최종 보고서》, 2007

강혜경,〈일제강점기 여성의 고등교육과 숙명여자전문학교의 설립〉,《숭실사학》34, 2015

공제욱,〈일제의 통제와 '국민' 만들기〉,《사회와 역사》67, 2005

廣瀬玲子,〈朝鮮における女性植民者二世: 京城第一公立高等女學校生の經驗〉,《이화사학연구》53, 2016

권숙인,〈'일본 밖 일본': 식민지기 在韓 일본인 커뮤니티〉, 한국연구재단 선도연구자 지원, 2005년 선정 연구 결과물

권숙인,〈식민지배기 조선 내 일본인학교: 회고록을 통해 본 소·중학교 경험을 중심으로〉,《사회와 역사》77, 2008

권희주,〈제국 일본과 식민지 조선의 수학여행: 그 혼종의 공간과 교차되는 식민지의 시선〉,《한일군사문화연구》15, 2013

기무라 겐지,〈식민지하 조선 재류 일본인의 특징: 비교사적 시점에서〉,《지역과 역사》15,

2004

김강일, 《조선 후기 왜관의 운영실태에 관한 연구》, 강원대 박사학위논문, 2012

김광규, 〈1910년대 재조선 일본인 교원의 양성과 인사〉, 《한국교육사학》 39-3, 2017

김광식, 〈식민지 시기의 조선교육회(조선교육연구회) 기관지에 대한 서지 연구〉, 《근대서지》 8, 2013

김대래, 〈일제강점기 지방세제 정리와 지방세목의 변화〉, 《경제경영연구》 6-1, 2005

김대래·김호범, 〈부산일본거류민단 재정 연구, 1907~1914: 부산부 재정의 성립과 관련 하여〉, 《지방정부연구》 10-2, 2006

김도연, 《경성중학교의 만주 수학여행》, 한국교원대 석사학위논문, 2017

김동환, 〈일제강점기 충북 고등교육의 사례 연구: 청주고등보통학교의 학생과 교사의 사회 적 배경 및 진로를 중심으로〉, 《한국교육사학》 31, 2009

김명숙, 〈1943~1945년 수원공립고등여학교 학적부 분석: 일제강점기 한일공학의 특징을 중심으로〉, 《한국 사상과 문화》 73, 2014

김명숙, 〈일제강점기 조선인 여학교와 재조선 일본인 여학교의 특성 비교 연구: 동덕·수원 고녀 학적부를 중심으로〉, 《한국사상과 문화》 76, 2015

김보현, 〈일제강점기 전시하 한반도 단카(단가) 장르의 변형과 재조일본인의 전쟁단카 연 구: '현대조선단가집 1938'을 중심으로〉, 《동아시아 문화연구》 56, 2014

김성준, 〈일제강점하 조선어말살정책연구: 조선교육령을 중심으로〉, 《국사관논총》 105, 2004

김윤환, 〈개항기 해항도시 부산의 동본원사 별원과 일본인 지역사회: 공생과 갈등을 중심 으로〉, 《해항도시문화교섭학》 6, 2012

김자중, 〈일제 식민지기 조선의 고등교육체제의 성격〉, 《한국교육사학》 38-3, 2016

김한종, 〈제2차 조선교육령 시기 일선공학 정책과 조선인의 반응〉, 《호서사학》 48, 2007

다바타 가야, 《식민지 조선에 살았던 일본 여성들의 삶과 식민주의 경험에 관한 연구》, 이 화여대 석사학위논문, 1996

도면회, 〈일제의 침략정책(1905~1910)에 대한 연구 성과와 과제〉, 《한국사론》 25, 1995

동선희, 《일제하 조선인 도평의회·도회의원 연구》, 한국학중앙연구원 박사학위논문, 2006

木村健二, 〈朝鮮における女性植民者二世 京城第一公立高等女學校生の經驗〉, 《이화
사학연구》 53, 2016

박노보, 〈일본 통치시대의 '조선 학교비'에 대한 고찰: 행재적 분석〉, 《일본학연보》 5, 1993

박성진·우동선, 〈일제강점기 경희궁 전각의 훼철과 변화〉, 《대한건축학회 학술발표대회
논문집 – 계획계》 26-1, 2006

박준형, 〈용산 지역 일본인 사회의 형성과 변천(1882~1945)〉, 《서울과 역사》 98, 2018.

박현, 〈일제강점기 경성의 창기업 번성과 조선인 유곽 건설〉, 《도시연구》 14, 2015

박환, 〈수원의 근대 학교 풍경〉, 《수원의 종교와 교육: 수원시사 10》, 수원시사편찬위원회,
2014

방지선, 〈1920~30년대 조선인 중등학교의 일본·만주 수학여행〉, 《석당논총》 44, 2009

안홍선, 〈일제강점기 중등실업학교의 민족공학제 연구〉, 《교육사학연구》 25-1, 2015

양흥숙, 〈지역사의 관점에서 보는 왜관〉, 《지역과 역사》 39, 2016

오성숙, 〈재조 일본 여성 '조센코' 연구: 쓰다 세쓰코, '녹기' 그리고 청화여숙〉, 《일본언어
문화》 27, 2014

오카모토 마키코, 〈조선총독부 관료의 민족 구성에 관한 기초적 연구: 민족 문제와 민족 격
차의 내포〉, 한일역사공동연구위원회 제3분과 《제2기 한일역사공동연구보고서》
4권, 2010

유승희, 〈근대 경성 내 유곽 지대의 형성과 동부지역 도시화: 1904~1945년을 중심으로〉,
《역사와 경제》 82, 2012

윤현상, 〈1920년대 총독부 교육재정 정책의 변화와 공립보통학교 설립 열의 확산〉, 《역사
문제연구》 35, 2016

윤현상, 〈일제강점기 공립보통학교 재정 운영: 학교비 특별부과금을 중심으로〉, 《한국사
론》 61, 2015

은정태, 〈고종시대의 경희궁: 훼철과 활용을 중심으로〉, 《서울학연구》 34, 2009

이동훈, 〈'경성'의 일본인 사회와 자녀교육: 통감부 시기와 1910년대를 중심으로〉, 《서울학
연구》 45, 2011

이동훈, 〈'재조일본인' 사회의 형성에 관한 고찰-인구 통계 분석과 시기 구분을 통해〉, 《일

본연구≫ 29, 2018

이송희, 〈일제하 부산지역 일본인 사회의 교육 1: 일본인 학교 설립을 중심으로〉, 《한일관계사연구》 23, 2005

이시자, 〈해방 전 유치원 교육: 인천 지역을 중심으로〉, 《인천학연구》 2-2, 2003

이형식, 〈재조일본인 연구의 현황과 과제〉, 《일본학》 37, 2013

임성모, 〈1930년대 일본인의 만주 수학여행: 네트워크와 제국의식〉, 《동북아역사논총》 31, 2011

조미은, 〈개항~일제강점 초기 경성의 재조선 일본인 교육기관과 경성학교조합 설립〉, 《향토서울》 79, 2011

조미은, 〈일제강점기 일본인 학교조합 설립 규모〉, 《사림》 22, 2004

조미은, 〈일제강점기 재조선 일본인 학교조합제도의 변천과 성격: '학교조합령' 제정과 개정 내용을 중심으로〉, 《사림》 41, 2012

조미은, 〈재조선 일본인의 재외지정학교제도와 '소학교규칙'〉, 《한국민족운동사연구》 71, 2012

조미은, 《일제강점기 재조선 일본인 학교와 학교조합 연구》, 성균관대 박사학위논문, 2010

조미은, 《조선형평사의 경제활동 연구》, 성신여대 석사학위논문, 1994

조성윤, 〈1920년대 수학여행의 실태와 사회적 인식〉, 《한국독립운동사연구》 42, 2012

차은정, 《재조귀환자의 후루사토와 기억의 정치학: 패전 후 귀국 일본인에 대한 민족지적 연구》, 서울대 박사학위논문, 2014

천지명, 〈일제의 '거류민단법' 제정과 그 성격〉, 《한국독립운동사연구》 50, 2015

천지명, 〈일제의 한국 강점과 재한일본인 거류민단의 재편〉, 《역사연구》 26, 2014

최규진, 〈학교를 덮친 '전시체제', 동원되는 학생〉, 《내일을 여는 역사》 50, 2013

최인택, 〈일제강점기 부산지역 일본인 사회의 생활사: 경험과 기억의 사례연구〉, 《역사와 경계》 52, 2004

최한수, 《한국 유치원교육의 변천 과정에 관한 고찰: 1885~1945》, 중앙대 석사학위논문, 1983

헬렌 리, 〈제국의 딸로서 죽는다는 것〉, 《아세아문제연구》 51-2, 2008

홍순권, 〈일제강점기 '부제'의 실시와 지방제도 개정의 추이: 부산부 일본인 사회의 자치제 실시 논의를 중심으로〉, 《지역과 역사》 14, 2004

稲葉繼雄, 〈京城師範學校'演習科'第一期生について〉, 《九州大學大學院研究紀要》 9, 2006

稲葉繼雄, 〈京城日出小學校について: 在朝鮮'內地人'學校の事例研究〉, 《九州大學大學院教育學研究紀要》 2, 2002

稲葉繼雄, 〈大邱鳳山町小學校について: 在朝鮮'內地人'學校の事例研究〉, 《國際教育文化研究》 10, 2010

稲葉繼雄, 〈大邱中學校について: 在朝鮮'內地人'學校の事例研究〉, 《九州大學大學院教育學研究紀要》 10, 2007

稲葉繼雄, 〈釜山第一小學校について: 在朝鮮'內地人'學校の事例研究〉, 《國際教育文化研究》 4, 2004

稲葉繼雄, 〈龍山中學校について: 在朝鮮'內地人'學校の事例研究〉, 《國際教育文化研究》 3, 2003

稲葉繼雄, 〈清津高等女學校について: 在朝鮮'內地人'學校の事例研究〉, 《國際教育文化研究》 11, 2011

稲葉繼雄, 〈會寧高等女學校について: 在朝鮮'內地人'學校の事例研究〉, 《國際教育文化研究》 8, 2008

小林善帆, 〈植民地朝鮮の女学校·高等女学校といけ花·茶の湯·礼儀作法〉, 《日本研究》 47, 2013

찾아보기